坐花轿的女儿几时回

邱益莲 著

竹鸡叫，野鸡啼，麦姑什么时候坐着花轿回

百花洲文艺出版社
BAIHUAZHOU LITERATURE AND ART PRESS

图书在版编目（CIP）数据

坐花轿的女儿几时回 / 邱益莲著. -- 南昌：百花洲文艺出版社, 2017.9
ISBN 978-7-5500-2263-8

Ⅰ.①坐… Ⅱ.①邱… Ⅲ.①散文集 – 中国 – 当代Ⅳ.①I267

中国版本图书馆CIP数据核字（2017）第117560号

坐花轿的女儿几时回

邱益莲　著

出 版 人	姚雪雪
责任编辑	刘　云
书籍设计	黄敏俊
制　　作	何　丹
出版发行	百花洲文艺出版社
社　　址	南昌市红谷滩世贸路898号博能中心一期A座20楼
邮　　编	330038
经　　销	全国新华书店
印　　刷	江西华奥印务有限责任公司
开　　本	720mm×1000mm　1/16　印张　19.75
版　　次	2017年9月第1版第1次印刷
字　　数	250千字
书　　号	ISBN 978-7-5500-2263-8
定　　价	39.00元

赣版权登字　05-2017-188
版权所有，盗版必究

邮购联系　0791-86895108
网　　址　http://www.bhzwy.com
图书若有印装错误，影响阅读，可向承印厂联系调换。

序

坐花轿的语文教师

野莽

　　一人正走着路，忽然被另一人喊声站住，要求他听自己说一会儿话，听完给评个理，究竟说得怎样，意思、意图与意义如何。二人非亲非故，不过是两年前偶尔相遇在一座长满乌龟的山上，走路的人竟真的站住，一连三天停下脚来听她说些什么。这件事证明了如下三点，第一，此人虽说在走，却不是脚掌不沾地式的竞走，更非在百米跑道上与牙买加人争雄，他习惯于野地山廋散步，没有直抵某个目标的心计；第二，而且是个好人，如今上了一些年纪，可晋级为老好人；第三，说话的人话里溢出万夫不当的真诚，因为不当，索性也就百依百顺，何况听真诚的家常话远胜于听虚假的报告会，说者若有口才，听着未尝不是免费的享受。另外，他是磨不开面子才做了契诃夫笔下的那匹老马，原本并没有指点江山的资质和好为人师的愿望。

　　好为人师者比比皆是，虽说有一些实在应该先做对方的学生。两年前的七月，与我缘悭一面的江西小朋友旺旺先生巧立名目，以参加《教师博览》杂志论坛为借口，将我诱到南昌的大火炉里烤了数日。现在回忆起那个夏天，又有两个

2

未曾料到。第一，在铺天盖地的自媒体上，发现一人嘲笑语文教师，其人是河北邢台一份散文杂志的编辑，据他说看见三名语文教师高考期间，坐在电视机里高谈文章的写法，他就气不打一处来，教书的人懂个什么文章？文章是他这样的作家写的，上了语文课本你用普通话照着朗读就是，居然还谈，居然也写，妈妈的，你也配么？于是满疤通红地扔一颗石子。我立刻断定，八十年前那个不敢姓赵的人又还魂了，几口假冒伪劣的烧酒下肚，便忘了当代的刘心武，现代的叶圣陶，古代的百家诸子，以及太多太好出身教师的作家和兼当作家的教师。抑或此人目光所短，仅在邢台，酒后吐的乃是真言。却也未必是，邢台至少还有教过他作文的亲老师吧，世上真有人生下来就是一首顺口溜的？

第二，想起实践是检验真理的唯一标准，南昌几日，我暗将风云际会的全国优秀语文教师作为检验的标本，观其人文，会毕时已然恭听洗耳，相看刮目。参加论坛的几乎是一支文学的游击队，相映于以各种因缘成为所谓作家的人，他们多半练就了一身过硬的本事，手到之处文不逊色，甚或过之。我设想我若是做期刊编辑，与特殊时代造就的高玉宝式的中国作家相比，我宁可把版面留给句子通顺、错别字少的语文教师，纵然他们的文章有可能不奇诡，不刁钻，不故作惊人之语和标榜异类，但至少，它会减轻编者修改病句和白字的手工劳动。仅以这份教师杂志为例，它有颇多深谙文学的才人，每临盛事，男女老少一齐上阵，内部有社长方心田，总编向晴，编辑王芸、周正旺、甘甜人等，外围有撰稿者邱益莲、顾文艳、谢李英干众，若非因热爱教育而固守讲台，却聚精会神地写文章靠近旋律，他们也或可能成职业的诗人和作家。如今他们就这么里应外合着，呼朋引类着，将一块肥田躬耕得作家只能打赤脚站在田坎边上，偶尔读着他们的文章，竟能读出一种不受约束的野趣与活欢。

恕我现在才说到这本书的著者邱益莲老师。她任教于庐山下的一所英语学校，盖因日照香炉，遥看瀑布，天长地久便在教书之余爱上了写作，如同有一类作家创作之余又去教书，兼职某所大学的客座教授。不同者乃是作家兼教授多半教文学与文学史，教师兼作家却不守"本分"，各科皆上。在江西上饶，弋阳龟峰，她听说我要为一棵从石孔里长出来的小树作传，就积极地跟在我的身后参观，想必是不同意钱钟书关于鸡蛋和鸡的妙语，还有意拍下合影一张，以便日后验明正身。回到北京，我果然守信地写了那篇文章，发表之后，她认为能够打六十分，这时又正好编完自己的散文集，就顺口请我为她写一个序。如此怪事，若是请到那位嘲笑语文教师不懂文章的人，定会激动得口眼歪斜，一把抓住送上门来的书稿作活的教材，以佐证自己的目光如炬。然而却把我吓得魂飞魄散，我明知连自己都不会写什么形散而神不散的散文，又岂能将一堆散得捆不起来的东西码放在语文教师的门口。

问题是我又脱身不得，邱益莲老师早已作文一篇，题为《野荞先生无戏言》，不仅预告于网络之上，并且收编于文集之中，这便将我逼上了绝路。劳动节后，劳动罢了园子里的白菜和黄瓜，又送走首次来我竹影居小住数日的儿时同窗，回头我从微信中读她发来的篇章，又是一个忽然，我忽然为她一些零碎的描写吸住了眼睛。在这部共分九辑的散文集中，"故园情思"和"触摸现实"这两个单元，似乎更能让我动容，它们一为回顾，一为直面，回顾故园的哀惋凄美，直面现实的悲伤愤怒，若说这两辑是因故事而选择的两套笔墨，那她这整本书则是因品类而自成的九种格调。这么说有人会怀疑我用了夸张，那我就再换一句话说，说它在语言文字的组装上摇曳多姿、不拘一体总是可以的吧？

又好比一场从乡村走向城市的音乐会，开篇《故乡的年味》是用欢快的竹笛把人引回久违的童年，而定作书名的《坐花轿的女儿几时回》又换成忧伤的二胡，转身引人到遥远的村口。前者她不厌其烦，津津有味，恨不得倾尽童年的记忆，后者她继续耐着性子，搜索记忆中最珍贵的细节，许多的往事，许久的尘封，就这样生动跃然于有过乡村生活的读者眼前。她是教师，教语文，教读书，教写作，被不懂教师的冒牌作家嘲笑为不懂文章然而却比那人要懂得多的非专业的写作者，从她多变的口吻中能看出她懂得不低于七种的技巧，但她仿佛一种也没有用，她只是娓娓地说，散散地写，弯弯的水到之处，长长宽宽的渠就成了。

不过我仍得睁着眼睛说几句瞎话出来，权当是看出了她的毛病，私心认为不这样就不足以说明我的认真负责和也许是个外行。依然两点，第一，节制。不仅篇幅，也有素材，雷同的繁花适当删减几朵，可以让枝叶透一口气。小说能连载，那是有未完的故事在勾引多情的人，散文的魅力则全在语言；第二，分类。以首篇为例，若把一生最难忘的童年、故乡、初恋分为三篇，各自写入骨髓，作者难忘，读者也能记住。目前印象深刻的唯有前者，这是因童年与故乡难分难解，而又还不到初恋的季节。

　　中外古今，除去邢台，人类贬师者寡，窃以为天地君亲师位的供牌上，无妨把君往后面挪，道理在于总统也是教师教出来的。由于是写作者，我尤其尊重与写作有关的教师，晚年转业为著作家的大学校长，我写过两卷本的传记；教我古文的中学老师以及师母，我接到北京家中供奉二周；历史上第一个夸奖我作文写得好的已逝的小学班主任，我至今还怀念他用红笔在我"怒发冲冠"四字下面挽的八个圆圈。关于作家的处女作之说，我的理论是，真正的处女作无不诞生于小学教师布置的作文，而走向文坛第一次发表的作品，则应该叫出嫁作，因这时的作者已长成丰满的新妇，能够放开手脚为人民生育了。

　　教师和作家本似分工的同行，一方管教，一方管作；教师和编辑也像合作的近邻，一方教文学的苗子如何走步，一方将会走的姑娘扶进花轿，抬上圣殿，从此光芒四射，万众瞩目。邱益莲老师的工作距作嫁不远，但这一点也不影响她自己也出一个嫁，像她不知几时回来的女儿一样，端庄地坐在这顶文学的花轿里，无须佩戴专业、一级、终身津贴等作家的金银首饰，只让有眼力的读者单看她的素颜之美。时下文界，自从天上掉下个余秀华，地上又长出个范雨素，名不副实的专业作家已被逼进尴尬的境地，更多网络作者的破土而出，越发使他们的日子难过起来。许多年后，岁月还会一层一层地扒去附加在一切文学作品之上的作者身份和荣誉，正如今天的我们置李白于张九龄之前，康熙于纳兰性德之后。也正如当年的蘅塘退士，于唐诗万首千家之中只取三百，视如毛的名家大牌于不顾，却把杜秋娘的作品做了压卷。

　　这么说，无非是为了激励一下邱益莲老师，愿她鸡年司晨，而且叫得比说语文教师不懂文章的肉鸡好听，好听得多。

2017年5月4日匆于北京竹影居

南山松语

胡　帆

　　南山松是知名特级教师邱益莲的网名，她的散文结集出版，让我说说感受与感悟，于是便有了这篇关于南山松的话语。

　　南山松的散文，很美。好的散文往往以语言美、意境美和情感美见长，不仅要有情趣，还要有理趣，南山松将趣味性、知识性和哲理性融于一炉，所以她的散文耐读。记得读《老残游记》，记忆最深的是描写观众听王小玉唱歌的感受："五脏六腑里，像熨斗熨过，无一处不伏贴；三万六千个毛孔，像吃了人参果，无一个毛孔不畅快。"这恐怕是最清纯、最圆润、最甜美的歌声。读南山松的散文，我也常常有这种"五脏六腑里，像被熨斗熨过"般的熨帖感。

　　南山松才情横溢，为人豪侠仗义，虽为巾帼，却有侠士风，很多朋友称她为邱公子或南山兄，足见大家对她的尊敬与认同。一直以来，邱老师以南山松的网名写作，广受赞誉。她的散文给我最大的感受是：信息量大，每篇散文都有丰富的文史知识；文字优美，熟语典故信手拈来，古诗词随意化用；情感真挚，她的经历丰富，所写之事都是她直接或间接的生活，所以特别感人；很多散文都有哲理性，反映了她对生活的深度思考；视野开阔，格局宏大，以致很多网友一直把她当作男性网友。

　　"故园情思"她写亲人，写风物，让人既感受到诗情画意，又感受到挥之不去的忧伤，还有那古老的山歌，神奇的故事，给人一种空谷传响之妙。"阅人有味"中满怀感恩之情，写了她人生路上的重要人物，贯穿着作者"与光明俊美的人同行"的坦荡胸襟。从这个章节中，我也认识了一批不仅学识渊博，而且人格高尚的人。"童眼观世"中，她满怀舐犊之情，写了孩子成长的趣事，让人感受到母爱的深厚。"触摸现实"又让我们感受到她对现实世界的高度关注，对弱小者的悲悯情怀，对作恶者的强烈谴责。"随感哲思"篇就充分感受到作者对生活的深度思考，对现实的睿智分析。"读书感悟"篇让我领略了她对古诗词的研究视角的新颖独特，解读的精妙深刻。

作为一个颇有名气的语文特级教师，一个教育人，她对教育的见解和实践更了不起。"漫谈教育"篇，虽然只有几篇文章，一个有思想、有建树的好老师的形象就从文中凸显出来了。《慢火熬炼的优秀》中，她的做法真正体现了以人为本，因材施教的育人原则，有幸遇到这样的好老师，学生和家长是有福的。

文如其人，人如其文，南山松的优雅风韵，体现在文章中是一种大度从容与美丽端庄风格。可以说，读她的散文是一种享受，有如炎热的夏季邂逅山间清风；亦如盛秋季节，迎来灿烂阳光，明亮却不灼眼。一个对古诗词有深刻研究的人，一个童年遭遇人生大变故的人，一个感情真挚饱满的人，一个视野开阔见多识广的人，当她把这种种揉进文章，自然会有一种深广的人生况味，会引起读者的广泛共鸣。

许多网友爱读她的文章，南粉一大群，文学创作的成功，就在于能引起不同读者群体的共鸣，南山松的文章就达到了这种境界。作为一个业余创作的人，达到这种水平，真是不简单。因为我是她的忠实读者之一，当她提出请我为她的著作写序时，也就欣然接受了。

《坐花轿的女儿几时回》确实是一本有趣且接地气的著作，能给读者带来许多人生的启迪。当然，就像吃甘蔗，美味还得读者自己咀嚼，自己琢磨，我相信很多读者会喜欢上南山松的这本散文的。

2017年4月于八里湖

目录

第一辑

故园情思

故乡的年味

曾听平君说："人生难忘三件事：童年、故乡和初恋。"当初青涩的我不以为然，而今历尽万水千山，尝尽人间百态，才觉此言得之。

童年总是紧紧牵着故乡的衣衫，一如稚子牵着母亲的衣袖。行走于江湖，远离着故土的游子，当流光渐行渐远，诸多人事皆已沧桑时，心底时常会泛起对故乡、对童年的种种怀想。在这无尽的美好怀想中，最让我回味不已的是故乡的年味。

我的故乡在赣北一个叫太平源的小村子。村子不大，四面是山，大约住着三四十户人家，一条小河从村中穿过，弯弯曲曲，一直走向远方。小村庄的年味，在记忆中却一直像陈年佳酿，醇厚、纯正，让人回味无穷，亦似余音绕梁。临近农历年的个把月，全村家家户户都很忙碌，家家要准备杀过年猪、打过年豆腐、炒过年果子，洗过年衣被……

在僻远的乡下，平时几个月难得闻到肉味。杀过年猪，不仅是全家的一件大事，还是全村的大事。如果谁家有亲人在外，家里人一定会等着他回来才会杀过年猪的。杀过年猪时，屠户请进来后，邻里中会有力壮的男子主动来帮忙，三五个人将一头活生生的猪捉住摁在台子上，协助屠户将猪杀死。杀猪当天，主家会将猪身上每个部位的东西都煮一点，猪肉、猪舌头、猪血、猪肝、猪肺、猪肠，用一口能装一大担水的大锅煮一锅，先是犒劳屠户和帮手，以及家里守望的孩子，接着是用大汤碗给邻里每家送一碗，有汤有肉有猪杂，香喷喷的，热腾腾的。接受的人家道谢后，也会让小孩趁热吃。一家杀猪，家家吃肉，这真是全村人的幸福。主家还会指点屠户按肥瘦搭配，这切两斤，那切三斤的，都用干稻草绑好，然后就给亲戚家挨家送去，这叫送年礼。每年送年礼是我们特别快乐的短途旅行，我们姊妹都会争着去。杀过年猪了，热闹的年味就开始在村子里飘香起来。

打过年豆腐，对我们孩子而言，也是一大期盼的乐事。我们参与豆腐的全程制作，也在制作的过程中最先品尝，真是趣味无穷。十来岁的哥哥和母亲一起拉磨，浸胀的黄豆一勺一勺舀进石磨里，出来的是白花花的豆汁，当所有的黄豆都变成汁液后，就倒进灶上的大锅煮，技术活和力气活有母亲带着哥哥做，我则负责坐灶下烧火。这烧火有讲究，先是武火，一口气将豆浆烧开，但是烧开后就得温火，不能太急，火太急豆浆就会溢出来。更重要的是，这过年豆腐是发财豆腐，打得好意味着来年会发财，弄不好就没有好彩头。所以，当豆浆烧开时，烧火的人要心领意会将火弄小点，悄悄减掉几块木柴，但不能直接说"减柴、退柴"之类，因为这与"减财、退财"谐音，这是谁家都非常忌讳的事。打豆腐之前，家家大人都会叮嘱小孩不要乱说话，最好是别说话。可是小孩天生就喜欢说话，大人交代的转身就忘记得一干二净。当豆浆的泡沫从大锅里鼓起时，我脱口而出问母亲："现在减柴么？"母亲对我眼睛一瞪，无可奈何地说："把火搞小点。"这时我意识到说错话了。

　　当豆浆在熬煮的过程中，锅面上起一层层豆油皮，母亲会用一根根比筷子略长略粗的小竹棍挑起来晾着，这就是我们自制的腐竹。大人知道我们小孩嘴馋，通常会给我们每人一块豆油皮，热热地吃下，嫩滑油润，喉咙半天还留着清香微甜的味道。打过年豆腐在村里也算是件大事，邻里经验丰富的长辈会主动来帮忙指导，石膏不能放太多，也不能放太少，豆腐打老了打嫩了都不好。大人边干活边聊天，有关打豆腐的趣事一个接一个，整个厨房都是热火朝天的景象。印象最深的是承奇叔公讲的两个人打发财豆腐的故事。说两个男人边打豆腐边讲曹操带水军攻打孙权的故事，甲说曹操当年率八十万水军下江南，乙说是十万，人数不一致，意见出现分歧，两人谁也说服不了谁，就扯着嗓门拼命争，结果忘记了锅里烧开的豆腐浆，豆浆全部溢到地上了。说完故事大伙哈哈大笑，厨房里鲜美的豆香夹着快乐的笑声，冬日就这么和煦。

　　过年每家要炒过年果子，家家会炒自晒的红薯片，还会打爆米花。临近过年，外地人会挑着爆米机，在村里摆开了。平时我们主要靠红薯丝干充饥，但过年时，家家都会很慷慨地拿几升好糯米来做爆米花。当爆米机器"砰"的一声响，一缕青烟之后，送来丝丝甜香，黑黑的大布袋里像变魔术似的，将那些细细的米粒全变成了白花花的大大肥肥的爆米花了。趁热抓一大把放进口里，米花在嘴里慢慢融化时，带着糖精的甜味，这是一种幸福的味儿。我们家每年都要炸两麻袋爆米花，还要炒一麻袋红薯片。除了家里待客，主要是用来三十晚上发给拜年的小孩子的。

　　到了三十，年的气氛推向高潮，年味浓得像凝固的蜜糖，可以用筷子挑起来似的。这一天，大人、小孩都忙得不亦乐乎，清晨母亲杀好鸡，将整只鸡用铁炉罐装着挂在火炉的催壶钩上炖，灶上的大锅在炖大块的腊肉、猪脚，母亲站在灶边忙着做肉臊子和糯米果。所有食品全是大鱼大肉，做熟后不切。整只鸡，大块的肉，整条的鱼，分别用大碗装好，臊子、米果、米饭也都用小碗装好，然后放上香、纸、爆竹，十来岁的哥哥带着我们到祖父、父亲等先人的坟前祭拜。在坟前先放爆竹，再上香，摆祭品，烧纸，请先人享用。祭祀完成后将一菜篮的祭品全部提回家，再祭拜天地。这些祭祀活动叫作敬神。敬完神，母亲开始将整只鸡切成一块块的，再放到汤里加热，肉切成片小炒，热腾腾的臊子、米果端上桌，鸡、鱼、肉几大盘摆满一桌，爆竹一放，然后就一家人围着八仙桌正式吃年饭了。每家的程序都差不多，庄重的仪式，浓浓的情思，一家人团坐在一起，吃着一年来最美好的饭菜，整个屋子都是暖融融的。

　　"三十晚上的火，元宵晚上的灯。"三十晚上每家的火炉都会烧着一个很大很大的柴蔸，这个大树桩是经过一年的谋划、寻找，甚至是从遥远的深山老林挖回来的。一个柴蔸占据了整个火炉，而且这个柴蔸在贫穷的年代，它担负着来年给主人带来发财运的使命。每家的炉火烧得旺旺，意味着家旺人旺财旺有发旺。天黑下来时，主妇得将所有的果子搬到堂前，点着明亮的大灯，拿着个大盘子，迎候来拜年的小朋友。我们小孩子则是每人身上背个书包，手里提着个老早就准备好的糊着红红绿绿彩纸的灯笼，呼朋引伴，成群结队邀着一起挨家挨户去拜年。每个队伍上十个小孩，每到一家，就按辈分喊"某某娘娘好，我们崽姑娌向你拜年，薯片果子先上前"之类的话。主妇给我们小朋友回一些"恭喜过年，易长成人"之类吉祥祝福的话后，就给我们每人一盘爆米花夹杂炒红薯片。整个村子的田埂上、小路上，一群群提着彩色灯笼的孩子在游动，欢快的笑声响彻夜色深沉的村庄，田野上恍如游动着一条条彩色的长龙，年的气氛被孩子们推向了高潮。游完了整个村子，我们就各自回到自己的家里。这时，每家又开始先给神台上的祖先牌位上祭品，然后放爆竹吃团圆饭，过年的程序也就在这欢天喜地的吃喝中，进行得差不多了。

　　团年后，就得守岁。我们围着旺旺的炉火，在充满爆竹硝烟幽香的夜里听大人说天谈地，母亲端出自家酿制的煮得滚烫的米酒，大人小孩每人一碗，喝着米酒，烤着大柴蔸，讲着古，年夜充满着多少的希望和神奇！

　　过年虽然好玩，但规矩也实在太多，心里隐隐也有不少紧张。就如那个大柴蔸，烧时不能用火钳在上面敲烧出来的木炭，大人说，如果敲了三十晚上的柴蔸，家里养的猪就喜欢将猪食盆子打翻，猪就养得不听话。越是大人禁忌的，我却总是不小心犯忌，心老是提得紧紧地。那个柴蔸三十晚上还不能全烧完，要留一部分到元宵晚上烧。

　　后来出门读书几乎没回过故乡。大学毕业那年，我再次回到老家过年，此时的老家也只是兄长的家。那个冬天特别的寒冷，大年三十的下午，大雪纷纷，天地一片混沌，平君骑着自行车在寒风中跋涉几十里笑盈盈地突然来到兄长的家，要和我一起过年。我们围着炉火有一搭没一搭地聊着，心里各有心思。平说："我这是第一次离开父母在外过年。"毕业前曾满怀憧憬，以为工作了生活就会花团锦簇，相恋多年的人终能执手以老。可现实却总是阉割理想，我毕业分配在市里一家国企工作，正逢企业改革如火如荼之际，没工作几天所在单位被兼并，我们都成了遗老，每月微薄的工资连生存都成了每天需要严肃琢磨的问题。平君毕业分在乡下工作，收入也是羞答答的不好见人。两地相距几百里山路，所有情愫和思念只能靠一周一封的书信维持。可滚烫的信纸要到彼此手上往往是半月之后，黄花菜凉在了艰难的思慕与等待之中。可暗流总在我们的周围涌动。走出大学我们的双脚还未踩稳大地时，平君的一个女学生却如山洪暴发般对他发起爱的攻势，爱得疯狂恨得也绝。未能如愿的女子巧施一计，将每月才六十元工资的善良单纯的平君骗去做生意，一夜之间平君被拖入负债五千多元的绝望境地。女人成了债主，每天带着地痞来向昔日的老师逼债，来恐吓威胁爱而不得的王子。当过年我与平君再次相遇时，飘香的米酒、欢笑的儿童、喜庆的爆竹似乎与我们毫无关联，我们更多的话题是，怎样才能将如山的债务偿还。

　　年后，从未做过买卖，与人说话都腼腆得不敢大声的我，只好提着那些劣质的商品，在古城的街头羞答答地叫卖，双脚走满血泡，却总是极度失望而归。头顶的蓝天不再让人遐想，曾经的浪漫与向往，都被巨大的债务裹挟着，前路一片灰暗，不知出口在哪。走投无路的平，在那个年后，为了走出泥潭，再次走入大学读研，从此越走越远。

　　我和平在故乡的山村里，数着漫天飞舞的雪花共度了第一个也是最后一个索然寡味的年，那时我们都只有二十出头。当新年的爆竹闷响炸开新正的白昼时，雪还下着，看不清路，平君在初一下午推着自行车回去，我目送他走出村口，消失在遥远的时空里。

岁月如流，曾经沧海再难为水，儿时趣事再也无法重现。而今的村子，在城镇化的浪潮中慢慢消退，青壮年纷纷到大城市打工，稍有钱的人往镇上跑，往城里跑，就算留在村子里的，也就稀稀落落的几户人家。走的人少了，儿时我们砍柴的宽阔山路全被丛生的杂草掩盖，就是原本日常往来的大道，也变成蓬蒿旺盛的野鸡路了。过年时还有谁会窜到别人家去串门？家家一个小孩，金贵得像宝玉，个个娇嫩得白天也不会随意出门，更别谈晚上孩子们组织一起去给别人拜年。城里、乡下，过年各人家里关着门吃着大餐，守着电视，爆竹声虽然依旧，年味却淡如白水。许多的年俗，故乡的小村也早已废弃，老一辈的人很多作古了。没有了爆米花时发出的"砰"的爆裂声，没有了夜晚邻里围炉而坐讲古的谈笑声，没有了孩子们呼朋引伴出门拜年接果子的欢笑声，没有了村民走夜路时为了壮胆唱的悠扬的山歌声，过年的村子也是安安静静。

离开故乡几十年了，母亲早年走了，曾经帮着母亲做年饭，晚上带我们出门拜年接果子的兄长也在五年前往生了，年节的餐桌上佳肴堆成山，可年味不再像儿时那么浓郁，那么让我回味无穷。

"人生难忘三件事，童年、故乡和初恋。"平君和我失之交臂也多年了，平君的这句话和故乡曾经浓浓的年味，却在我脑海里经久弥深。是啊，人是只风筝，无论飞多高多远，根的一端总系在故园。

元宵，一个浪漫风骚的节日

元宵，注定是一个热闹浪漫，风骚诗情的节日。

三十晚上的火，元宵晚上的灯。元宵，主打节目是灯，而且以彩灯为主，所以，古人把元宵节也叫花灯节。小时候用煤油灯，尽管油很金贵，元宵的晚上，家家都是灯火通明，每间房里都要点一盏油灯，一直到天明。母亲说通宵灯火可以驱邪，说天宫里的神在元宵这天晚上会来到人间，如果黑灯瞎火的人家，他就会闯进来生事，灯火通明，他就不敢进来。记忆中每个元宵家家都是张灯结彩，纸糊的大红灯笼高高挂在屋檐下，里面放着小油灯。小山村里，元夜时一栋栋屋子就沸腾在灯火辉煌中，恍如不夜天。

"正月里闹元宵"，有了灯火通明的夜，春天的寒意慢慢消退，人心的暖和油然而生。借着灯光，谁会让这良辰美景荒废？自然就会闹腾着，庆贺着。中国的本土宗教是道教，道法自然，乐山乐水，分明这道教的首领是个爱玩的人。凡是爱玩的人没有不喜爱热闹的，据说元宵就是道家的节日，他们把一年分为上元、中元、下元，分别由天、地、人分管着。上元由天管。古人说上元这天天官会下凡，天官是喜闹不喜静的神，为了迎合天官的喜好，人间就大放灯火，大闹元宵。怎么闹呢？"千门开锁万灯明，正月中旬动帝京。三百内人连袖舞，一进天上著词声。"唐人的闹元宵也真是豪气，"三百内人连舞袖"是多么壮观的景象！不说观者，光这舞者就可谓人山人海。小时候的偏远乡村，往往较多保留古老的传统，元宵晚上灯火一上，锣鼓就敲起来了，舞狮灯的，舞龙灯的，玩船灯的，一伙一伙，长长的队伍，挨家挨户表演。

舞狮灯，是两个布做的大狮子，里面各藏着一个训练有素的力壮男人，他们模拟着狮子的动作，互相对着腾跃，装出搏斗的样子，还会爬上凳子，翻腾打滚，主家会燃爆竹助兴，锣鼓喧天，一对狮子从操场上到房间里闹腾一番，说着吉祥祝福的话语，接到主家给赏后再到下一户人家去。狮灯刚过，接着又是锣鼓响起，田滕上一条巨龙在空中游动，那是舞龙灯的来了。龙灯规模比较大，一条龙要十几至几十人举着，而且队伍要协调，龙头摆起来了，龙身和龙尾也要跟着扭动。龙要在空中舞动，在地上翻腾，穿着彩衣举着黄龙的男子汉们，舞动腾跃，一个个虎虎生威，好像他们都是龙人。

长龙在锣鼓爆竹声中游动着，翻腾着，喜庆的气氛将元宵闹开了花。船灯比较温和，不会上蹿下跳，不会翻腾打滚。几个敲锣打鼓的人跟着，一个男子钻在一只小小的彩船里，将船扛着，船两边各站一妙龄少女，她们手上拿着木桨，唱着采莲的曲子，悠悠缓缓做着划桨的动作，仿佛梦里江南。宋人有诗说："元宵争看采莲船，宝马香车拾坠钿。"看来这船灯，原是保留了唐宋遗风的。

"卖汤圆，卖汤圆，小二哥的汤圆是圆又圆。"元宵不只是灯，也不只是闹，更有吃。这汤圆，圆圆的，团团圆圆，它像一轮饱满的明月，让人想念亲人渴望团圆。每种美食的诞生，都会有个美妙的故事，这汤圆也不例外。据说汤圆的前身是一位叫元宵的姑娘的名字，她因长期被幽禁后宫，思念双亲，在聪明的东方朔的帮助下，以做名叫元宵的圆团子敬火神，而得以离宫见到父母。从此，汤圆就流传民间，成了元宵节的必吃美食。中国人的文化心理，团圆、圆满，才是人生最美好的境界。其实节日和美食，都是一种文化心理的关照。

光有热闹缺少浪漫，这节日就会因过于喧嚣而流于粗糙，流于尘俗。元宵，古时是一个特别浪漫的节日。除了各种动作粗犷的舞龙灯、狮灯的表演，还有风雅脱俗的浪漫游戏，那就是猜谜语、相亲、约会。当彩灯挂得满街满巷时，男男女女老老少少就像赶集一样，向街市上涌。李商隐的"月色灯山满帝都，香车宝盖隘通衢"诗句，就写出了唐人元夜的热闹拥堵情形。拥堵归拥堵，谁也不会放弃这么一个男女私会的良机。可以说，元宵节也是古代的相亲节。古代女人平日足不出户，元宵这晚是可以出门抛头露面观灯、游戏的。灯火辉煌处，就有才子佳人的观灯、猜谜语的游戏。这观灯、猜谜语的活动，既是男子显露才华的时机，也是女子露面的时机。成年男女，往往在元夜找到自己心仪的对象，来一场浪漫的幽会。

有男子在"东风夜放花千树"的元夜，相中了"蛾儿雪柳黄金缕"的女子，却因香车宝马挤满路，"笑语盈盈暗香去"。男子悄悄地找呀找呀，"众里寻他千百度"，就是不见女子踪影。正在极度失望之际，"蓦然回首，那人却在，灯火阑珊处"。此时男子的惊喜，恐怕用喜出望外和大喜过望这些词语都很难形容。如不是心有灵犀，女子怎么会在灯光暗淡的地方等着男子呢？宋代理学兴起，存天理，灭人欲，人的情欲受到极大禁锢，平日男女是不可能公开交往的。唯有这元夜，给青春激情提供了相遇之所。灯会上男女眼睛对望，彼此就怦然心动，就心领神会，就一见钟情，于是脉脉含情的女子只好从礼俗而躲开"花千树"的灯火通明，悄悄待到远远的暗处羞答答地等候着心仪的男子。女子的那种羞涩和美丽之态，撩得青年男子血脉贲张。在美丽的夜晚，遇见彼此欣赏的人，可能就能牵手走到一起，这样的男女，当然是世上最幸福的。

元夜也不都上演喜剧，当有情人难成眷属时，恐怕主人公就会哀叹："良辰美景奈何天，赏心乐事谁家院"。天下情事，不幸的大多相似。当年崔护在求取功名的路上，在都城南庄巧遇面如桃花之娇艳女子，前途未卜时不敢表明心迹，当他金榜题名之后再到旧地寻芳时，已是"人面不知何处去"，唯有桃花依旧笑春风。崔护的叹息，千年不绝。历史往往是循环的，一代文豪欧阳修，也遭遇了这种无解的情天恨海难题："去年元夜时，花市灯如昼。月上柳梢头，人约黄昏后。今年元夜时，月与灯依旧。不见去年人，泪湿春衫袖。"（《生查子元夕》）月上柳梢，这时分是多么美好，和心爱的人儿相约在黄昏之后，华灯四起的元夜，可以将经年相思、万千情意在相聚的时刻，一一消融在浪漫的元宵里。街市依旧，场景依旧，在别人的甜蜜笑声里，"今年"却再也见不到"去年人"，此情此景与崔护的情感遭遇简直如出一辙！堂堂七尺男儿，竟在别人的风景里，潸然泪下，以致"泪湿春衫袖"，这是一个多么哀婉的故事！

元宵，它的前生，无论是在古代的都城，还是在陌上人家抑或邯郸古道，都是一个极为热烈奔放的节日，它把舞的雄力，文的诗意，情的浪漫，食的雅趣，都彰显得淋漓尽致。月上柳梢的期盼，人约黄昏的美好，让人留恋在远古的元夜，忘了归路。

"火树银花合，星桥铁锁开。灯树千光照，明月逐人来。"这样的元夜，谁舍得归去？元宵，那个激情浪漫的夜，留在了远古的时空。今夜，我们只能流连在远古的诗词中，遥望古人的情怀。

元宵，本该文武相济，风情浪漫的节日。

八斗岭，有故事的岭

八斗岭，还是叫八陡岭？不曾考证。

这是一座有故事和传说的山，也是太清原与黄龙的界山，辈分上他应该是黄龙山的弟弟吧，因为他的后面就是高耸入云的奇山黄龙山。黄龙山是黄龙蛰伏的地方，有龙的地方自然有灵，作为黄龙的弟弟，八斗岭起码也是蟒蛇出没的异山。

走到太清原的原尾，抬起脚就是上八斗岭的一级一级的青石板台阶。台阶高低不平，路倒也宽，并排能过二人。石径两边都是山，石级一层层升高，据说有十八个拐，拐与拐之间至少有一百多级台阶。你登得气喘吁吁，上方有一见方平地，正欲歇着，一抬头，上方又是笔陡的山路。我一直好奇这"八斗岭"的来历，唯有觉得它陡。

虽然是青石板路，因着一路石径迂回陡峭，难以联想起戴音响处，打着油纸伞的旗袍仕女，在烟草迷蒙中，沾着丁香的幽芳，结着胃烟眉似愁含怨徐徐走来的风景。那是在弯曲的江南小巷，平坦的石板路上才会发生的故事。这里是只有渔樵之人或贩夫走卒才攀行的山路。八斗岭上的女孩嫁到塅下，夫君往往觉得自己要比山里人高一等。山路的难行，上去太陡难爬，下来更是目眩。山下的女婿上丈母娘家，会一路唱着自编自导的歌："上岭脚骨软，下岭脚打闪。丈母娘不杀只鸡给我吃，只来这一转。"人未进门，歌声已飘进丈母娘的耳朵，等到进屋时，丈母娘真的就端着整只炖熟的鸡在那等着。

上到山顶，路边有一座石屋，这屋子有些年头，至少是几百岁以上的老屋，很有可能修于晋时。房子的六面都是石头砌的，麻石的墙壁，青石的屋顶和地面，只有门是木头做的。正门很阔，是大户人家的规格。门当户对，据说晋人等级森严，不同阶层的人门窗多高多阔都有特定的规格，不得越级。房子无人居住，据说本来就是一座殿，叫真君殿。相传晋许真君擒获孽龙就是在八斗岭。孽龙与许真君是同学，他将许真君捡到的夜明珠骗去看，趁许真君不注意就吞到肚里据为己有，孽龙顿时法力大增，就开始兴风作浪。许真君在观音菩萨的帮助下将孽龙擒获，然后将他带下山锁在深井中，并以"铁树开花水倒流"为誓，孽龙才有重见天日的可能。当地人为纪念许真君的大恩，建此殿供奉真君。

殿内冬暖夏凉，但有点阴森。过往的行人，都会在此歇脚。屋内石椅石凳一应俱全，而且室内干干净净，不知是有人打扫，还是真君的童仆鬼魂侍弄着。屋后有高高的茅草和参天的大树。在一棵大树底下，有一口泉，常年清水汩汩而出，大约一平方米大。周围生着茂盛的茅草，只有一个口子是无杂草的，是往来的人取水踩出来的空隙。夏天山泉清冽，喝一口暑热顿时全消，口舌之间有淡淡的甘味。大人说，井上面的大树上有一条硕大的鸡冠蛇，它的冠子又红又长，就像雄鸡的大冠。这蛇是守候这口井的，平时它会发出"咯，咯，咯"的叫声。我和小朋友到井边喝过水，但没遇见过那条神蛇。当时口渴难耐，壮着胆子去喝水，心里却万分忐忑，担心树上倏地窜出一条鸡冠蛇来。迅哥早也说过，茅草深处会有赤练蛇。喝过水后只要想起树上躲着的神蛇，就会恐惧不已。

当时往湖南平江没有车，八斗岭南面的村民都是越过八斗岭到平江县的。贩卖采购，都是走这条山路。八斗岭上草木特深，各种野果也是多得不可计。秋天采摘毛栗、柿子、猕猴桃等。每年深秋，母亲会和邻居女人上八斗岭采回很多野果，光毛栗就够我们吃上一两个月。秋风一吹，毛栗球的刺都被吹开，裂了个大口子，黄褐色的大栗子落得满地都是，只要弯腰捡。满山红得似火的枫叶，金黄的柿子叶，橙黄的苦竹叶，苍翠的松柏，有的树上挂满成熟的果子，一阵秋风吹得树叶翻滚，像无数彩蝶飞舞，百鸟在林中歌唱。微霜的山气中夹杂着甜甜的果香，这是八斗岭上一年最华丽最耀眼的时光。

八斗岭上有个只角楼，是一处悬崖，悬崖底下是万丈深渊，悬崖上有一口常年不枯不溢的泉。其实只有一滴水经年累月滴着。到泉边只能容一只脚，故叫"只角楼"，也叫"只脚楼"。此地是道家羽化登仙的地方。据说古时有一修道成仙之人，在此一跃而羽化升天。最有趣的是悬崖处有一摩崖石刻，刻的是一千古断联，适应此地风景而作的。诗句是"山石岩泉流白水"，千年风霜之后，至今无人对出下联。有人说是苏轼所作，亦有说法是黄庭坚所作，莫衷一是。可以肯定的是，当年苏黄曾流连于此。八斗岭是古时文人墨客、道士佛徒青睐之地，想必自有其不可言说的妙趣，不仅是风景的独特，还有风神气韵的超凡吧。

岭的北面山脚下住着我的姨娘，母亲的姐姐。每年送年礼，我们都要越过八斗岭去给姨娘送节。北边山下有一条大河，顺着河流走，就可以走到湖南的姜树街。这是座古城，当年李自成部兵败退居于此，姜树街一路都是石板路，小小的街市甚是繁荣。不远就是石牛寨，那就是闯王残兵躲避的天然屏障。

八斗岭上的居民不多，而今修有公路，但过山车般的惊险，不是练成杂技之术的人，没几个敢在这山路上开车。坐在车上都是要无限勇气的。风光虽然无限，梦里常想起儿时到姨娘家游玩的情景，但现在很少有机会再翻八斗岭了。将近九十岁的姨娘前年驾鹤仙去，表兄妹各奔东西，更何况一代亲，二代表，三代四代无人走的习俗，晚辈们纵使相逢亦不识，时光流走的何止是年华，也有亲情。

风物依旧，八斗岭的仙风胜景依旧，只是你我不再依旧。

坐花轿的女儿几时回

　　"竹鸡叫，野鸡啼，问我麦姑几时回？今日接，也不回，明日接，也不回，后天著双绣鞋坐轿回。"这是母亲当年拍我入睡哼的小调。岁月如风，吹走了母亲吹走了我的童年。这乡间小调的韵律却一直萦绕在我的耳旁，那个坐着花轿穿着绣鞋的麦姑，却始终朦胧在童年的梦幻中，不知她几时能回。

　　小时的我，温顺乖巧得一如故乡的那条宁静的小河，它少有波涛汹涌的时刻，清浅的河水，总是默默地缓缓地向未知的前方流动，绕过青山绕过芳甸，谁也不知最后在哪停息，或融入哪条大河。当别的孩子在打谷场上狂奔瞎撞高呼小叫追追打打的夜晚，我总是陪着母亲坐在灶前煮猪食。一口能装两桶水的大锅，熬着一大锅晒得足干的像枯草般的老红薯藤，月牙形的灶台前，我坐在母亲的旁边，炉火烧得旺旺的，红红的火舌闪耀着，不时舔一下灶门口，寒冬的夜晚，暖融融的。我总是习惯将小小的脑袋搁在母亲的大腿上，母亲一边时不时添柴，一边纳着千层鞋底，还时不时轻轻拍打我的背，哼着歌谣。母亲深情的哼唱，似乎我就是那个被母亲期盼已久的远在异地他乡的麦姑！我的魂跟着母亲悠悠的唱腔飘出山坳，飘向遥远的童话般的未知天堂。

　　竹鸡、花轿、绣鞋，理应配的是一个我从未见过的绝世美女，她有长长的大辫子，雪白的肌肤，明眸皓齿。她应该在初阳照树的时候，从后山的竹林深处沿着曲曲的古道款款而来。每个清晨，我窝在被窝里，听屋后山上各种鸟的欢唱。斑鸠鸟"斑竹咕咕，斑竹咕咕"的叫声此起彼伏，野鸡"躲，躲，躲"的高声伴唱，山谷的清泉叮叮当当。我总在这美妙的音乐声中朝朝期盼那个丝巾掩面，坐轿而回的麦姑。随着时间的酝酿，那时从未走出过山里的我，已将她幻化成美丽的传说。在苦苦追寻而难得的渴慕中，我幼小的心灵终于产生了一种莫名的惆怅，心里仿佛如寂寂的秋山，空空如也。

　　我不知道麦姑是谁家的闺女，她该是远古洪荒时《诗经》中的少女，不在河之洲就该在水一方吧，我的童年总纠结在对她的冥想与猜测中。白天和小伙伴在田边玩泥巴，我时常会抬眼望望远方，祈求在我一抬头间，突然有顶华美的花轿从山坳里抬来，掩着的红布帘子里坐着穿绣鞋的麦姑。幼年懵懂的我，不知为什么就没问问母亲，那麦姑是谁家的闺秀，她又远在何方？屋子后面有片茂密的竹林，一条弯曲的小道，穿过方家坳，穿过毛田，跨过桃树港，百转千回一直通到桃树镇。然后，就向那个遥远的通城进发……我跟着母亲走过好多次屋后小路到毛田再到汤罐（温泉）洗澡。汤罐是个很鬼的地方，井里、沟里都冒着汩汩的热水，我不知道是哪门神仙躲在地下烧出那么多的热水，这个问题那时总让我想得头痛。每到寒冷的冬天，大人花五分钱就可带着小孩在那个小房子里洗澡，暖和和的，方圆数里的乡民都在这儿洗澡，这是我小时候到过的最远的地方。

过了汤罐呢？这条小路仍向前延伸，它没有尽头。这条神奇的小路啊，又细又长，我总期盼什么时候我也能沿着它走向远方。它的远方有什么？是一望无际的大海，还是山叠着山村连着村的地方？我没有来得及问母亲麦姑是谁，没来得及问母亲屋后的小路最终通向何方，母亲却在那个夏夜熄灯的时候，悄然离我而去，把黑黢黢的长夜全留给了我，还有许多我不知晓的问题。母亲走的那一年，我才十一岁。

我无法想起父亲的形象，因为父亲走时我年仅两岁，最大的哥哥才九岁。公元1970年有一场风暴，侵袭了我的温暖的家，父亲在家殷勤招待了他的同事们一顿丰盛的午餐后，跟着他的同事们从屋后的竹林深处的小路走了，从此父亲再没有回来，我再也未见过父亲。据说午宴后的当晚，父亲的同事们在一场狂犬病发作的妖风蛊惑下，对父亲大肆围攻。饱读诗书老实厚道的父亲一夜间竟成了现行反革命，父亲在一个黑黢黢的夜晚被他的同事们逼死。

父亲死了，家里能值钱的东西都被那些劫匪们洗劫一空，唯独留下孤儿寡母没被抢走。后来我大到能记事的时候，终于父亲被平反，我家得到80元人民币的补助，被抢走的东西据说早已被劫匪们分赃了。后来我上学读过鲁迅的《灯下漫笔》，文中有"如元朝定律，打死别人的奴隶，赔一头牛"之说。再后来查历史资料，发现元朝时大多汉人命不值钱，蒙古人杀了一个汉人赔一头牛就摆平了。父亲一命换来80元人民币，还抵不上被暴徒们抢掠走的家里的财物。父亲的命竟比几百年前异族眼里的汉奴的命还贱，因为上世纪80年代80元买不到一头牛，那是100斤猪肉的价格！

父亲被害后，所有的冤屈无处诉说，所有的呐喊都只能埋于心底，广袤的大地没有了说话的地方。可日子得继续过，母亲突然成了一棵大树，每天与男劳力平起平坐干同样的农活，但担负的却远比一般男人要多得多，母亲背着几座大山前行！没有父亲的年光里，我只是有时深夜突然被啜泣声惊醒，发现母亲在幽暗的油灯下对着父亲的照片幽幽哭泣，每当这时我总惊惶不已，不知所措，唯有陪着母亲哭，但我一哭母亲就会停止啜泣，哄我入睡。在这厚重的空气里，我的灵魂常想遁逃，这时往往鬼使神差又想起屋后竹林深处的小路，我总纳闷：那个坐花轿的麦姑怎么没有回？为什么我的父亲走进竹林小路后就永远走出了我们的家？！这是一条牵魂路，也是一条断魂路。

少年不知愁滋味，没有父亲并没有给我太多的阴影，因为有母亲，我就有了全部的世界。在贫瘠的山村里，有太多的乐趣跑进我童年的梦中。冬夜围炉烤火，喝着母亲熬的滚烫的米酒，听着母亲悠长的故事，那是我最幸福温馨的时光。"绿蚁新醅酒，红泥小火炉。"当时的那种情景至今历历在目。母亲用铜罐装一壶她做的米酒放火炉边加热，当米酒烧开后，给我们兄妹一人一碗。我们一边喝着热腾腾的米酒，一边听母亲讲神奇的古事，从白蛇娘子到许真军抓孽龙，从陈世美到薛仁贵，这些神奇的故事使我当时竟确信了善恶有报的道理。然而因果故事终究只是人们的一种软弱而善良的期盼，无助的人借此慰藉苦难的灵魂吧，生活却很少按照故事演绎这种传奇。

善恶有报并不全是真，母亲的善良和勤劳却没有得到生活的眷顾，母亲终于累倒了，我家的大树倒了。在那个荷花盛开蛙声噪鼓的夏夜，母亲匆忙丢下她的麦姑走了。空蒙的世界里，除了母亲种在我心里的花轿、麦姑、绣鞋，以及那些古老的故事，我再也找不到母亲的身影，我的世界空空如也。黑夜漫漫，漫漫黑夜。树倒巢倾，哪有完卵？荷花败尽的冷雨夜，神秘的麦姑和我的苦难而又美丽的童年一起随洪荒消失。

任时光打磨，世事沧桑，母亲种在我心里的种子，却越长越旺盛，坐花轿穿绣鞋的麦姑，总在我的魂里游动，让我在苦雨凄风中总觉得竹林深处小路上会隐约飘来一抹亮色。我多想也坐着花轿，穿着绣鞋回去。母亲见到她的麦姑该是多么激动！我要从屋后的竹林小路回来，突然一亮在母亲面前。可而今我有绣鞋，有花轿，母亲却不在老屋了，母亲不迎接她的麦姑了，弯弯曲曲的山路，道阻且长，母亲远在水之端，麦姑纵然能回，坐着花轿穿着绣鞋，娘家谁在张望谁在等待谁在召唤？有母亲的地方才是家。

故园何处是，凄凄风雨中。母亲消失在动乱的岁月里，麦姑沧桑在蹉跎的时光里。往事如风，岁月如烟，人生的单行道没有回头处。

竹鸡叫，野鸡啼，麦姑什么时候坐着花轿回？

老屋老矣

风水学说，房屋建筑要明堂开阔，后有靠山，青龙强劲，白虎柔弱，这才是风水宝屋。

母亲有所房子，建在缓缓的山坡下，背靠青山，面朝田亩，右侧一条小溪徐徐流过，屋后种着榆柳，门前有个大大的半月形晒场，场的边缘栽着桃、梨、柑橘，夹杂着几棵水杉。树底下空地种着紫苏、荆芥、臭草、薄荷、大艾等中草药。

清晨的第一缕阳光，最先照到我家的屋前晒场。全村最高的地势，明堂开阔亮堂，就是坐在大门口，亦能把村口谁来谁往看个一清二楚，谁家的狗叫鸡鸣亦能听得清清楚楚。可又和别家大屋至少相距几百米，这是一所独立的小屋。我一直认为她是风水宝地。

小屋是座平房瓦屋，一米多高的麻石砌成的墙脚，一个个不规则的圆形石头，被水泥勾缝后，显得特别有风味。石头脚上再砌坯砖，搭着木头房梁、房架，钉着木椽皮，椽皮上盖着青瓦。房子是典型的对称结构，正大门进去是个大厅，我们叫它堂前；堂前左右两边各有房屋二间，分别有过道连着。

母亲的卧室在堂前左边第一间，过道对着卧室门的地方开有窗户，房间的北面亦开设一个小小的窗，房子不算太暗，床是母亲与父亲当年结婚时的大床。床很高，有床顶，像个屋子，进到床上需要踩着踏脚凳，床沿也很高，即使小孩睡觉也不会有摔下床的危险。床顶到床脚四围都是彩绘，是父亲当年画的画。碧绿的荷叶，粉色的荷花，鱼戏荷叶间，栩栩如生。

紧挨母亲的房间，最左边是我和姐姐的卧室，这间房子最亮，前后开着窗户。房内放着两张单人床，我与姐姐各一。靠着前窗，有一张旧的书桌，我常坐在书桌前看看闲书，累了可以抬头望窗外世界。窗前有棵桃树，春天粉红一片。窗户木制的，只有横的竖的栏，没有玻璃，一阵清风，花瓣有时淘气地钻进窗栏，飞落在我的书上、桌上、身上，似乎也想躺在书里做梦。看她们清清洁洁娇娇媚媚的情态，我不忍心把她们拂到地上碾入尘土，常常是一瓣一瓣将那些粉嫩幽香的小家伙拾起，把她们统统放到书里，让她们闻着书香做着花仙的梦。

我们的卧室两米外就是山，夏季常有蛇进到屋里乘凉。有个夏季夜晚，姐姐提着马灯进房睡觉，刚把蚊帐揭开，听到穿蚊帐的竹篙吱吱响，抬头一望，发现竹篙上挂着一条长长的蛇，姐姐惨叫一声，马灯扔在地上，飞一般冲出房间。病重早已睡下的母亲，听到姐姐的惊慌惨叫，一下从床上腾起，鞋都未穿光脚冲到姐姐身边问怎么回事。当她得知是床顶上挂着一条蛇时，不知哪来的勇气，一手提着马灯，一手拿着根长棍子，慢慢地将蛇赶出窗外，当时我们都不敢进门。后来春夏季每晚母亲都会先检查我们的房间。

兄长的房子紧靠堂前的右边，结构与母亲的卧室一致。兄长睡的床是父亲生前为兄长长大结婚打的大床，也是老式的有床顶，床头床脚有屏风的那种。其实父亲遭迫害时兄长仅九岁，可能在兄长出生不久，父亲就为兄长未来成家做了打算。床边四围有木板处，自然也是画有吉庆美丽的图画，留着父亲的笔迹。

最右边一间是厨房，最北边搭着大灶台，灶台上放着两口大锅，一口是炒菜用的，一口是煮猪食用的。灶前很宽阔，可以放一把柴，还可以放两把小椅子。冬天我与母亲坐在灶前烧火煮猪食，烤着火。母亲一边纳着鞋底，一边讲着故事，看着红红的火舌在灶里跳跃，我小小的心常常随着母亲的故事飞到遥远的地方。厨房中部靠外墙墙壁处有个大大的火炉，是挖地再用条石砌四周的正方形地炉。地炉中心吊着推壶钩，平日烧水炖汤都是将水壶、炉罐挂在推壶钩上，推壶钩可升可降。

厨房外面一间矮房，是猪栏与茅厕，与主体建筑分开。

冬天异常寒冷，我们的活动场所基本在厨房。不论有无客人，冬夜都是围炉烤火，邻里要好的长辈晚上常来串门烤火，我们姊妹各自的好朋友也会来玩。冬天外面寒风呼啸，可火炉旁却热火朝天。旺旺的炉火四周，紧紧挤坐着大大小小十多号人，像开故事会似的，说的说，唱的唱，天上地下，神仙鬼怪的故事大人们轮着讲，有板有眼，讲中带唱，神乎其神，往往把我们这些孩子们弄得亦真亦幻。那些长辈，好似天生是故事大王或说书艺人，他们从不讲重复的故事，因为老是叨念说过的话，是被人蔑视的。村人都说："人讲过身事，狗咬背时人。"母亲在厨房一边干家务，一边忙着泡茶招呼客人，进门不分大小，是客都会给他泡上一碗芝麻菊花茶。有时大伙谈兴浓，茶要喝过三四巡才会回家。估计是母亲对人太客气的缘故，我家的厨房往往成了冬季村子里的俱乐部。

堂前是正式的会客厅，亲戚来了在堂前坐着聊天。堂前靠主墙放着一张朱漆的四方大桌，这桌子也是父亲留下来的。桌子上方敬着父亲的灵牌和照片，安有香炉。堂前两边的墙壁上贴满了奖状，那是我们兄妹每学期获得的各种奖励。每顿饭前，母亲教我们先装好饭菜，插一双筷子在饭中到神台前先请父亲大人享用，装上香。等父亲享用后我们才能开饭。

春天晒场边上的梨花、桃花、橘花都开了，白的、红的、粉的，甚是灿烂，香气浓郁，整天就听到蜜蜂"嗡嗡"地闹。兄姊只要朋友不来家玩，他们就会窜到他们的小伙伴家去玩，唯有我经常陪在母亲身边。春天明月的晚上我和母亲有时坐在晒场上聊天，喝着茶，一阵风过，落英缤纷，花瓣飘得我们头上、身上、茶碗里到处都是。花下赏月，母亲吟唱，静悄悄的山居小屋，周围万籁有声，那情景仿如神仙境界。

屋前所有的果树，都是十几岁的兄长栽种的。他是我家的男子汉，父亲过世后，他成了母亲唯一的依靠。我们卧室窗前的那棵桃树，长得特别快，几年工夫就高大婆娑，挂果特别多。第一年结果时，低处的小枝上都挂满肥硕的桃子，枝条被压得垂地只差尺来许，阳光充足，许多桃子熟得裂开了，里面红彤彤，煞是诱人。家里的母鸡们常在树下游戏，也不时啄食低处的肥桃。母亲说，这么多桃子又特别好吃，我们不要吃独食，叫兄长摘下来，给邻里每家送点。小时我们常唱"大家吃，喷喷香；一人吃，烂肚肠"。吃独食的危害，我们都很害怕。门前的梨树挂果不是很多，青皮梨，熟得早，个头不大，我从未吃得过瘾过。

夏夜的晒场，凉风习习，知了也在果树上"吱吱"叫个不停，纺纱娘娘（蟋蟀）唱得特别起劲。父亲曾经买回的竹床，已经被我们睡得特别光滑，母亲在晒场上烧一堆草熏蚊子，我就躺在竹床上乘凉数星星，有时一颗流星"哗"的飚过，我还没来得及许愿就不知它坠落何方。碧海青天夜夜心，常常惹得我莫名的惆怅。每当母亲咳嗽得厉害时，我就望着深不可测遥不可及的星空想，如果母亲也走了，我不知道该怎样活下去。心里常常暗自祈祷，天上的神仙要保佑母亲，让她早点康复，或者让我快点长大，我好赚钱给母亲医治。

荷塘青蛙鼓噪夜，急雨敲窗灯昏时，母亲大口大口吐着血，倒在我的怀里走了，那时我还是个儿童。送别了母亲，后来兄嫂继续在母亲的山居小屋居住，生养儿女，我则大多时间在寄宿学校生活，老屋只是寒暑假才作为落脚的地方。没有母亲，屋子冷寂了许多，儿时的小伙伴一天天长大，也不再疯来疯去，串门的少了，山脚的小屋有点清净。

当农民们大多外出到城里讨生活时，兄嫂也离开了老屋到县城谋生，只是父母留下的一切简易的物品仍留在老屋。母亲的陶瓷罐子，父亲的大水牛角，整套的锣鼓钹等，还有一些当时看来不紧要的书，像线装的《康熙字典》，版印的古书等，一并留在大床抽屉里或者阁楼上的箱子里。后来有些无房住的邻居向兄长无偿借住，乡下房子无人出租的，房屋需要人气，兄长欣然同意，有的一住几年。有人住时房子收拾得也还干净舒适，后来借住的人都有了自己的新房，纷纷搬离，屋子就再也无人居住，无人照料，风吹雨打，瓦屋经常漏雨，地面显得坑坑洼洼。

有一年跟随兄长回去给父母做清明，再次回到老屋。去老屋的小路杂草丛生，门前的树木特别繁茂，晒场上也是杂草萋萋。整座小屋被树木杂草包围着，显得特别矮小破旧，摇摇欲坠。打开大门，一股霉味扑鼻而来，地上湿漉漉的，察看儿时常见的父母亲的遗物，凡是能搬动能带走的，荡然无存，那些青花瓷坛不见，好点的帽桶不翼而飞，所有的古书消失了，父亲的乐器没影了，剩下的就是那几张当年父母睡过我们也睡过的旧床。满目萧然，怅然若失，这就是我儿时安放梦与诗情童趣的地方？

总想出点钱将老屋修葺一下，想在那里找到母亲的踪迹。这愿景还未动手，2010年又回到了老屋。那是一个电闪雷鸣，大雨倾盆的夏季半夜，我们匆匆送英年早逝的兄长回到老屋，回归故土。兄长年富力强，身体一直强壮，熟识的人都说就是一棍打下来，也打不倒他。可他突然发病，在病情缓解的时候，被医生建议到省肿瘤医院，做介入手术，就再也没有回到生命的轨道上。父母亲因"文革"被整，不到四十过世，兄长五十未到仙逝。这所房子有太多伤心的记忆。姐姐认为这房子没有福佑母亲和兄长，反而害他们早逝，怀疑其风水问题，决计要将这历经几十年风雨的老屋拆除。

门前的桃树老了，萎靡不堪，听说近几年再也不结桃，估计春天也不会开花了。兄长的桃树枯了，母亲的老屋亦老。

"时良时良，听我言章也。风水宝屋，子孙隆昌。"当年房子上梁时，邻人祝福的声音犹在耳际，可而今，春风桃李自在笑，老屋风雨飘摇中。

如果屋子被拆了，我到哪去寻找母亲的踪迹，到哪去寻找兄长的笑声，到哪去寻找童年的歌谣？桃树老了，老屋老了，童年也老去，唯有天上的那轮月亮还在。

今夜中秋无月

今夜又是无月，乌黑乌黑的天空，不见嫦娥展袖，不见吴刚喝酒，也没有了玉兔的跳跃翻腾，只有呼呼的风声，从遥远的海疆吹来。中秋的月亮没了，已经很多年都没有了，母亲说，是给天狗吃掉了。

海上无明月，天涯知此时？远古的中秋是有月亮的，每个月亮都从人的内心升起。母亲的中秋节也是有月亮的，每个中秋的晚上我们在草地上追逐那轮圆月，唱着童谣，等候月亮升空时，好享用祭月后的麻子饼。

该是太古的时候吧，每当中秋节，真是个大喜的日子，人神与共。母亲的中秋，她一定会买一个极大的饼子，那饼子外表布满芝麻，圆圆的像个月亮，足有一个小脸盆大。晚饭过后，母亲就忙着将四方小桌搬到大门外的操场上，然后将大饼子放在桌上，桌上还放有一只小香炉，在香炉里上三支香，这叫祭月。贡品上桌后，我们就开始围着桌子附近的草地追逐嬉戏。

"月光光，水汪汪。杀只猪，没人帮。"当童谣唱过几遍时，月亮也慢慢爬上了山冈，于是，母亲就将小脸盆大的月饼切成一小块一小块。白芝麻密密麻麻贴在饼皮上，切开，里面是陈皮、花生仁、糖，还有软软的油油的东西，吃一口又香又甜又俨的味道，口舌留香，经久不绝，令人回味无穷，那是我吃过的最好吃的月饼。我总是小口地咬着，细细地品味，一边吃一边望着天上的明月。

我家的屋子靠着山根，地势比较高，比较开阔豁朗，月亮一出来，最先到我家的地场。母亲、兄姊和我围着小方桌而坐，山间的清风习习，凉爽惬意极了，明月慷慨地洒我们一身银灰，整个地场都是皎洁一片。母亲说，中秋的晚上，夜深可以听到吴刚砍月宫里的桂花树的声音，但是有只天狗要出来，总想吃掉月亮。于是我们起初都很安静一边品尝着美味的月饼，一边极力倾听着来自遥远的天空传来的声音。

凝视月亮久了，那个大银盘里，真的有一个阴影，高高的婆娑可爱，原来那就是桂花树。于是我惊讶地用手指着月亮，兴奋地喊出来："我看到里面的桂花树了！"母亲赶紧对我说："不要用手指着月亮，当心睡着了耳朵被割掉了。"我赶紧放下手，摸摸耳朵还在。有萤火虫正从眼前的草丛飞过，我忍不住去捉，姊姊也跑来抓，一会儿就抓了好几只。兄长找来一个玻璃小瓶子，我们就将萤火虫全部放进瓶子里，然后在瓶口蒙上一块纱布，用线绑紧。将瓶子一摇，萤火虫的尾部就放出一缕缕荧光，蓝蓝的，很是柔和美丽。于是我们一边不停地摇动手里的瓶子，一边唱："萤火嚼嚼，夜夜来，来舞么？来借火。借我刀，割青草；借我箩，来收禾。"歌声、笑声在静悄悄的夜空飞扬。

我们时不时回到桌边吃一块饼子，吃得太多有点腻了，但是并未撤席。母亲坐在桌边纳鞋底，一边给我们讲故事：嫦娥的老公从王母娘娘处拿回了灵芝仙草，嫦娥听说吃了可以长生不老，于是很好奇，偷偷尝试了一点，刚吃完就脚下轻飘飘升腾起来，飞向了遥远的月宫成仙了。月宫里有一株不老的桂花树，玉皇大帝要惩罚他的臣子吴刚，就让他去砍那棵树，砍倒了就可以让他回到天宫，可是砍一刀马上就长满了，所以吴刚就长年累月砍着桂花树，中秋的后半夜，耳朵好的可以听见吴刚砍树的声音。我们凝神静听，直到万籁有声，似乎隐约从遥远的天际传来"当、当、当"的砍伐声，瞌睡朦胧之际，有一团乌云越来越靠近月亮，慢慢的，月亮竟逐渐被乌云吞噬，母亲说，那是天狗食月……

月亮是那么美丽，待在月宫里的嫦娥，定是我从未见过的美丽无比的天仙，还有那只玉兔，该是多么温顺多么乖巧，它应该是日夜守护着嫦娥吧？从记事起，母亲关于月宫的神奇故事和中秋的大麻子饼，还有那只吞噬月亮的天狗，就在我的心空一直挥之不去。

少小离开故园，老大至今未归，我已多年未回到故乡。母亲心里一直装着月亮的梦，她有无尽的故事，始终在追寻着月亮的那一轮清辉，因为童年的夜里，母亲趁我瞌睡懵懂时，迎着月光乘风归去。后来的中秋，我再也没吃过那种麻子大饼了。后来，中秋的晚上，没有了明月。

今夜天空很黑，不知山冈上的母亲是否安好。中秋，我在浔阳江头，遥望母亲；孩子，在大洋彼岸，遥望着我。我是孩子，我也是母亲。孩子在朋友圈贴一句："今夜孤零零搂着PET过节，没有饼子。"没有母亲的月光朗照，孩子是多么孤寂！母亲把月亮的种子种在我的心田，我把它化作生命的河流流向远方，汩汩滔滔，永不枯竭。

母亲的中秋节，月光光，水汪汪；杀只猪，走四方。

苍天大，存有童趣的山

　　苍天大，是一座神山。她在众山之上，和苍天靠得很近，是神仙居住的地方，当然也是我童年住过、玩过、劳动过的地方。

　　原里四周是山，典型的丘陵地貌。原里的中心地段是一高高耸起的沙洲，沙洲平平坦坦，白沙粒粒晶莹。沙洲四围坡下是水田、水井、水塘，都比沙洲低了几米。沙洲上长有趴地草，紧紧将沙洲搂抱着，无论刮风下雨，都不会有沙子冲进下面的水田。这块风水宝地，自然是儿童的乐园，我们在沙洲上挖沙坑，过家家，堆沙塔，翻跟斗，摔跤，打滚……摔倒不痛，这是上天赐给儿童的游乐场。

　　站在沙洲上仰望，苍天大就在山外青山之外，莽莽苍苍，蓝天白云就飘在苍天大的山尖上。有几回，晚霞将五彩涂满天空的时候，看到一朵朵彩云就浮在苍天大的山顶上，只要登上就可手触星辰。我们几个小朋友拼命向山上跑去，企图跑到苍天大摘取那些流光溢彩的云朵，可山越追越高，天也跟着越长越高，暮色渐浓时，家里的大人在呼唤我们回家，我们只好失望而返。

　　我家的老屋后面就是山，纵的好几座，砍柴的多了，每座山都有清晰宽阔的山路。故乡的山，都是南北走向的，你在山脚看是长条形的向上攀登的山，各自独立，有山窝有水沟将山们分开各自一体，可是爬到山的中部，突然来块平地，将各山又融为一个整体。砍柴、割猪草，我们一帮小伙伴四五人，常是沿着后山小溪沟一路山行。斗折蛇行，溪水潺潺，溪两边的山紧紧将小溪夹住，水流都不深，山沟里有点荫。慢慢爬行到深处，夏秋时节总有一股幽幽香气，那是野兰花开了，浅紫色的小花朵，精神抖擞，香韵悠长。我们提着菜篮或用抓耙（竹子做的，与猪八戒的耙子相像，用来耙地上落叶的工具）扛着高高的土箕（装柴的工具），说着故事，到了星菊屋岭，转而向右边的山坡爬行。一路上高高低低的松树、杉树、狗骨刺，大的、小的树夹杂着，树下是白沙地，没有柴草，只要茅草一长出来，都会被村民砍回家当柴烧。

　　大约行走三四里路，右边的小山丘爬到顶了，山头上顿时开阔起来，有四通八达的路，是毛田、黯坊等地的乡人上苍天大的路。九九归一，不同方向的路在小山丘顶汇合之后，大自然在此稍作停顿，后面就是又高又大又广的苍天大了。沿着唯一的山路弯弯曲曲向苍天大进发，一边靠山而行，一边是陡峭的山崖，九弯十八拐后，前方开朗起来，出现了梯田，一块田比一块田高，还有小溪，溪水特别清澈凉爽。沿着梯田边的之字路再七弯八拐之后，就登上了苍天大的最顶峰。

　　顶峰有很大一块平地，正中央是一座土筑的一层青瓦屋子。站在屋外的场子上往下一看，众多的小山匍匐在苍天大的脚底，像虔诚的信徒在佛前跪拜。远处白岭、古市尽收眼底，纵目千里，村落连绵，墩上的水库、稻田，像一面面深浅不一的绿色的镜子。山下的鸡鸣狗吠之声，清晰可闻。天风吹来，凉爽清新，仿如登山成仙。

　　小屋进门是堂前，右边是卧房，左边是厨房。屋子后面的草棚房是猪圈和茅房。屋子里住着森伯和娘娘一对老夫妻。森伯是看林人，苍天大周围的山都由森伯看管。苍天大树木高大茂盛，柴草也特别多。我们爬上山，长途跋涉，往往气喘吁吁，娘娘会给我们小朋友每人倒杯茶，稍作歇息，我们就会以小屋子为中心，向四围的山坡、田地里砍柴或者割猪草。累了，就进屋休息片刻。山上松树、杉树居多，还有油茶树。树的枝丫是绝对不可以砍的，谁砍了一旦被大队抓获，惩罚很严重。看林人森伯家是可以砍松树枝当柴火的。

　　油茶树开花的时候，蜜蜂嗡嗡飞闹，蝴蝶也在花丛起舞，大朵大朵的肥厚水灵的白花，在阳光下熠熠闪光，我们就在花丛中寻找花心有水滴的茶花，摘下用舌头舔花心，都是沁甜沁甜的蜂蜜。春天茶树上长许多茶果，像大肥桃，有的茶树叶子也长成果片，肥厚水分充足，吃起来又清香又甜蜜，苍天大的茶果是最多的。森伯个子很高大，有只眼睛白多向外鼓，如果不笑，样子很凶。森伯的妻子，也就是我们叫娘娘的，个子小巧，脸容姣好和善，梳着发髻，很精神，像古装戏中大户人家的太太。娘娘一生未育，与森伯过得很和睦，我们每次上山，叽叽喳喳，她常会给我们泡豆子菊花茶喝，从不嫌弃我们。人少时娘娘还会留我们吃饭，她做的白米饭真香。有一次暑假我与美姑两人上山砍柴，据说美姑的父亲与森伯是亲兄弟，娘娘就赏我们饭吃，中午还在小屋子睡午觉，不要打扇子，凉风习习舒适极了。

　　苍天大有神仙呆过。小时母亲说有个王子上山砍柴，看人下棋，等他下山回家，世上的人竟然都不认识了。有歌为证："王子去求仙，单程入九天。山中待七日，世上几千年。"这升入九天的山，就是苍天大。那时经常有一种野兽叫黄毛狗的下山偷鸡吃，鸡在家门口觅食，黄毛狗会突然冲出来扑向鸡群，咬着鸡就向后山跑。家里的狗猛地冲上去追，快要接近时，黄毛狗会在情急的时候放臭屁，熏得狗迷失方向乱打转，等狗清醒了，黄毛狗不知所踪。据说黄毛狗有三个救命屁，没有哪条狗能摆脱它的毒气弹的袭击。这些黄毛狗都是生活在苍天大的树林深处的。等主人追上山，一般只能在某棵树底下找到一堆鸡毛，鸡已经进到黄毛狗的肚子里了。不止黄毛狗，还有野猪、麂子、狐狸等百兽，据说还有老虎，一两个人在苍天大穿行，是有点恐惧。

山顶上有很多旱地，靠北边的全是太清原里的土地，地里种满了红薯、花生。苍天大北边山坡度很陡，山下有个温泉，热水都是苍天大的地底下流出的，我们叫它汤罐。寒冷的冬天，十里八乡的人，都到汤罐洗澡，兄长上中学回来说，有汤罐说明苍天大是一座火山，而且带回一张火山爆发的画。当时我老是恐惧苍天大哪天要是火山爆发了，我们就在它南面的山脚，该如何逃命。

太清人到汤灌近洗澡方便。到苍天大上山路陡不容易，我们砍柴累了，饿了，经常偷太清人的红薯吃。淼伯通阴阳，他应该是个法师，谁家有人病了，都会上山请他关机问神。他和经来叔两人唱着经，声音悲切，手里同时抓着人字形的头部雕成人头像的机笔，一边凄切地唱，一边像磨墨样的挥动机笔。差不多时辰，说是菩萨上身了，他们不由自主地快速在空中挥动机笔写字，然后他就念出来，我们是看不见的，只看见挥舞着，有时他们会紧紧握着机笔在空中大幅度的摔，甚至翻跟斗，情势很紧张。一听他们念经，那声调就会让人想哭，大有风雨凄凄，黑云压城之势。当时人生病，除了叫赤脚医生看，都不会进医院，也不知道乡镇有医院否。如果赤脚医生看不好的，就找菩萨。但找菩萨的人基本也就没什么好消息了。因晚上跟大人到苍天大看过关机，总觉得苍天大神秘可怕。

出太阳的时候，苍天大也是很浪漫的。母亲唱过一首山歌，其中有"郎在高山/锄棉花，姐在那个房中/喊吃哦茶"的歌词，可以在高山耕种锄棉的，唯有苍天大有这样的地理环境。歌声飞扬在夜空，晴明的天空，高山上的郎在棉花地里边锄草边唱山歌，山下房中的青春女子款款深情喊吃茶的情景，总让人怦然心动。至今回味起这山歌，我就会想起苏格兰高地那唱着山歌的孤独的收割女。水天相隔，远古不通往来的东西方山民，他们唱的情歌，想的问题竟然是相通的。苍天大与苏格兰高地，原是同一个山脉的分支吧。

我进城读书后，再也没上过苍天大，山民也不再烧柴了，村子旁边到处杂草丛生，年轻力壮的农民大多进城了，老屋后山的路都被岁月和杂草淹没，上苍天大的路更是找不到北。山顶的房子因年久失修早已倒塌，淼伯和娘娘也早已在另一个世界安家。山下塅上平地的水田都废弃无人耕种，村里村外都是杂草连天的景象，苍天大上的山地，更不会有人耕种。无人问津的世界里，自由往来的是各种野兽。没有了人的踪迹，动物大肆繁殖，曾经躲在深山洞穴的野兽，而今可以在阳光下肆意活动。一两个成年人是不敢再上苍天大了。

谈恋爱的时候，很想带上相爱的人在苍天大到处逛逛，累了就在那个青瓦土筑的小屋里住着，读书，打柴，挑水，做饭，山里追逐日影，采摘野果，向云海苍茫处长啸，夜里点着松明，拥着相爱的人，听山风石泉唱歌，百鸟振翅鸣琴，然后随着夜色沉沉睡去……终究没有实现这愿望。

苍天大，存着童趣和神秘的大山。

歌声消失在黑夜

　　那时我很矮您很高，我得踮着脚仰着头望您。您和周围的人不一样，周围我见过的大多是带着粗糙的皱折说着粗糙的话语的人，您总是穿着体面的对襟衫，知天晓地，鹤立鸡群，一开口，万籁屏息，众人静默。每次您回来，邻里老少围着您，笑声荡漾在春水漫溢的小河边，您就荡着春天的桨，忙碌穿梭在人潮中。只有那繁星的夜晚，我才得以跨坐在您的肩上，双脚夹着您的脖子，像赶着马儿"驾、驾、驾"，仰头遥望蟾宫里的嫦娥乐开了花。您会在门前场地上疯呀跑呀，兄姊跟在您的身边蹿上蹿下，整个操场都荡漾着我们的笑声。可是这样的日子太短太短，以致我一直没有清晰的记忆。如果不是翻看照片，我很难想起您的飒爽英姿。您离开我时，我还太小太小，而您走得太早太急。

　　早春二月，总是逆流倒袭的时节。公元1970年的二月，天地混沌，朔风从亘古的西伯利亚狂吼着刮来，横扫着九州大地；燕山雪花，片片如席，从蛮荒的漠北卷来，掀翻了我家的大树我家的船。那个早晨，无人关注蹒跚走步的我，我惊疑地看见父亲躺在门前场子的门板上，直挺挺的好似睡着了。母亲趴在父亲身边号啕大哭，喊天叫地；祖母趴在父亲身边哭，捶胸顿足，一声声喊儿；兄、姊跟在母亲身边哭，还有很多乡邻抹眼泪的，低声议论叹息……我觉得饿，我不知道是不是要哭，我惊疑地看着，很是奇怪为什么父亲一动不动躺着，躺在中国早春二月的霜雪里不醒。

　　平日门前的场子很大很大，这天却很小很小，围满了人。父亲一直躺着紧闭双眼，我特别想父亲爬起来对着我们笑，把我抱在肩上肩着，可是我不知道为什么父亲不醒。这一年，我已经两岁了。来了很多人，有我认识的邻居，还有不认识的凶恶的人。凶恶的陌生人大声吆喝着，一起闯进了我们的家，母亲、祖母只是围着父亲哭，却没有起身阻拦。后来那些人把我们的衣柜、衣服、父亲的皮靴统统抢走了，还有我的玩具，我被吓哭了。

五六岁后，母亲切干红薯藤，我帮着烧火煮猪食，我们两人的灶前，母亲告诉我许许多多我曾经并不知晓的故事。一日父亲下班，路上遇到造反派盘查，有人问父亲是井冈山派还是联合站派的，父亲望着脚边的水田，故意一脸茫然地回答说："我不是靠着田边站着了吗？"造反派认为父亲是个农懵子，啥也不懂的，就放过了父亲。说到此，母亲脸上洋溢着微笑和幸福。母亲又说："你父亲就是太能干了，他写文章画画，还总是唱歌拉二胡，他上舞台演戏演得太像了，他要傻一点，别人就不会注意他，树大招风啊！"母亲说着说着，就偷偷抹眼泪。

祖母的房间在最后面，很深，说话外面听不到。祖母常常轻声骂："那些个狗东西真是坏啊，昼辰我儿请他们在家里吃饭，晚上他们就害我儿，喂条狗也晓得撩尾巴，这些东西连狗都不如，听说把我儿的两根大脚趾头用绳子绑着，倒吊着挂在房梁上打，我儿对人这么好，就是比别人能干些，就说他是现行反革命，说他反对毛主席，这些狗东西真是比土匪强盗还坏，他们会遭报应的！"当时我并不懂祖母在骂谁，后来知道是在骂那些陷害父亲的造反派。香伯伯、桐伯伯是父亲儿时的朋友，他们在我家门口干农活时常到我家喝茶，他们经常回忆父亲："松昀是最会开玩笑的，他到凉岭去看丈母娘，爬三阳屋岭就唱：'上岭脚发软，下岭脚打闪，丈母娘不杀只鸡给我吃，就只来这一转。'逗得他丈母娘哈哈大笑。他每次都是挑一担东西送给丈母娘。他画的画是周边没有谁能超过他的，我家所有器物上他画的画别人一看就知道。唉，好人短命，可惜了。"说多了，我都能记下了。后来我上学了，别人问我是谁家的孩子，我只要说我父亲的名字，人家就会先赞叹再感慨好人命短。

家里有个大哥哥，我以前不知道他不是我的亲哥，听人说，大哥二三岁的时候父亲去世，母亲改嫁，无人抚养，父亲当时刚结婚，就把大哥抱来抚养。父亲有很多弟子，有些家境困难的人就长期住我家，父亲供他们衣食。那时父亲凭着他绘画的绝活赚钱多，家里过得很富足，在周围一带我家那时算是小康之家，养几个弟子不是问题。德明哥哥是对父亲感情最深的一个，父亲被迫害后，他回到他的湖北老家，后来在蒲圻工作，母亲在世的时候，他每年回来看望母亲，我们特别亲，只是后来慢慢失去联系。

冬夜很长，围着旺旺的炉火，母亲纳鞋底时我就伴坐旁边，兄、姊跟着祖母玩或和朋友玩，我就听母亲讲故事。母亲说当时政府要她去当女兵，正好父亲与她谈恋爱，父亲获得消息后，立即提前与母亲结婚，政府就没有再来强迫母亲到部队去。长大后有时傻想：是命么？如果母亲不嫁给父亲，也许她在部队要过得安逸多了，她不会遭受这种磨难。一个女人没有了丈夫，还要上养老下养几个孩子，苦痛却不能说的年代，我不知道母亲是怎样熬日子的。

回老房子时，突然翻到父亲的几张旧照片，父亲穿着对襟衫，套着马褂，戴着帽子，英姿飒爽，左右两边的同事、朋友均比他矮一大截，父亲就是个头也太突出了，木秀于林风必摧之吧。如果父亲还在，应该有八十多岁了。父亲是三十多岁被迫害死的，据说那些迫害他的人后来不是疯疯癫癫的，就是疾病缠身，是报应呢，还是父亲的英灵在抗争？

父亲是棵高大的树，我在父亲的臂弯里荡千秋；父亲是座巍峨的山，有父亲的孩子有靠山。幼年失怙，父亲的风姿却在我的心里越烙越深。又一个父亲节来临，在大大小小的人炫着父亲的日子里，我只能隔空喊话：父亲，节日安康！如果有来生，我再做您的孩子，如果还有谁迫害您，让我来保护您！

双井：那景，那人

——黄山谷的传奇故乡

"物华天宝，人杰地灵"用来形容江西省修水县的双井村，实在是当之无愧。北宋著名的诗人、书法家黄庭坚就诞生于此。地处修水城郊，沿着蜿蜒曲折的碧水修河，朔流而行，秀水十里处就是赣北桃花源，华夏进士村的双井。

双井是一个依山临水、风景秀丽的小村庄，可却在中国历史上创造了"童叟皆诗才，家家出进士"的奇迹。仅北宋一朝，双井村就先后有48人中进士，不少人为朝中重臣，但千古流芳永垂不朽的唯黄庭坚。黄庭坚（1045—1105），字鲁直，自号山谷道人，为盛极一时的江西诗派开山之祖，诗歌方面，他与苏轼并称为"苏黄"；书法方面，他则与苏轼、米芾、蔡襄并称为"宋代四大家"；词作方面，与秦观并称"秦黄"。官至北京国子监教授、校书郎、著作佐郎、秘书丞等。为什么双井这么个小镇，不仅诞生了一个杰出的诗人，而且培育了大批的经世之才呢？带着对双井的景仰与好奇，在立夏刚至的时候，我们一行五人探访了双井。

初夏的双井，山清水秀，漫山遍野透着勃勃生机。放眼望去，满是高高的桑树和整齐的茶树。桑树上挂满一串串大红大紫的桑葚，农民正忙于收获。茶园里有一群妇女在采茶，她们一边采茶，一边唱着山歌，歌声嘹亮，在山谷中传扬，经久不散。听随行的当地人介绍，双井自古以来就以种桑、种茶为主，因为此地得天独厚的自然环境，清洌甘美的山溪秀水滋润着双井的一草一木，双井的茶喝起来清香沁人，口齿留香；双井的桑葚，吃起来酸甜可口，有极大的滋补药用价值。

望着满树紫中带黑、红中带紫、水分饱满、油亮油亮的桑葚，我们个个馋得抬头就伸手摘到嘴里。吃一颗，口感又甜又软，满口蜜浆；再细品，真觉五脏六腑都爽快极了。怪不得骚人有"清甜若蜜水，细品乐桑童"之赞。桑葚是水果中的奇果，它不仅味美营养价值高，现代研究证实，桑葚果实中含有丰富的活性蛋白、维生素、氨基酸、胡萝卜素、矿物质、白藜芦醇、花青素等成分，营养是苹果的5～6

倍，是葡萄的4倍，而且有很高的药用价值。《本草纲目》认为，桑葚味甘酸，性微寒，入心、肝、肾经，为滋补强壮、养心益智佳果，具有补血滋阴、生津止渴、润肠燥等功效，主治阴血不足而致的头晕目眩、耳鸣心悸、烦躁失眠、腰膝酸软、须发早白、消渴口干、大便干结等症。在古代，桑葚是皇帝享用的补品，在民间享有"圣果"的称号。现代医学更是认为"桑葚是二十一世纪的最佳保健果品之一"。

双井的桑葚，以个大肉厚，汁多味甜而出名。一串串紫红的桑葚，还蕴含着许多经典的故事和神奇的传说。双井人自古种桑树，吃桑果，喝桑子酒，农耕之余好读书，纯朴灵动，童叟皆诗才，出口成文章。据说苏轼当年听黄庭坚夸说故乡双井是人杰地灵，文人才子之乡，而且这里的桑葚特有名，吃桑葚果能添才思，喝桑子酒不仅延年益寿，还能激发诗兴，于是千里迢迢到修水双井好友黄庭坚家过年。进门三杯桑葚酒入肚，苏学士真的一下子才思喷涌，踱到庭院吟诗，恰巧此时黄庭坚的邻居老汉在贴春联，该老汉不识字，将一个福字倒贴在门上。苏轼看到此情景，不动声色跑去把黄庭坚叫出来奚落说："山谷先生，你说你们这里是'童叟皆诗才'，你看这个福字是怎么贴的！"黄庭坚一看，也大吃一惊，知道邻居是因不识字而贴倒了。正在苏学士得意之时，黄庭坚灵机一动，"你念三遍'福倒了'。"苏轼试着一念出声，才华横溢的苏大学士立即感悟到了其中的妙处，拍手大叫道："福倒了！福到了，真乃妙极！"本是误贴，却开启了有意倒贴"福"字、"春"字的风气，以期"福到了""春到了"的美好愿望。

探究双井能一朝一姓四十八进士，一村家家有才子的原因，除了这里有好读书的民风外，是不是与这儿的农民长期的饮甘泉、吃桑葚、品山茶，过着无污染的山野生活，益智养心，使得他们特有灵气有关呢？一方水土养一方人，我更相信他们的聪明才智和他们的生活环境、饮食材料有关。如今的双井依然保持着青山绿水，居民们过着桃花源般的农耕生活，虽然探古寻幽，朝拜踏青的游人不绝，山村的干净和宁静依旧。山谷先生不喜欢喧嚣，来到这个文化底蕴深厚，奇花异果飘香的小山村，游人更多的是虔诚和敬畏，谁会高声喧哗呢？

双井，赣北的香格里拉，不仅有人中俊杰黄山谷，还有果中奇葩桑葚子。目前正是桑葚成熟，山花妖艳，双井新绿好解渴的时候，山谷的后人们，正热情的期待远方的客人光临双井，欣赏神奇美丽的双井风光！

山谷浮桥

"鸡声茅店月，人迹板桥霜。"当渡口边的小客店，还笼在如钩残月中时，匆匆上路的旅人惊醒了沉睡的雄鸡，一声瞌睡懵懂的打鸣，激荡了整个江村。长长的板桥上，铺着一层厚厚的白霜，寒光闪闪，孤独的旅人，挎着个简易的包裹，大步流星往前赶，身后留着一串孤单的脚印……

板桥、残月、鸡声、茅店、渡口，这该出现在一个多远古多落寞的世界里，板桥之下，也有滔滔江水？第一次认识板桥，却不是在温庭筠的《商山早行》里，而是跟母亲第一次进城，在一个渡口边。

深秋时节，母亲带我坐长途汽车进城谋生，下车时已是黄昏。母亲挑着一担行李，我跟在母亲身后走，那时我大约四五岁，总是跟不上，母亲只好放缓脚步。经过漫长的步行，终于到了一个异常热闹的渡口，那里灯火通明，人来人往。母亲说："过了这座浮桥，到了河对岸，我们就到了住的地方。"这是横跨在修河上的一条长长的板桥，桥面不宽，两边没有围栏，木板缝里可见幽深的水流从浮桥下流过，人走在上面，桥晃动得很厉害。母亲挑着极重的行李，一只手还提着个布包，她无法顾及我，要我紧紧跟着她。可是我不敢迈步，每走动一步，随着浮桥大幅度的摆动，我万分恐惧，生怕自己被摆到乌蓝的水中，我就在桥上哭啊哭。万般无奈的母亲，只好将布包用搭着扁担的手艰难拎着，腾出一只手牵着我过了那段长长的浮桥。

第一次结识的板桥，就是这浮于波涛翻滚的修河之上的浮桥。早早晚晚，那浮桥上不知走过多少羁旅之人，也不知有多少传奇故事。母亲在牛奶厂做工，我几乎每天都会到河滩上玩。沙滩上满眼都是光滑的各色鹅卵石，我数呀数呀，每天重复着，却从来没有数完。望着不远处的浮桥，我从不敢跨上一步。直到过年时，母亲带我回到乡村过年，离开了县城，我再也没走过那座浮桥。听母亲说过，那是南关桥，还是廊关桥，总之是这个音，具体情形，那时太小记不真切。但很长的时间，每想起廊关或南关这个名字时，就有一种旷远的风情。

当《廊桥遗梦》一出现在我的视野中，我就想起母亲的廊关桥，那是一个多有诗意的名字。在如画的修河上，远山如黛倒映水中，一架浮桥横跨大河之上，往来行人晃悠晃悠，那情景应该是有许多美妙故事的。只可惜那时饥饿已挤掉了人身上别的一切欲求，政治已挤兑了人们骨子里的最后一点风情，再美的风景里不会激发起人一丁点浪漫。

十多岁时我进城求学，知道在河边那排古老的楼房里，住着我的一位堂姑妈。以前没见过这位姑妈，她和父亲是堂兄妹，因父亲被打成现行反革命，亲戚基本不敢和我家来往。第一次到姑妈家，我以为是走在民国的边城，或者古老的凤凰小镇。过了热闹的旧时县衙门大街，穿过一条长长的青石板铺砌的小巷，小巷两边是一栋栋老式建筑，雕梁画栋，镂空的雕花门窗，青色烟砖砌的墙，七弯八拐后，就是河边蜿蜒的栈道。走着走着，到了有长长的凉亭过道的地方，那栋大大的二层老房，就是姑妈家。

姑妈家的门前就是一个渡口，那儿叫西摆，一个很古朴遒劲的名字，配着西风古道的气息，它的样子有点像茶峒（沈从文《边城》中的地名）。到姑妈家，我通常一个人待在她家的阁楼上，阁楼的窗户临河，窗前有张书桌，靠墙有个大书架，满是医药书籍。学习累了，我会翻翻姑妈的医学书，认识一些中药的外形与功用。有时也会望着楼下浮桥上过往的人发呆，不知道那些提篮的、挑担的、背包的，他们过过往往，要往何而去，要归何而止。有时干脆走下阁楼，出门，穿过凉亭长长的过道，踩着一级级青石铺砌的台阶，下到河边，走上浮桥，到河对岸看看。或者走到浮桥中央停住，看河上的一叶扁舟，顺流而下，遐想着前方的山谷书院，九百多年前，黄山谷是不是也站在河岸上遐思？

岁月滔滔流逝，曾经走路一阵风的姑妈突然病了，后来就慢慢老去，再后来驾鹤西归。西摆街，也不知道是哪天突然不见了，那长长的青石板路没有了，那依着河岸山壁而建的一栋栋青砖红门的私家古楼不见了，姑妈家临河的楼房也早已被拆，代之而起的是一个硕大的建筑群，高高耸立在河边。宽阔的公路，飞驰而过的汽车，在那些高大建筑群前飞奔，再找不到一群群提着竹篮或挑着箩筐，沿着丈把宽的石板路悠晃悠晃走着的半城半乡的人，一路聊着，下着石级，登上浮桥，在晨辉中，在暮色里往来的情形，因为浮桥亦随着西摆街一起消失。

母亲走了，廊关桥的浮桥消失了；姑母西归了，西摆街的古道、渡口沉积在历史的烟雨中。梦里，多少次回到修河上母亲的廊关，姑母的西摆；醒来，唯秋风瑟瑟，月小楼高。我以为，今生再难睹那古渡口的浮桥了，板桥，鸡声，茅店，都该留在晚唐的霜风中……

"少小离家老大回，乡音未改鬓毛衰。"八十多岁辞官告老回乡的贺知章，面对着用好奇的眼光看着自己的陌生的故乡人该是多么感慨！少年总想出远门，浪迹天涯找生活。可人像棵树，年轮渐高，却将根深深扎在故土。于是，过年了，我们这些漂泊在外的人，又从四面八方赶回故乡，尽管故乡陌生得让我们叫不出一个可以和朋友碰头的地名。

芬从义乌回来，给我带了自酿的女儿红，她说："我从山谷浮桥过来，你在浮桥头等我。"惊喜雀跃，一路飞奔，冬日阳光和煦，在行人的指点下，找到渡口。横穿马路，走下沿河台阶，到渡口，看到一条宽宽的板桥架于滚滚滔滔的碧水之上，浮桥两旁都有铁索护栏，看风景的人或立桥头极目远望，或站桥上，自顾自怜忙丁拍照。我与芬在正午的阳光中相遇浮桥上，相拥着诉说当年时光。玉壶雪里女儿红，琼浆皆为昆仑曲。脚下碧水滔滔，胸中诗情万丈。不知当年黄山谷、东坡居士与佛印在这修河之上泛舟饮酒时，是不是饮的女儿红。

一直放不下留在故园的英英，当年大学时，多少个日夜守在南山的病床边，她清脆的歌喉犹如春江之水，总是那么激越悠长，让人情不自禁想着远山的呼唤。等我迢迢追寻而至时，她却远在外地探亲，失落之情油然而生。故乡离我太远了，陌生得我已经一时难以适应她的水土。刚回就病，而且短短的三天竟没一点精神，遇见朋友只好强颜装笑。于是只得收拾行李准备打道回府，正忙碌中，英英来了看我。往事，故人，我们就这样聊着，几个钟竟就悄然而逝。

"我们是从来不需要说起，永远也不会忘记的朋友。我们是相隔百年，也不会生分的知己。"这是手工写信的年代，记得英英曾写给我的话，那封早发黄了的信，应还在我的信盒中。"我从浮桥回去。"英说。"我送你过浮桥。""不行，浮桥高低不平，你眼睛差，走路不便，我不放心你。""没事。""不行！"我们就这样彼此坚持着走到了渡口。在英的坚决阻拦下，我只好站在岸边，望着她的背影在浮桥上远去。突然想起了"公无渡河"中决然前行的老翁，茅津渡口的烈风似乎正从朔北铺天盖地卷来。

　　古人送友多在南浦，"紫茭波寒，青芜烟淡，南浦云帆缥缈。潮带离愁，去冉冉、夕阳空照。寂寞东篱，白衣人远，渐黄花老。"夕阳时分的送别，让人倍觉凄凉。"浮云游子意，落日故人情。"那份缠绵悱恻，须眉不逊巾帼。天气骤然变阴，渡头人迹稀少，望着脚下渺渺江水，目尽英独自走在浮桥上，不知她茫茫前路上几时会花明村现，唯有默默祝福。于是，我也学古人口占一绝："寒烟水淼淼，渡口人稀稀。挥手一为别，山谷两依依。"

　　鸡声，茅店，渡口，浮桥，还有那奔流不息的修江水，镶嵌在山水的风光里。可来来往往的客子中，有谁一直装饰着这风景？风物不语。

　　板桥，浮桥，岁月的亲历者。

南崖遐想

有人说，崖山之后再无士。莫非中国的"士"一直是与"崖"关联着的？山谷先生的生命里也有一座崖，那就是南崖，也叫南山崖。

南崖，位于修河之滨，不知是多少万年前地质运动切割而起的山崖。这是一座孤峰，崖下江水湍急迂回，崖壁陡峭如削，崖顶古木参天，山石崎岖，藤萝蔓延。南崖的对面，是古老的分宁郡治所宁州府所在地。那里人烟阜盛，热闹非凡。可一条修河就将南崖与郡府阻隔开来，使得南崖远离凡尘的喧嚣，只能安安静静地日夜守着修江，目送河水滚滚东去。或许正是这块难得的净土，吸引了从上游双井乘舟而下的黄家少年？

"阳关一曲水东流，灯火旌阳一钓舟。"（《夜发分宁寄杜涧叟》）据说，当年不满十五岁的黄庭坚，因仰慕以《爱莲说》而著名的周敦颐的人品，驾着一叶扁舟，带着书童从双井顺流而下，到离家几十里的分宁郡治所地附近的濂溪书院学习。舟行河上，远远发现南山崖临空而起，山顶紫气蒸腾，他顿时系舟山崖，沿着峭壁攀爬而上。登到山顶，发现南崖果然是上天赐给他的风水宝地：山顶轩敞，整个分宁府城尽收眼底；环境幽静，唯栖鹊喷喷无人迹纷扰，这不正是参禅读书的最妙处？自幼深受佛教影响的小山谷，决定以南崖作为自己的读书之地。于是，一座山谷书房，就在南崖诞生了。

能够随性筑庐而居的人，定非等闲之辈，其财力就非同凡响。十多岁的小少年，何以有选南崖作为读书之地的魄力？其祖父黄湜官至朝散大夫，父亲黄庶亦为县官，舅父李常，更是大名鼎鼎的御史中丞，官宦之后的山谷，在南崖建个庐舍读书，经济该不是问题，只是十四五岁少年的这气度这决断力令人惊讶，令人仰慕！

七岁，该是一个怎样的年龄？按今天的学制，该是一年级的学生娃了。可出身名门世家的黄庭坚，他的七岁注定有别于凡夫俗子。黄氏大家族，祖先积财买田，只为耕读传家。黄氏宗族办有自家私学，樱桃洞、芝台两所学馆，在当时闻名遐迹，连宋祁都到黄家学馆求学，可见其影响力。黄家藏书万卷，舅父李常又是当时中国最大的藏书家，黄门弟子因读书走上仕途的人一个接一个，父亲黄庶是诗人，随口能吟出"雪里犹能醉落梅，好营杯具待春来。东风便试新刀尺，万叶千花一手裁"的诗句，母亲李氏是著名的书画家，这样的门风家世，几代人的学术沉淀，七岁的山谷，自然是与众不同。游览张良所建的"良山道观"，七岁的儿童会做什么呢？追逐打闹腾跃嬉戏吧，可小小的山谷却吟出"骑牛远远过前村，短笛横吹隔陇闻。多少长安名利客，机关用尽不如君"的千古绝唱，足见其饱读诗书，思想深邃超凡。

七岁能如此看透人生的人，十五岁不到决定进城求学，并做出栖息于南崖之上的决定，自然就不会让人惊愕，这或许就是自古英雄出少年吧。十五岁的山谷，已是声名鹊起之士，当时的州府官员，对岸的名门望族，皆接踵而至攀上南山崖来拜见这位名门世家子弟。南山崖，陡峭的山径上难通车马，那些达官贵人攀爬的身影，鱼贯在仄仄的山路上，当年的风光情景，恐怕也和滕王阁的群英聚会相似吧。

崖顶亭台楼阁，松涛阵阵，鹧鸪声声；崖下波涛壮阔，千帆竞逐，渔火点点；对岸闾阎扑地，不少钟鸣鼎食之家。在这样一个繁华之地的边缘，得一极胜之境，沐着清风，顶着日月，参禅读经，吟诗作赋，闲敲棋子，夜剪灯花，据一崖的乐趣，应是神仙也羡慕的吧！

花香自有蝶，才高引来朋。东坡先生从京城来了，佛印大师从饶州来了，鸿儒高师，聚集在南崖之上，三人从此皆为生死之交，诗酒人生，揭开了一个怎样意气风发的时代？诗人、哲人，其实是大道至简天真烂漫的人。真文人都有真性情，都有童子心。于是，雅士轶事，流传千古。苏、黄、佛印三人常一起喝酒，自是东道主山谷先生做东。山谷与东坡、佛印是至性朋友，他们彼此常常会亲密无间地开着玩笑取乐。有一回，为了和厚道的佛印开玩笑，淘气的山谷先生与苏学士走下南崖，命仆人将酒菜置放船上，并叮嘱等他们上船了出发了才去通知佛印到船上喝酒，说有好酒好菜。正当苏黄沿着修河一边赏风景，一边恶作剧得意地想象着佛印望着远去的帆影无可奈何的情景时，河上飘来了一只大木箱，当仆人将木箱捞上船时，两个大诗人还是放下正准备饮的酒，好奇地打开木箱。"哈，哈，哈，哈"，木箱一开，佛印豪放的大笑惊起了水鸟，他从箱子里爬出来。面面相觑的苏黄二人，心生一计：对诗，你佛印要是对不上，就看着我俩喝美酒，吃美食。对诗就对诗，谁怕谁！苏出：要雪变水容容易易，要水变雪难上加难。黄对：要水变墨容容易易，要墨变水难上加难。佛印：我要吃你们的容容易易，你们要吃我的难上加难。三个大孩子，开怀大笑，围着小矮桌在船上又一次快乐地尽情喝起来了。当东坡先生发现山谷也会吹牛，说乡人都能作诗，可有人却把福字贴倒都不知晓时，正要嘲弄好友一番，哪知机智的山谷看到老汉是因不识字将"福"贴倒了，灵机一动要东坡先生连念三遍"福倒了"，从此开启了民间"福到了""春到了"的美好愿望。

风和日丽的南崖，该有多少浪漫的故事，可阴风怒号时，南崖壁下又常是悲剧发生之地。船行此处，水流湍急，常是船翻人亡，端坐在南崖书院的山谷先生，常是痛心疾首，自幼就深信佛教的他，对山崖之下孽龙兴风作浪甚是恼怒，提刀在南崖陡壁上刻下一个巨大的"佛"字，从此南崖壁下，再无船只出事。

南崖的风景，修河的灵秀，孕育了这位千年难出其一的博学鸿儒。成年的山谷有更宏伟的济世之志，他走下南崖，顺流而下，开始了宦游四方的生活。然而，"食贫自以官为业，游学从政路多舛。"山谷先生一生却壮志难酬，一直做着小官，但他却始终坚持"当官莫避事，为吏要清心"的官道。政治是多险恶的东西，混迹官场的政客没有不是戴着面具唱戏的，山谷先生却偏偏是个例外，他耿直不阿，直言直道，从不为权势所屈。当亦师亦友的东坡先生遭遇乌台困厄时，山谷依然不离不弃，对东坡敬仰如初。先生之人品、官品，与南崖高耸直立之峰，相得益彰，是南崖造就了先生，还是先生滋润了南崖？

"春归何处？寂寞无行路。若有人知春去处，唤取归来同住。春无踪迹谁知？除非问取黄鹂。百啭无人能解，因风飞过蔷薇。"南崖的春天走了，还有再来的时候；人生的春天消逝了，却无从追索，只有寂寞无行路了。大宋的春天随山谷的青春一起随着修河之水滚滚东逝，一去不回头。国运衰微时，奸人当道，山谷先生因着《神宗实录》竟被羁管宜州。宜州，那是个多么遥远荒芜的世界，那是任凭先生"百啭无人能解"的蛮荒之地，骑牛的牧童，远离了故乡的南崖，随风飞过了蔷薇，春天再也没有回到南崖之巅。

大宋的皇帝，嗜文的偏多，可偏偏大宋的文人特别落寞。苏学士也好，黄山谷也好，都只能将无限才情，寄托在自己的诗词书法中。"国家不幸诗家幸，赋到沧桑始自工。"一个指鹿为马、容不得文人自由思想的国家，是多么不幸！可国家之大不幸，却造就了诗家的大幸。不然，怎么有山谷先生的江西诗派鼻祖之称号千古永垂，苏学士的豪放词风成万世词宗呢？苏、黄、米、蔡的书法传世，不也是不幸之中的万幸？

　　站在南崖的脚下，思潮滚滚，遐想翩翩。

　　南崖，依然高耸在城南，修河似一条青龙蜿蜒游去，松涛阵阵，恰似在诉说着当年苏黄吟诗赌酒戏茶的欢乐情景。山上随处可见的山谷手迹，苍劲雄浑，千年的风霜，却并没有淡化一丁点那个双井走出来的牧童的背影。青石板上，传来阵阵历史的穿音，空谷传响，经久不绝。

　　南崖，一个士人的化身！

第二辑

阅人有味

修河边的胖子姐

修河边有我的胖姐，我的胖姐就生活在修河边。

一

那一次，我带几个朋友刚进修河边的家常菜饭馆，老板胖子姐就热情招呼我们到一个空调包厢坐下，她是店老板，也是我的同胞姐姐。刚落座她就一颠一颠地端上一盘茶，每人一碗。胖姐年龄虽不大，但是过于肥胖，走路有点蹒跚。女儿小的时候看到电视里的肥肥，兴奋地对我说："妈妈，姨妈在电视里面。"

进门一杯茶，是修水的习俗。但是茶里的作料多少，可见得主人对客的重视程度。胖姐给大伙泡的茶，新鲜的菊花，碗口全被炒芝麻、黄豆、花生仁盖住了。滚烫的开水泡的，热气腾腾，香味扑鼻，诱得人直流口水，大伙忍不住小啜一口，领队巾风兄诗兴大发，直夸是好茶，还即兴做了一首诗，只是现今已忘却。

在路上我事先给胖子姐姐打过电话，我们只是路过看看她，马上启程往铜鼓。才十一点钟，店里还没有客人吃午饭，我们的茶还没喝完，可是胖姐像变戏法似的，端上了五六个菜，还有一大罐土猪肉汤。香菜花生米红辣椒小炒牛肉，斫酱鱼头，虎皮青椒炒肉片等，色香味齐全。刚才个个都说不饿，可是看到这美食，都像牢里放出来的，狼吞虎咽起来。平日总说自己胃不好吃得少的古月院长，不断地咂嘴说好吃，一直没停筷子。四个人，三男一女，六道菜一罐汤，竟风卷残云般一扫而空。这次考察由巾风兄负责，他看胖姐根本没叫我们点菜就一道道菜端上来，很是惊慌，忙不迭说不要上这么多，其实他是担心超出了吃饭标准，不好交代。但是胖子姐不理睬，只管上好菜。吃完巾风兄上前问胖子姐这一桌菜要多少钱，心里有点虚，盘算着：这么丰盛，少说也要四五百元吧？哪知胖子姐笑吟吟地大声说："要啥钱？你们是贵客，平时请也请不来，我请你们吃顿便饭，就不知合口味不。"这下难住了巾风兄。他就拿出四百元塞给胖子姐，胖子姐坚决回绝，两人推搡半天，最后胖子推赢了。

继续前进的路上，自然大伙谈起胖子姐的厨艺，都说市里那些五星级酒店的大厨也不见得比她做得好，末了，细心的巾风兄不无担忧她的胖。看大伙对胖子姐感兴趣，我也就给他们说起了胖子姐的许多掌故来。胖姐真名叫回香，据说是父母被下放到乡下的第一年生了她，父亲就给她取此名，家中长辈喊她的名，但是村里人都叫她回香姑娌。修水风俗，男孩叫崽娌，女孩叫姑娌。近些年她发胖后，胖子就成了她的标识和名字。姐姐先前并不胖，我钱包里的照片可以为证，这是一张写有1996年字样的照片，照片中是一个体态适中，面容姣好的年轻女人，手里抱着一个孩子，一脸笑容。我告诉大伙照片中的人就是胖子，他们感慨万千，不敢相信这个健康貌美的女子就是刚才那个一身臃肿步履蹒跚的中年女人。我告诉他们，我姐是后来发胖了，胖得刹不住车后，大家就都叫她胖子，慢慢她的真名没人叫了，也被人忘记了。

说起胖子姐的做美食手艺，还真是完全自学成才的，从未拜师学过艺，她会做很多拿手好菜。她曾经在某局机关食堂做饭，该系统全市的大会在修水召开，局长对本系统其他各县来的局长夸耀说："中午不要到酒店去吃饭，就在我们机关食堂吃，我要让你们吃到你们平日吃不到的好东西。"局长亲自到厨房交代胖姐：就弄你拿手的红烧猪脚，斫酱鱼头，臊子等，果真兄弟单位的一把手们吃得赞不绝口。局长常以他单位食堂有个好厨师能接待各级领导就餐而自豪。后来胖姐觉得打工收入低又辛苦还没自由，于是就辞工开了现在的餐馆。

胖姐好客又最怕麻烦别人，有时她请别人带美食给我吃时，一定会给带东西的人一份，不管别人要不要，她一定打蛮塞给别人，以此来还别人带东西的情。胖子姐能干，学东西一学就会，她的经历多，故事也很多。小时因母亲生病，每天要打青霉素，请不起医生，十二岁的她跟村里的赤脚医生学了几次打屁股针，后来就一直是她给母亲打针。母亲过世后，邻里有人生病要打针，也是穷，就自己买药水叫她打。村里有个人病了一年多，每天都是叫胖子姐去打针，她打针不痛，手脚麻利，一针到位，不需要给一分钱，那年代帮村民节省了很多钱。

胖子姐读书少，四年级时母亲生病，为了照顾母亲并承担一家人的家务，她主动提出辍学，那年才十二岁。母亲过世后，她也就十四五岁。为了养活自己，她做小工、种田，什么农活、粗活都干过，力气也练大了。成年了，尽管出落得很漂亮，但是家里无大人帮她考虑婚嫁之事，在别人的牵线下嫁给了一个当过兵的老实巴交的农村青年，也就是我的姐夫。姐夫家里穷得当当响，人又老实，免不了常被人欺负。为了改善条件，姐夫也跟人学杀猪卖肉，有一回他到乡下买一头猪杀了，带上猪肉和猪皮进城卖，当时一个普通干部的月工资是几百元，一张猪皮成本十五元卖三十元，刚下车同行中的强者就趁他不注意时将一张猪皮抢走了。胖姐力气大，嗓门也大，她知道这事后从家里操一根大棍子冲到那个很强硬的卖肉的小伙铺头，大喊一声："该死的东西，你今天不把抢我老公的猪皮交出来，我就要了你的命！"小伙一看她那架势很是恐怖：眼睛瞪得牛眼大，袖子撸得老高，赶紧乖溜溜的把猪皮还给了回香姑娌，那时她还不叫胖子。从此，同行没哪个敢欺负她的老实男人。同行常对姐夫说：你老婆太可怕了，就是个母夜叉！这母夜叉倒是蛮疼她的男人的，有好吃的先给男人吃，说他辛苦。

二

　　黄连树上结苦瓜，说的是胖姐与姐夫。姐夫一出生，他娘就难产死了。伤心欲绝的爹一方面迁怒于这个儿子，一方面想到那几个儿子都还只有三五岁一个，这个刚出生的根本没法养，一气之下，竟狠心在埋葬孩子娘时把出生才三天的姐夫丢在他娘的坟坑，准备一起埋。当时有个邻居把姐夫抢起来带回家抚养，如同己出，而姐夫的亲爹从未给过他半点温暖。姐夫懂事后知悉这些细节，一直不认他亲爹。成家后胖姐知悉姐夫的亲爹还活着，而且年老多病，与家里的儿子们分了家，一个人过得比较清苦。她提出将老人接到家里扶养，姐夫一听顿时火冒三丈，他无法忘记亲爹对他的狠毒。一向温顺的姐夫，不依不饶就是反对。胖姐说一不二，对姐夫痛骂一顿后又是几番苦口婆心，反正不知用什么手段，最终将老人接到身边一起生活。老人在乡下没肉吃缺营养，黄皮寡瘦病喘微微，胖姐把他接到县城，每天烧好菜给他吃。胖姐说姐夫："他再不好也是你的爹，养你的爹没福气没享到你的福就走了，现在你还有个爹就尽点孝，老人活一年算一年。"老人的最后几年过得比较开心，基本是在这个被他抛弃的儿子的照顾下生活。

　　顾娘家大概是女人的天性，不然怎么把女儿叫成父母的贴心小棉袄呢？胖姐没有父母可孝敬，对兄长家的事真是非常过劲。兄长的第一个孩子出生就无奶水，而且病重，胖姐自己还未做母亲，却把体弱的侄儿带着，熬米糊喂养。小侄三岁多才能走路，可是双脚罗圈往外拐。胖姐那时还在乡下，借钱带着小侄进县城看病，才知小侄是严重缺钙导致的。看病后除了买一张回乡下的车票，身上才剩五分钱，中午孩子饿得嗷嗷叫，胖姐自己也是连早饭都没吃的人，过于自卑导致平日自尊心极强的她，为了小侄只好到餐馆向老板买五分钱的饭，再向老板讨要几片酱干。为了矫正孩子的残腿，她每天晚上用一只成人的裤脚把小孩的双腿放进去伸直，然后用布带一圈圈打绑，经过一年的努力，小侄儿的弯曲的双腿终于成了正常的腿，而今侄儿走路与正常人没有差别。如果没有胖姐的细心兼耐心，侄儿当时的残疾就没得治了。

闷葫芦嫂子对外基本没外交，做家务也不能算是特别能干，遇事也是由胖子姐解决。兄长得病时，听县医院的医生说要他到省肿瘤医院检查，胖姐停掉自己的生意，毅然带兄长到省城。省肿瘤医院的专家天花乱坠对胖姐说："如果给病人做介入手术，至少可以活三年；如果不做，可能三个月的时间都没有。"胖姐命令我赶紧送钱到省肿瘤医院，一边骗兄长病不重，一边准备介入手术。只要别人说什么吃了好，她就尽力去买。贩子在医院卖的五十元一斤的人参果，她毫不犹豫买几斤。为了给兄长加强营养，她买一个电饭煲，躲在医院的厕所偷偷炖老鸭汤喂兄长。有人说癞蛤蟆皮可治癌，她就天黑后打着手电筒到荒野中去抓。可是做完介入手术花一大笔钱不仅没能挽救兄长，还给兄长带来无尽的痛苦，加速他的死亡。手术后兄长再也没有利索吃过东西，术后的反映异常严重，一周后就去世了。胖姐悲天喊地，以致痛苦得血压大幅升高。她捶胸顿足恨自己不该让兄长做介入，恨自己没文化被医生骗了。后来她的女儿因甲状腺肿大，尽管经济不宽裕，一个只读过小学四年级的农妇，一个年已半百的女人，她决然带着未成年的孩子坐长途汽车到上海大医院治疗。兄长的教训让她明白，内地不只是经济落后，医疗技术也很落后，有的医生为了钱常会拿病人做实验，真的得了大病时一定要到上海大医院去治疗。平日连坐火车都会晕车的她，硬是带着女儿坐长途汽车到大上海，因家乡没有火车。而且她硬是在人生地不熟的情况下用蹩脚的普通话找到瑞金医院，并带女儿住院做手术。

小时她无钱买新衣服，我因被送给外乡人做女儿，新爸爸有些钱，会给我买新衣服，我通常要求买大点，之后偷偷给胖姐。养父的妻子知道我暗中接济贫苦的胖姐，她打骂我，看到胖姐时，她用世上最恶毒的语言诅咒胖姐。后来养父的妻子高攀上了县里镇长的父亲，背弃了养父，养父跟着我离开家乡过日子。可是很多年过去后，胖姐竟然经常去看望养父的前妻，胖姐说："她一个人也挺可怜的，儿子坐牢去了，后来的丈夫也死了。"自从那个女人离开养父后，我再也没去看过她，虽然我不会再记恨她曾经用开水烫我，用拳头棍棒打我，用极刻毒的语言辱骂我，撕我的书烧我的衣服，但我却始终无法像什么事也没发生过一样再去和她交往。但是胖子姐却真是健忘，她能依然关心他们，好像过去真是什么也没发生过。我问过胖姐为何不记恨，她说："如果一个陌生人可怜也要照顾他，更何况还是一个认识的与你有过关系的人呢！"

胖子姐比姐夫能干，有主张，自然家里大小事务由她做主，姐夫也顺着她，她就做出许多荒唐事。有个冬天的黄昏，天黑得早，胖子姐打工回家的路上，听到有小孩衰竭的哭声，顺着哭声跑过去一看，草丛里有个棉被包着的新生儿，她赶紧抱回家，是别人丢弃的女婴。自己的儿子三四岁了，正好捡了个女儿。当时姐夫劝她别管闲事她不听，借钱买奶粉悉心喂养，小家伙长得白白胖胖的。带到半岁多，突然有一天一对夫妇上门来讨要小孩，说是他们超生的二胎，他们本来是想生个儿子接代的，当天丢的时候他们躲在暗处看，而且一路跟踪，现在他们要将小孩抱回去。听他们说得对路，胖子姐就只好忍痛割爱让他们抱回去，对方竟一分钱未给补偿，邻里看不惯，说："人家给你带半年多的孩子，你们总该给点补偿吧？"胖子姐对着来人眼睛一瞪说："钱我不稀罕你们的，这是条命，不是想丢就丢，想要就要，积点德好啵！"那对夫妇诚惶诚恐赶紧许诺，抱着小孩离开了，也不顾小孩认生号啕大哭。胖子姐背转身进房泣不成声，带出了感情呢。

更荒唐的事还在后头。在秋湖里农场干活时，有天正午她去井边洗衣服，发现一个老太太倒在菜地里口吐白沫不省人事。胖子姐就用自己学过的一点医学皮毛知识，先给老人做人工呼吸，又是掐人中，老人醒过来后，因不知道老人是谁家的，她一背把老人背回家放自己床上，然后请医生来治疗。经医生诊治脱离危险后知道老人是附近铜鼓转运站的退休工人之妻，就把老人送回家。老人有亲生儿女，但是都不在身边。救了老人一命后，胖子姐竟然与老人结缘了，看到两位老人孤苦，隔三岔五她就去看望老人，帮老人洗被子。照顾多了，两老人也就依赖起她来了，一有困难就找她，甚至还常到她家住，十多年给老人干重活，送老人看病，直到他们归西。两位老人曾经也提出要给点钱给她，她断然拒绝了，理由是："我要是得了你们的钱，不要说你们的儿女，就是左邻右舍都会说我帮你们是图你们的钱。别污了我的名声，我穷要穷得硬。"邻里都说她傻，非亲非故养别人的父母，也有不少好心人到姐夫面前劝少管闲事，但是她就是像牛一样不回头。

她喜欢惹事，村里人来县城买卖东西，只要在街上碰到了，她都会热情邀人家来店里吃饭，好酒好菜招待人家。吃过饭的人回家就会向邻里说："回香对人真是客气啊，今天她请我吃饭吃得好丰盛，她的生意好，发大财了。"于是，亲的疏的，只要进县城就把她的小饭馆当作共产主义大食堂。其实到她店里吃饭的顾客大多是自己掏腰包的穷人，公款消费的人不会进她这种排档吃饭。平时店里看起来顾客多，实际一个人消费就是十元八元的。有时家里来一桌客，辛苦一天赚的钱就都进了别人的肚子。以前我不明白她为何那么要面子，宁可自己吃苦也要让乡邻吃好。为此我经常与她争吵，她老是因为接济他人而欠债，老是家里一大堆客人，外面一大堆人情。餐馆旁边是妇女儿童医院，来生孩子的、来看病的亲朋乡邻总是络绎不绝，而这些人的吃住就都在她的共产主义餐馆，在那些人看来回香是发了大财的人，只有我清楚她是借债做人情的人。我劝她不要把自己当作救世主，她却说："别人找上门来了，难道赶人家走？别人有困难你好意思不帮？"

有时为了照顾她的生意，我与留在县里的同学们说，如果同学聚餐，多到我姐的店去吃。可是几个同学去吃饭，报了我的姓名后，她却只收成本价，还倒贴饮料。我问她为何这么做，她说："你的同学来吃饭，如果按正常价收钱，他们要是在背后说你的不是，多不好，我不会为了点小钱影响你在同学心里的名声的。"有次邻居到修水出差，下属单位要招待他吃饭，为了照顾她的生意，邻居特意提出在胖姐的餐馆吃饭，并且告诉胖姐，该怎么收钱就怎么收。可是最后算账时，一大桌菜竟然只收一百来元钱，东道主都觉得不对劲，问是不是算错了，她说没有。听邻居电话告诉我后，我问她为何收得那么便宜，她说："我就是不想让别人说你的闲话，说你介绍的地方吃得贵，所以我宁可贴点钱，也不能让人家背后说你。"听后真是无语，我不知道该怎样与她交流，从此我再也不敢给她介绍生意，因为我介绍的每一单生意都会让她贴钱，好心却给她弄得赔钱，还不如干脆不再过问她的事。

想起我带几个领导到她店里吃饭时她的神态，真是让我难过。她端茶上来是那么客气和恭敬，放下茶盘就是一大盘洗得干干净净的水果，当时水果十几元一斤，菜端上来后，一个劲客气劝大伙多吃，还要拿最好的酒上来招待，还生怕他们几个吃得不合意，总要我问问合不合胃口，咸淡是否合适，她看着我的同伴们的眼神除了友善，热情，还有点说不清楚的味道，像是自卑，像是自惭形秽，像是生怕这些城里来的干部对她的免费招待不满意，明显有一种身份等级的东西隔在她和我们之间。她太在乎她的手足在别人眼里的形象，生怕她的一举一动影响了我这个小人物的前程，其实她无法理解我压根也不在乎别人的看法，因为我和她一样是贴着地面行走的人，我已经很卑微了，还要仰视别人干吗？她不懂！

每年过年我们全家都会回县城与她家团聚，长姊如母的情结吧。可是去年的春节我们却闹得不欢而散。因父母过世早，姊妹相依为命长大，感情自然深。可是这次回家过年，听一亲戚说，老家村子里有个女人经常找胖子姐借钱，常是三百五百，一般都不还，而且还经常鼓动胖姐去她处买彩票，胖姐好像亏了一万多元。亲戚出于好心，要我劝劝她少与那女人来往。当时我一听很气愤，就要打电话给那女人，想叫她不要再来骚扰胖姐，想告诉那女人胖姐还欠了很多债。电话还没打，就被胖姐知道了这事，她大发雷霆，指着我很绝情地说："你要是给她打了电话，我就不再认你这个姊妹了！她哪有错？买不买彩票都是我自己的事。你知道吗？你在外读书，我在家里青黄不接时饭都没有吃，没有任何人帮助我，走投无路我找她借钱借米，她没半句多余话，就借给我五元钱，三十斤米。她现在过得不好，我帮她是为了报恩！"我只好承诺不给那个女人打电话，可心里却堵得慌，更伤感的是她竟走火入魔为了报恩，可以将手足之情丢弃一边。

我们虽然一块长大，同一个父母生养，但却太多的不同。她就是自己吃再大亏也要努力让别人开心，长期被人情所困，不得自拔，自己却过得很苦，她太在乎别人，没有了自我。她做生意要求买好的肉、好的油，她说："吃的东西哪能马虎，再说来店吃饭的顾客不是孕产妇就是生病的儿童，更要保障食材的干净可靠。"在奸诈成风的时代，她一味地善良，与现实太不融洽。她其实不适合经商，因为她缺少商人的精明。

就像几千年的修河从未改道一样，胖姐似乎一直也没多大改变，怕坐汽车，不愿离开修水，也不愿接受我的劝告。我也深知，一个文化不多，旧观念根深蒂固的人，要改变谈何容易。她太在乎别人，而没有了自己。闲暇独坐的时候，我眼前总会显出她那肥胖笨重的身躯，走路很费力的样子，平时一脸和善，总是满含笑意热情似火的小眼睛，像个慈母；有时发怒时，却又是金刚怒目，杀气腾腾的样子。我不忍心责怪她任何，她生活的路多不容易，为了尊严，别人给她丁点恩惠，她就要感激一辈子。她不仅善良惯了，而且还有隐藏在内心深处的深深自卑。那些处于顺境，得天独厚的人是很难理解她的。她所缺的像知识、地位、财富等，是我们许多人具备的；但她具备的像那种长久的感恩，永远的善良，对恶势力的刚烈，却又是文明世界里稀缺的资源。

早春的夜，还有凉意，但是我的内心却很温暖。因为在这个世界上，还有胖子姐这样的人。想到此，我赶紧给她打了个电话，告诉她，我不会再干涉她的事，只要她觉得开心就行。放下电话，我已哽咽，泪眼模糊中，怀想着温馨的少女时光，我的胖姐，仿佛我的亲娘！

和光明俊美的人同行

　　人与人相遇，靠的是点缘分。这缘分，有的是善缘，有的是孽缘。有幸遇见美好善良的人，就犹如久旱遇到甘霖，沙漠里行走看见绿洲，黑夜里行走看见灯塔，冬日里沐浴着暖阳……和善良美好的人同行，那心境，犹如碧海青天，月光流水，清风美酒，雨后青山，令人赏心悦目惬意无比。

　　我喜欢与光明俊美的人的同行。光明俊美的人，他不是不犯错误，而是"君子之过也，犹如日月之蚀也，人皆见之"，他光明磊落，别人和他相处，能从他身上吸收日精月华的正能量。和光明俊美的人同行，无论境遇多么恶劣，你不会气馁绝望，你会相信，坎坷挫折，只不过是人生路上一个正常的小坎，前路会有坦途。和光明俊美的人同行，行走在黑夜里不再迷茫，不再孤独。光明俊美的人，给我们的不止是光明、力量，更是人生的信念和希望！

　　我有幸遇到过许多光明俊美的人。记得小时候，十一岁的我在乡镇中学读初中。我的初一班主任、语文老师潘乐轩老师，他长着厚厚的嘴唇，中等个儿，平时话不多，不是啰嗦的那类老师。但他与常识说法相反，人们常说厚嘴唇的人不会说话，可他如果开口却是能说会道那种人。他与我们一样寄宿在学校里，他的一间小房子就在教室的斜对面，中间隔了一个天井。我很小的时候，父母在"文革"中被迫害死，父母在当地也算是名人，老师肯定也知晓，可是他从未问过我父母的事情，也从未体现可怜我之态。只是我生病时他煎了中药端给我喝，天天如此，带了点命令，我不敢抗拒，直到我病好。我学业优秀，被评为全校三好学生，学校慷慨给我奖励五元钱时，潘老师又给我奖励了两元五角，总共我得到七元五角，那时一学期的学费也就是七元五角。

　　老师每天在天井边用炭炉子煮饭吃，他的家属在几十里之外的乡下。他上课时总能旁征博引，我从他那儿第一次知道了小说这个概念，而且第一次读了长篇小说《青春之歌》。他会和我们谈文学，讲小说中的人物，当时他教的是个普通班，有空他还会教我们练毛笔字，他好像没啥烦恼，因为我从未见过他心事重重乌云密布的样子，他总是很平和。他经常将我的作文用毛笔红纸写好贴在教室后面的墙上供同学们学习，却也没有大张旗鼓表扬过我，他总是那么平静。初一结束后，他没有和我们告辞，不知为什么他悄悄走了。后来听别的老师说，他家有几个小孩都年幼，妻子身体不好，带着孩子在路口农村，靠着他一人养家。为了照顾体弱多病的妻子，他回到家附近教书了。

他是一个很普通的人，可在我的记忆中一直是阳光俊美的人，他平和甚至平淡，初一一年却一直鼓励我照顾我，却又像春风化雨般从未让我感到接受帮助时难堪，接受表扬时得意。他自己当时也在困难中，却默默关心着我这个孤儿，多年后回忆，觉得初一的时光还是那么清晰，我很自然的在他的身边成长。初一，我已经学会了写很好的记叙文了。

大学时，我的班主任罗龙炎老师，教我们当代文学，他上课总是那么激情澎湃，那气氛比他的个子高很多，他是个块头很小的男人，颜值也不是很高，但他上课时的慷慨激昂，总让我对他仰视，他的形象在我的心中高大俊美起来。记得他讲小说《送你一束晚香玉》，抑扬顿挫读了一个章节，要我们讨论小说的寓意，在他的引导下我突悟：原来一束夜来香，竟然含有那么丰富的含义。文学总容易牵动人的忧思，那时我有点受林姑娘的影响，常为父母早逝忧伤，也为失去依赖而有点自卑。于是开始写点小诗，写点散文，以寄托自己的情怀。都写得不像样，但罗老师每篇都认真看，且教我该如何修改。至今还记得他教导我的"写诗要有点空灵感"。那时大学老师工资也微薄，他家有三个正在读书的女儿，开支很大，可是他和他的夫人经常把我领回家，和他的女儿们一起生活。我经常出入他家，他的邻居老师们都认识我了。尽管生活负担很重，我从未听过他们夫妻争吵，甚至没听过他们叹气，也未见过他们脸上有阴云，他们总是很和乐，和孩子们说话从没有命令的声音。

那时我常自己设计服装图样，然后叫裁缝定做出来。罗老师在背后夸我是中文系对色彩最敏感的人，说我是最有灵气的学生，那时我十七八岁，心里受到极大的鼓舞。毕业的晚会，老师在黑板上写了"起死回生"四个大字，他对我们说："同学们，千万记住，不要在浪尖上玩刀子，一定要爱护自己，保全自己。"毕业后，好几个同学没有得到很好的安置，其中也有我，老师总是带着我们四处奔走，甚至为我们的成家立业都费尽心思，罗老师留给我的印象也是一个没烦恼的人。他和左邻右舍关系都很亲密，成家前我在这个城市没有亲人，基本把老师家当作自己的家，我和他的女儿们吃睡玩乐在一起，他家的房子很小，我们睡着上下铺，可是从没听过老师怨恨过谁，说过谁的坏话，他总是那么阳光灿烂，恬然自足，同事一喊赶紧去帮忙，学生一来赶紧去服务。我不知道是什么支撑他们，但他们的与人为善、乐观善良却一直影响着我。

秋天，总是那么清朗高远，不舍昼夜的岁月，催促人生的行程。多年的打拼，虽然岁月已经把我的青春切割得支离破碎，但我在职场上已经熬成一个阿香婆。我能自如挥洒在三尺讲台上，凭着三寸不烂之舌纵览古今，引导学生探微访幽。这时，我又邂逅了一批俊美的九三人，有心怀坦荡、光明俊朗、惜才如宝的胡帆副主委，有热情洋溢、友善温厚、情同手足的社员，和他们走在一起，我总觉得雨天都有情趣，生活时时充满精彩。九三学社专职副主委胡帆，他总是以欣赏的眼光，像慈祥的老师鼓励他的学生一样激励着每个社员，甘当社员成长发展的人梯，言行举止处处以身作则，让社员在他的感召下，奋发有为，乐观进取。和他这高尚人格的引路人同行，我们这些小社员，在欣赏的眼光中行走，自己也觉得比以前高大起来，不再自惭形秽。自信地成长，源于光明俊美的人引领。

"君子坦荡荡，小人长戚戚。"人生短暂，和光明俊美的人同行，犹如春风春雨涤荡心灵，洗净杂质，内心会变得纯净美好；犹如将良心放在清泉中洗刷过，不再恶毒。如果你想做一个坦荡荡的君子，就得远离心胸歹毒的小人，多与光明俊美的人同行！

寅恪，相识未晚

　　第一次与您促膝长谈，是在一个迷茫的季节读《南渡北归》。当王国维先生为西风昨夜凋尽晚清的最后一棵碧树时，他义无反顾举身赴清池，先生您为他写下"独立之精神，自由之思想"的墓志铭。在先生的心中，独立人格，自由精神，是立于天地间永垂不朽的真正大丈夫的气节。

　　再识先生，是在那个妖魔横行的岁月。当歹徒一次次冲击病中屈居的先生塌前，双目失明，步履维艰的先生，在中山园里，面对强暴，依然昂起高贵的头颅，大义凛然于自己的自由精神丰碑之端。据说，不愿离开故土的先生，当昔日的群儒巨擘们一个个远渡海峡去国离乡时，先生毅然坚守自己的故土家园。本来先生当年在清华园就被公认是"教授的教授"，可谓是人中精英，鸟中凤凰。当年恃才放旷的刘文典，独对您敬仰有加，公开宣称"陈寅恪才是真正的教授，他该拿四百块钱，我该拿四十块钱。"可见先生学问之坚深。当许多硕儒离开故土后，先生更是这故土上的稀世珍宝。于是，一国之主亦屡以厚禄高位邀先生进京主事，可先生不因所动，只将春心付与自己坚守的学术和独立自由的精神园圃。

　　这一刻，我懂您"独立之精神，自由之思想"原是不为富贵所淫的。

　　《柳如是别传》，是先生倾注毕生精力的心血之作。多年酝酿，十年追索，柳如是终于在先生的笔下重又站立起来。一介青楼女子，卑微弱小，可在民族存亡关头，她能不畏强暴，挺身而出，为复兴明朝江山社稷奔走呼告，甚至弃性命于不顾，誓为捐躯赴国难，那壮举令猥琐的王公大臣们汗颜不已。先生高度评价她是"民族独立之精神"，并为之"感泣不能自已"。先生一生胆小怕事，性格内向，每当广播里喊到您的名字，您就吓得发抖，可您却不会为了保全自己去撕咬他人，出卖朋友。这柳如是在民族存亡关头的壮举，是不是就是先生自己的隐喻？

　　读《边城》，每为那纯净的山水，质朴的民风，干净的边民所感动。这方水土里的人，都是灵魂放在碧溪的清泉中清洗涤荡过的，一尘不染。我则因着这些清洁的灵魂而倍加仰慕编造这神话的沈从文先生，眼里心里都充盈着对沈先生的敬仰。唯有心清如水的纯洁之士，才能撰写出如此干净的文字，我曾以为文如其人是真理。

疾风知草劲，时穷节乃现。当恐怖的烟云笼盖九州时，很多知识分子的灵魂被扭曲，沈萧师徒俩也较上了劲。先是靠沈氏扶持才得以成名的学生萧乾，对只要有机会说话就会抨击自己恩师沈从文的正在风头上的丁玲不仅不反感，反而跟得紧为虎作伥。之后是作为老师的沈从文，为了在无休止的逼迫中早脱苦海，将自己曾竭力资助过的爱徒咬出来，因对方有过协助美国青年威廉·阿兰编了八期《中国简报》的经历而被沈氏检举为与美帝国主义相勾结。

当自己的爱徒蒙冤入狱时，沈氏自己亦过着亦芥亦草的生活。据说上世纪80年代，已经获得自由的学生，理解并包容恩师当年失节之举，竟不计前嫌为居无定所的沈氏向组织申请照顾住房，沈氏声色俱厉地指责学生说："我住房的问题，用不着你张罗。你知道吗，我还要申请入党呢！"说罢，掉头而去。师徒从此分道扬镳，彻底断绝最后一丝温情。每读至此，我就汗涔涔，人格本质的东西，无论掩藏多深，关键处是能见真相的。在非常时期，沈氏的反常举动也许有种种迫不得已，但其曾经洁净的形象已在我心里变得模糊起来，其人格不再令我这后生如曾经般敬重。后来他一直过得挺可怜的，之后一直没风光扬眉过。在旧时代的艰苦中彼此能惺惺相惜，肝胆相照，可是大风暴来临时，或为求得苟安或为政治上的升迁，师徒反目，互相出卖。恩断义绝后，彼此并未得到自己想要的，只是在历史上落下又一个大笑话，让世人看清两个文人的可怜可悲的格调和气节。

巴金的《随想录》充满忏悔，巴老也被人认为最有良心的人。可是，谁能想到在"文革"时，他也曾经昧着良心被迫陷害过多年的挚友柯灵。柯灵因奉统战部之命导演了电影《不夜城》，"文革"中遭到无情的批判。当时叶以群让巴金与另一个作家写文章批判柯灵，巴金是柯灵的多年挚友，可是巴金却说《不夜城》是个弥天大谎，歪曲事实批判柯灵，以致被批斗的柯灵异常委屈地说："我当时没有向他（巴金）披沥我隐秘的心情，我是多么希望宅心敦厚而又了解我的朋友来参加口诛笔伐。因为他们绝不会对我无中生有，入人于罪。"可是巴金却辜负了柯灵，而另一个接受批柯灵任务的作家却交了白卷，没有写任何文字。晚年的巴金自己也说：一想起自己曾经说过的假话就恶心。

　　面对选择，有人选择投靠强权背叛朋友，但也有人交白卷以沉默来保全自己的气节。

　　大浪淘的不仅是沙，也是人品气节。据说在那场邪风腥雨中，变节的文人不胜枚举，就连大名鼎鼎的冯友兰都很自轻自贱自辱过。冯曾经一直被人批斗，可一夜之间历史来了个惊天大逆转，变节的机会来了，他赶紧拼命献媚整天高呼万岁，日夜写着赞美诗，转眼就由一个被批斗的角色变为批斗他人的角色。想到此，就不得不对寅恪先生您大加点赞了。您出身名门，学贯中西，流着贵族血液，行着君子之道，高官厚禄不能让您屈尊，面对官位竟呆子般提出要最高领导人保证您"研究学问的独立之精神"，否则不就；迫害摧残不能让您丧节，一介书生，始终能独立于天地之间，保留精神之自由。您，始终践行自己的主张，一切的强权，在先生的崇高气节面前，显得多么猥琐。

　　人，最可贵的是气节，而大是大非面前，最能彰显一个人的品节。真操守是不会为功名利禄威逼利诱所左右的。昨日我敬仰过的许多前辈长老，当他们临事失节，蝇营狗苟时，心中油然而生的是鄙视和唾弃。唯独寅恪先生您，始终如一座仙峰，令凡夫俗子景仰莫及。高山仰止，景行行止，说的就是先生您！

　　独立之精神，自由之思想。始终扛着自己的节操大旗在艰难中跋涉的人，他是永远矗立在天地间的。先生，遇您未晚！

荆园深处有吾师

有人说，人生最美是相遇。不早不晚，在合适的时候遇见你，相逢的美好犹如一支短笛，在月白风清的晚上会自然响起。一任时光的冲洗，流年似水，往事却弥久历新，在如水的月光里常常将你忆起。

一

荆园春深

罗龙炎

索处匡山麓，春来渐转深。

香樟生嫩叶，新笋上高林。

鱼嗜池边草，鸡栖柳下阴。

枝头莺唧唧，野趣抚孤心。

荆园春深处，池塘垂柳边，立一仙风道骨，鹤发童颜者，乃吾师罗龙炎先生也。

荆园，吾师罗龙炎先生的山居住所。他在匡庐山麓，红瓦白墙的二层小楼，被翠竹、青松、香樟等环绕着，院子外有鱼塘、菜地，环境特别优雅，正如老师的小诗《荆园春深》所描绘的，暮春时节，香樟嫩绿微香四溢，新笋破土节节升高，鸡栖柳荫下，莺在枝头啼，鱼戏水草间。春深的荆园，幽雅宁静，格调绝伦，如在画里，画中的人自是高洁出尘，卓尔不凡。

初识罗老师，是我在匡庐脚下的师专读大二的时候。大一时整个八五级中文系共两个班，每班将近一百人，当时的师专除了阶梯公共教室能将我们装下，其他的教室根本无法容纳这样庞大的班级。大一一年，我们一个年级两个班就杂居在阶梯教室，我们二班的班主任潘老师是一位比班上许多同学都小的师大刚毕业的年轻老师，一班那九十多号人的领班也是个年轻男子，不过比老潘要成熟。大二时，学校将我们两个班拆分为三个班，我仍留二班，罗老师来做我们的班主任，兼教当代文学，自然有结缘的机会。

大一结束的暑假，有消息称要分班，说是因班太大学校不好管理。读了一年书，几乎每天都是近二百人待一个阶梯教室上大课，每天上课忙着抢位子，同学认不得几个，与老师也没有太多交流。要分成六十多人一个班，每班就得匀出去三十多号人，会是哪些人出去呢？暑假我有点忐忑，安土重迁惯了吧，我不想再挪窝到新班去，老潘虽然还是个大男孩，但是他做班主任我已习惯了，他除了耷拉着肩膀说着一口含混不清的都昌普通话不好懂外，他还是挺可爱的，毕竟是同龄人，好打交道，留在原班，就意味着继续跟着老潘混。老潘江西师大毕业来做我们的班主任时，不到二十岁，他是1966年生的人，班上年龄大的甚至比他还大几岁，他是少年得志之人。暑假一过，我如愿以偿留在老二班，只是老潘不再担任我们的班主任，有点失落，有点惆怅。

返校第一个晚上，班长通知到三楼教室集中开班会。一进教室，发现一个黑瘦的中年男人正在讲台边与先到的同学聊天。我有点好奇不知此人是何许人，竟如此放松在我们的教室像主人一样，于是就仔细打量了一下：这是个在男人中块头算是有点不太起眼的爷们，颜值也一般，长长的脸，额头却发亮，戴着厚厚的镜片，小小的眼睛很有神，嘴角洋溢着笑意，望着我们的时候，嘴巴总是微张着，那笑意使得两片嘴唇合不拢，于是牙齿就露出来了，似有满园春色关不住之感。人到齐后，班长就叫大家安静，并向同学们介绍此小个中年男是我们的新班主任兼当代文学老师。说实话，当晚他说了什么，我没一点印象，当时对他也没有太多的热情，物是新的好，人是老的亲，总觉得如果对这个新班主任太感兴趣，有点对不住老潘的感觉。

对当代文学我本来兴趣不大，觉得当代散文无法与先秦诸子散文和历史散文比，诗歌无法与唐诗宋词媲美，小说根本不能与《红楼梦》相提并论，当代文学本身就那么点水准，又能讲出个什么名堂？未上课之先我就有成见，其实也是潜意识里在抵制新班主任吧。

罗老师第一次开课，讲的是伤痕文学。文革他是过来人，自然感触比较深；我是"文革"的受害者，自然对伤痕文学容易产生共鸣。这个小个子中年男人，讲课很有激情，性格一点也不像中年人的世故持重，讲《伤痕》《被爱情遗忘的角落》《灵与肉》讲得那么深沉、激情，特别是对《灵与肉》中许灵均这个人物的分析，许灵均一面是富豪父亲的劝说，一面是乡土乡亲的吸引，他最后的抉择，该如何理解这个角色，以及塑造这个角色的意义，老师让我们讨论，还要一个个上台发言，最后老师点拨谈他的理解。他的话听起来很有哲理，觉得他有年轻人的激情，但考虑问题却又很深沉很有智慧。以前上课一直是老师满堂灌，我们在下面一边听一边做笔记，当时中文系流行的顺口溜是："上课抄笔记，下课读笔记，考试考笔记。"罗老师的授课方式与一般人不同，在当时颇觉新鲜，我竟悄悄喜欢上他的课。

还记得讲小说《送你一束晚香玉》时，罗老师觉得我看事物见解独特，要我来说说"标题为何不叫《夜来香》，而要叫《晚香玉》"，当我说出以"晚香玉"为题的隐喻意义和艺术效果时，老师当即对我大加肯定。在罗老师的课堂诱惑下，我们当时竟然都发疯般，只要他准备讲哪个作家的作品，就会提前在图书馆将该作家的所有作品通读一遍，像讲张贤亮时，图书馆里凡是张贤亮的书，都被借得断货，于是我们就节衣缩食自己买书来看。那种激情，都是因为老师的鼓动被激发起来的。这在以前的课堂中是没有过的情形。

上世纪八十年代中晚期，我们大都是从农村来求学，生活的贫困，见识的近视，很多当代文学作品我们是闻所未闻，一旦老师给我们丢点诱饵，我们就会疯狂追逐。当时新书很难买到，初涉人世的我们那时对文学的狂热，绝不亚于今天的少男少女们的追星激情。罗老师把舒婷、北岛、顾城等诗人和他们的朦胧诗带进我们的视野时，全班都沸腾起来了。仅凭上课罗老师介绍的几首朦胧诗，像《回答》《黑眼睛》《致橡树》等，已经无法满足青春贲张的我们身心的需求了，全班弥漫着一种叫诗的气氛，我们日里夜里背诵着北岛、舒婷、顾城们的诗。"卑鄙，是卑鄙者的通行证；高尚，是高尚者的墓志铭。""黑夜给了我黑色的眼睛，我却用它来寻找光明。""如果我爱你，绝不学痴情的鸟儿，为绿荫重复单调的曲子。"这些诗句班上几乎人人能背。当时舒婷、北岛等的诗集，一书难求，我们竟然向老师借书来抄，手抄本的诗集全班没几个人没有的，至今我的书柜里还躺着几本当年抄的北岛们的诗集。不仅如此，当时全班几乎没有人不写诗的，不管写得好坏，第一个读者就是罗老师，他总是满腔热情一个个批改，写上评语后还要当面点评。记得我当时将自己写的一组蹩脚的诗交给他时，第二天他把本子发给我，上面有红笔批改的评语，这还不够，他还面授半个钟，说诗歌创作一定要有空灵感，当时我似懂非懂，但是我们对文学的热爱就萌芽于罗老师教课的这两年。

在罗老师的影响下，那时我们都成了文艺青年，对纯文学的热情，高涨到盛况空前，同学在一起聊天聊的都是朦胧诗和小说，谈情说爱写情书，不卖弄几句诗似乎就显得没文化。每天的空余，我们不再闲逛了，而是静静躲在一隅读书搞创作，然后是贴上八分钱的邮票向各大报纸投稿。尽管泥牛入海杳无音信的时候多，我们却从不气馁继续涂鸦并乐此不疲。一日中午，当一向腼腆的邓同学收到《诗刊》的样刊时，平日默默无闻的他，一下子就像范进中举了似的引起轰动，连中文系高一级低一级的同学顷刻都认识了他，他也突然变了个人似的，突然自信得竟敢到女生寝室来找人玩。我的文学梦也是这个时期种下的，虽然在毕业十多年后才有收获，但罗老师点燃的文学的火种，却在每个学生心里熊熊燃烧，以至蔓延燎原。

一个老师，能让全班学生发疯般爱上他的课，并在他的煽动下爱上文学，再次兴起手抄本，不能不说是一个奇迹！我有时想，当初老师可能是以"传销"的精神来从事他的教育事业，不然怎么那么有蛊惑力呢？更不可思议的是，当初我们几乎一致认罗老师的外形太配不上文学的浪漫了，可是自从上了他的课，大伙竟然越来越喜欢他，甚至忘却了他的黑瘦贫乏的外形，竟然觉得他越来越有风味，他好像一壶老酒，越陈越香。这就是通常所说的爱屋及乌？因为爱他的课，而看他顺眼；因为他的鼓动，让我们的青春热血沸腾！

二

六月，骄阳似火。一晃师专三年竟然就结束了。最后的一个班会，有点沉重，挥手作别的日子就在眼前。午后，我们各怀心事走进教室，不知命运将会把我们抛向何方，工作是有的，但工作环境却有天壤之别。一个个有点向死的意味。

抬头，黑板上写着四个斗大的字，加粗镶边，"起死回生"——这就是班会的主题。往常班会的主题都是班长写在黑板上，这次却是罗老师亲自操笔写的。分别在即，老师站在讲台上，声调坚定，说了许多话，像个老父亲，大多是对我们的未来寄予希望和嘱托的话。上世纪八十年代末，是一个风起云涌的年代，各地学生游行示威不断，形势有点紧张。老师没有说政治大事，只是郑重且夹带着些忧心叮嘱我们：千万不要在浪尖上玩刀子！多年后想起此话，愈觉意味深长。师者父母心，哪个良师忍心看着自己的学生卷入不测之地呢？

　　夏季暑气一天比一天高，心里的愁绪也天天高涨，当时的毕业分配政策，基本是哪来回哪去，好不容易读个大学，毕业了可能又是回到山沟沟待一辈子，苦闷绝望无可奈何，是当时大多数人的心态。吾师罗先生知道我的父母均在"文革"中被迫害死，对我自是格外照顾。他看我体质弱，形体小，成绩又不错，不忍心我回到父母下放的乡间去。当他了解到国家分配时有对"文革"中受迫害的知识分子的遗孤给予照顾的政策时，不断到学校努力为我争取回城的机会。一个满心浪漫的文艺男，平日雅趣侧漏的人，竟然为了我的工作分配，隔三岔五到学校找领导游说，寻找可以将我留下的合理合法的政策，他几乎成了毕业生分配政策研究专家。等待分配的日子里，我经常住在罗老师家，当时他家只有小小的两房一厅，他有三个未成年的女儿，还有年迈的母亲和未成家的弟弟跟着他一起生活，家境自是贫困，可是很长时间他让我吃住他家，和他的女儿们一起住上下铺。在他和另一个好心人的合力努力下，我终于顺利留在市里工作，在当时这是件非常不容易的事。

　　由于受改革文学的影响，分配时我竭力要求到工厂去。可是八十年代末，正是国营企业面临大合并大倒闭的艰难时期，我到单位就面临被兼并，工厂生活根本找不到文学的影子，工作紧张劳累，每月所有收入就六十一元，过着缺吃少穿的生活，困顿失落得很。穿行在浔城的大街小巷，听着满街飘来的"我是一匹来自北方的狼，走在无垠的旷野中，凄厉的北风吹过，漫漫的黄沙掠过"，我就感到自己是那匹孤独的狼，咬着冷冷的牙，却没有遇到那传说中美丽的地方。老师看我过得清苦，尝试着帮我调动工作改善生活环境，他认为女生还是回到学校教书好，可是当时从企业调到事业，就像"蜀道难，难于上青天"。几经周折，还是调动无果。

　　女大当嫁，老师又幻想通过婚姻改变我的境遇，于是竟又四处物色合适的人，他每次要我去相亲，从来是不动声色让我毫无察觉。暮秋的雨天，下午就昏沉沉，罗老师突然来到我在工厂的单身宿舍，叫我到他家去吃晚饭，说师母想我了，我就跟着他回到师专。坐下没多久，竟然有两个男人也来他家玩，一中年一青年，中年人是中文系的老师，青年人我不认识，据说是某官人之子。大家在一起寒暄，我当时从车间走出来，连工装都没换，泰然自若回到老师家，那是个像自己家一样很熟悉很放松的地方，也没太在乎那两个人。这样的戏演过好多回，事后老师总是轻描淡写间接试探我对小伙子的感觉，不是我对别人找不到感觉，就是别人看不上我。一九八九年的端午节，老师又好像极不经意地邀我跟随他全家到他的妹妹家过节，我一个人孤零零，跟大伙过节再正常不过，我也没多想就一起去了。可在这次节宴上，老师还是精心安排了一出戏。开饭的时候，有个陌生青年加入了聚餐，在老师的努力下，此人终于成了我的邻居，我终于有伴一起行走，不再需要老师费心了。

老师每为我做什么，都显得那么不经意，可背后他花了多少心思，思前顾后考虑了多少回，只有他自己知道。就是自己的亲生父亲，为子女考虑，也不过如此！

那年代好像得意的同学不多，失意的比比皆是。毕业后大事小事需要老师去帮助解困的人真是太多。有个比我低两级的校友，我们在罗老师家相识，毕业后她回到农村中学教书，和我一样工作了饭都吃不饱。穷则思变，于是她苦读考上了某大学研究生。好事多磨，当她去复试时，因长相老道，加之当时衣着寒酸，一看就像个饱经风霜的农妇，她报考的导师只看她一眼就拒绝她。那同学从某城回来伤心欲绝。姑苏城外，寒山乌啼；浔阳江头，风霜依旧。百无聊赖的同学，只好到罗老师家哭，罗老师立即给那教授写了一封长长的推荐信，并将自己女儿的衣服给该同学穿上，让她装扮得体面周到，据说还给了她来回的火车票钱，叫她立即赶往某城再去找那教授。在罗老师的隆重举荐和恳切哀求下，那位同学终于进到某大学读研，并且彻底改变了自己的命运。

记得老师平日闲谈中，总是张扬民主人本的旗帜，随性流露的是文人的清高与洒脱，可是为了学生，在这个人情社会里，他该丢了好多清高。

荆园的春天姹紫嫣红，秋日硕果累累，山水相伴中主人犹见风情。退休后的罗老师，在祖传宅基地上盖起了这栋别墅式小屋，和师母在匡庐山脚，过着琴瑟相和、诗情山水的悠哉生活。庐山灵秀，钟毓荆园；长江高远，师恩更长。

荆园深处，有吾师焉。

南山之巅，有松焉

南山之巅，阳光普照，有松焉，傲然独自立。

南山，早在《诗经》的时代，就多次被人提及，"南山崔崔，熊狐绥绥"，这南山是高远深邃的，山巅之松，自是飒爽英姿。小时读《从百草园到三味书屋》，本对百草园就充满无限遐想，当读到迅哥引用的"秩秩斯干，幽幽南山"诗句时，尽管对诗的意味完全不懂，却被那"幽幽南山"撩得对遥远的《诗经》和梦中的南山向往不已。在最为青涩的年华里，南山，是一个多么令人神往的地方。

第一次触网，尽管时间比较早，但仅限于发发邮件看看新闻。直到2003年的一天，当同事告诉我他经常在网上与人聊天时，我惊讶得就像哥伦布发现印度的富饶大地一般。于是我也琢磨着申请了一个QQ，当页面弹出一个对话框，"请输入昵称"时，我潜意识里竟敲下了"南山松"这个名字。我只想让生命像南山之松一样青春常在，阳光灿烂。"福如东海长流水，寿比南山不老松"，是许多人的臆想。在这个虚拟的世界里，我成了南山松，也许在我的潜意识中，生命的最佳状态就是像阳光那样明亮温暖，因为南山得天独厚是向阳的；像青松一样生机勃勃，因为"岁寒而知松柏之后凋也"。

一般人出生，会先伸出脑袋看看世界，再做出是否来这个世界的决定。可有人偏性急，根本没看清路，就把脚先踩到世上，等眼睛看到世界时，再后悔也来不及缩回母体那个黑乎乎的宫殿。听先姚说，南山不仅是倒生先出脚的（据说庄公也是寤生的，他的母亲极端讨厌他，南山松却幸运多了，深得母亲的疼爱），而且脖子上还缠着紧紧的脐带。在那么一个落后的年代，接生婆竟然把南山接到了人间，这莫非有神佑？就是医学发达的今天，倒生如不做剖腹手术，都很难保障小生命的成活，更不要说还加上脐带缠颈。南山一出生，就注定是顽强的生命，这南山松之名，当之无愧。

尽管后人将杜甫与李白并称，韩愈就说过"李杜文章在，光焰万丈长"的话，可杜甫哪能与李白比？李白当时是大V，而杜甫不过是李白的一个粉丝而已。你看杜甫总是很殷勤写诗又是思李白，又是赞李白，又是劝李白。可李白很少写到杜甫，为数不多的几首写杜甫的诗，恐怕也是出于礼貌应酬吧。平生极不喜欢杜氏的沉重，读他的诗，仿佛行走在凄风苦雨的山阴道上，又似在茫茫无际的天地中落伍而迷失了方向的沙鸥。即使想到"黄四娘家花满蹊"，一个老头儿就是窥视着黄四娘如花的容颜，也是可望不可即之事。杜甫的人生太沉重，总有一种让人生不如死的惨痛。李白也有痛，但他是山雨疾来，黑云压城，转眼云淡风轻，阳光满照。读他的诗，让人像行驶在大海上，一会儿波涛滚滚，颠簸异常；一会儿风平浪静，直挂云帆济沧海，生之快感多于沉重。我就这样偏爱着李白，不仅喜欢他的豪侠性情，更喜欢他在诗中神游四海的惊人想象，洒脱自得的万丈豪情。当年一本《李白诗集》全能背下，"讵知南山松，独立自萧瑟"正是千年前他被逐出长安后，我们豪饮于齐鲁之地时，他挥动着如椽之笔为我写下的，如你不信，可以梦中去问诗仙。对朋友忠乃人之本分，诗仙赠予我的南山松，我无法不用这名。

　　生命中经历过许多劫难，先是幼年时父母被打成现行反革命，以致被造反派迫害；成长路上一直体弱多病，几近夭折，但每次都从风浪中挺过来；谋生路上磕磕碰碰，总想找一相看两不厌的地方寄身，尽管多方伸出过橄榄枝，因东家不肯签字画押放行未能如愿遁逃。虽如此，但却从未对工作懈怠：南山松，经风更坚韧。荆棘鸟据说一生只为尽情歌唱，寻找属于自己的那枝荆棘。既然现实如此，我选择了适应。天风海浪，风雨阴晴，当我在键盘上敲击的时候，一切的起伏都随着文字而平静。码字，已经成了我生命成长的状态，确切说是我情绪释放的一种方式。如果离开了键盘，南山之巅会有太阳的光辉么？

　　近日眼前总有黑云缭绕，只好去找医生。当医生告诉南山，是眼睛高度近视用电脑太多引发玻璃球体大片混浊，要谨防视网膜脱落时，南山不甘心就这样离开熟悉的键盘，有点酸酸的东西不由自主从眼睛里鼻子里一起溢出。南山松，不是千年不老，傲然独自立的吗？！

　　春宝兄的微群里有许多大儒，他们常常对一些细小的事物也把它当作学问来研究。一日乔博士对南山松这名号发生了兴趣，在群里探究起古人为何爱在诗中写"南山"而少写"北山"。他与克强博士从早上探讨到黄昏，对"南山"的意象引经据典来阐述。在他们的诱惑下，我也查起了资料，竟发现原来许多人单就"南山"这一意象就写了大量的考证性的论文。而且还发现《诗经》中光写到"南山"的诗就有十首之多，即"召南"中的《草虫》《殷其雷》《齐风·南山》《曹风·候人》，"小雅"中的《天保》《南山有台》《斯干》《节南山》《蓼莪》《信南山》。我偶然得一"南山松"之名，竟然有许多古远的故事，不禁暗自好笑。在我的意识里，不管外界有多少花里胡哨的解说，我只认为南山向阳，得到太阳的光辉多，那是阳光温暖的感觉。

过年时，南山松为了帮助滞留浔城卖柚子的湖北山区老农早点脱身回家，在单位群里拼命吆喝大家来购买他的柚子。有个同事去年才学会用微信，他竟然将网名也取有"松"字。向来不喜欢雷同的南山松，只好将用了快二十年的网名在单位群里改为"南山翁"。有同事因不知道吆喝者为谁而不敢轻信，竟然错过了买好吃的爱心柚子。当知晓南山翁即南山松时，她们笑着责问我："你一直是南山松，为何将网名改了？如果知道是你在吆喝，我们肯定要登记买的。南山松已经是你的品牌了，你赶紧改回来！"在同事的坚持下，我又恢复了"南山松"的称呼，看来此生无论如何，也得做一棵南山之上的青松。

"讵知南山松，独立自萧瑟。"幽远深邃的南山之上，阳光普照，百鸟鸣唱的情景该是多么温暖！月白风清的晚上，松涛阵阵，又是多么壮观！那一抹万年青翠的碧绿，会给南山松像明月一样清澈明亮的眼睛么？曾经眼横水波，峰聚眉头，盈盈笑意的南山松，而今你在哪里？

南山之巅，四季如春，在烂漫的山花中，傲然矗立着一株遒劲的青松！

野莽先生无戏言

"南山松，野莽老师叫我带本书给你。不过我要二十五号到大连。"李英在群里呼喊我，很是惊讶。老师请她带书给我？一年多过去了，野莽老师还惦记着我想要他签名的书的事，很是感动。

去年。清晨。弋阳。那个郊野酒店，已经全忘却名字了。起床就觉咽喉痛得厉害，从家出来时感冒未愈。很想出门买点药，视力几近盲人的我，是真正的路盲，鼻子底下的药店竟然找不着。门口，一个穿着白色宽松棉麻大褂的高大爷们，向我微微一笑，问我要干吗。我告诉他想找药店。他说："我带你去，就在旁边。"凑近，仔细打量，白净的大脸，长发一边分，遮住了半边额头，北京腔，也是戴眼镜的。买完药就一起上楼早餐，即分手了。

晚上我和江苏来的帅哥王荐主持一个论坛，知道大作家野莽先生主持另一个论坛，我分不开身，未能前往一睹先生风采。散场后，我问一起走的朋友，哪位是野莽先生。有人笑我："今早看他和你有说有笑，还一起上楼吃饭，你怎么就不认识呢？"天哪，太滑稽了。兴许此时可以用上"有眼不识泰山"？

第二天一早与会人员游览龟峰。很巧，竟然我又与野莽先生相遇了。我们一起攀爬，他健步如飞，我跟不上，他只好走走停停等待。在山路上，右边山坡处一块巨型大石头，背阳，石缝里伸出一截很长很长的树枝，几乎卧倒状，几米后伸到阳光处，终于有了树枝和绿叶。我们都被生命的倔强成长所震撼，于是和野莽先生在光秃秃延伸的树枝边合影。第二天野莽先生为此树写了一篇散文，尽是对生命的敬意。就这样与野莽相遇，他就像街坊大哥一样，平易平常得很。

一路听他说了很多关于武汉大学刘道玉先生的故事，知道他为老校长作传。因当时还未出版，我就对野莽先生说："我买一套，要有您的签名，我把钱先付给您。"先生当即说："不要给钱，我到时送你。"每个作者写书都是很辛苦的事，要书还真不忍心，只想买到后让作者签名留念，会场书摊没有要的书。野老师是大作家，写作繁忙，往来应酬的名人很多，弋阳一别，我们再没联系过。因为当时我刚玩微信，不知道怎么加朋友，据说野莽先生对这先进的交流工具也不熟悉，自然就相隔在时空的江湖里。得悉他还记得承诺送书给我的事，自是喜出望外，感动不已。

听去拜访了野莽先生的小英子说："野莽先生是很宅的一个人，平日深居简出，他说早想给你寄书，因为忙也因不知道你的地址，就一直拖着。"大连见到书，翻开，扉页上野莽先生写有我的名字，很亲切。萍水相逢，很多人事都会随时间的河流流失，一个大作家，一直记得给一个普通老师一本签名书的承诺，在现时代是很难得的。

生活中爱承诺的人不少，记得兑现的人不多。带阿邦到处云游，经常有人拿他开玩笑，小孩子往往当真，甚至牢记在心里。每当小朋友念念不忘时，我常对他说，那是玩笑，不要当真。他会睁大眼睛说："人家可是认真对我说的。"好在时间无限的过去，新人新事又不断出现，阿邦也慢慢习惯了。有的人动不动就会说：找个时间，我请你吃饭。哪天有空，我们一起喝茶。似乎不这样说，就不见亲热。但大凡爱说此话的人，往往不会兑现的，你要认真就不好玩了。同事经常说，有人曾多次承诺请他吃饭喝酒，就是没见行动。在这社会里，我是从没认真把别人应承我的话放在心上过。收到野莽老师的书，自是感慨万千。野莽先生的了不起，不只是他创造的作品，还有他心里装有普通人，和重诺守信的德行。

一本作家亲笔签名的书，并不是稀世珍宝。野莽先生说送书给我也是私下所言，并未有第三者在场。时过境迁，可一个大作家，却一直记得这么回事，相隔一年多，还准确无误写出我的名字，托人从千里之外带书给我，这情义就很重很重……

老师，您还好吗？

人的一生应当有

许多停靠站

我但愿每一个站台

都有一盏雾中的灯。

———

回望过往，来时的足迹已经模糊，时光的车轮早已碾过陌上田塍，黯淡了邻家采桑女，但旧时的人、物却还在依稀的梦里出现。

幼时，就读于一所乡村小学，离家大约二里许。这是大队办的学校。两层的砖瓦小楼房，十几间教室，楼上楼下挤着五个年级的学生，十几位老师，操场也还算大。在那里我待过五年，记忆中有喜有忧。

说是读书，其实很多的时光，都是在玩，在唱歌，在排练节目，在为学校劳动。五年时光，我识了点字，学了几首歌，与同学打过架，逃课抓过小雀，认识学校全部的老师。那时，好像所有同学都知道我父亲是被造反派斗死的，而且知道我父亲是现行反革命，很多同学有事没事就喊我"反革命崽"，我估计反革命不是个什么好名声，所以我当时在校很低调，一般不和同学发生矛盾。

课堂上没有老师上课，同学就在教室吵翻天这是常事。有一回大约上午第二节课，没有老师，就是班长管着。我上厕所，同桌女生也尾随而出，她比我大，是个很爱打闹的活泼女生。厕所其实是那种前后敞开没门的茅厕，臭气熏天的，从教室到厕所要经过一块菜地一个斜坡。春天，一只小雀在斜坡上飞一下又停了，我赶紧去抓，快要抓着了，那个女生在后面拉我的一只脚，我扑倒在地，雀仔飞开了。她赶紧去抓停在前面的小雀，我也如法炮制把她的后腿一拉，她也摔倒。谁也没抓着，她反手就来打我，于是，没上厕所我们就厮打在菜地里。楼上班主任大声呵斥，我俩赶紧向厕所方向跑，竟然达成共识，躲女厕所，男老师不会来抓我们的。就这样我们一直躲到下课，然后就转移到后山茶树底下躲着。下午上学后，班主任把我叫到办公室严厉训斥，问我鸟抓到没有，我说没，他说要是抓到了就连毛连屎一起喂我吃掉。我当时暗自庆幸：好在没抓着。这个老师姓胡，他长得还不错，梳着西边搭的分头，看人时眼睛一直含着笑意，对我很好，从未打过我，也不打别的学生。

冬天就要到全公社各大队演出，天很冷，到太清原要经过一条港，水还是蛮宽的。记得带我们去演出的老师是晏纯义老师，他高高个儿，真有点气宇轩昂的样子。站在冬天的港边，他脱掉解放鞋打赤脚踩到水里把我们小同学一个个背过港。演出完，他提着马灯把我们送回家。他的声音很亮，教过我一年语文。他生炉子煮饭时，我特别喜欢趴在他的窗口看。他不是本地老师，笑起来很好看。下雨时，没雨伞，我会待在他的房门口等雨停，他会笑着喊我一起吃饭，但是我不敢。他在我的记忆中总是微笑着，很漂亮，现在应该很老了。我读三年级的时候他调走了，从此再未见过。我那时学语文很用心，只是想引起他的注意，他每次笑眯眯地表扬我时，心里觉得特别满足。很多年，很清晰记得他年轻俊朗的形象。

有次秋季学校排练节目，要求演出统一穿军装，腰间系一根宽宽的皮带。那种皮带两头对着"咔嚓"一下就扣上了。而今想来，那副打扮，一个个好像要去打家劫舍似的，不过当时舞台上很流行。我借不到皮带，我的周围都是用布带系裤子的穷人，母亲每天很忙碌，我不愿增加母亲的负担。一个教数学和体育的老师负责演出事宜，他和我家很熟，我就跟他说借不到皮带不参加了。他一听大发雷霆，对着我破口大骂。我平时比较胆小，很少与人发生矛盾，被他一凶一骂，吓得号啕大哭。当时在二楼，他恶狠狠地对我说："你哭什么哭？你爹已经死了，你还哭什么！还哭！借不到皮带你就去死啰，你可以从楼上跳下去！"那时我只是一个几岁的小孩，听了这话特别伤心，但是我却没有跳下去，那么高的楼我当时想会摔得很痛，因为我压根也没想要去死，而且我也不懂什么是死。当时他的女儿和我同桌，我学习好，老师好像是学校的副校长，他要他的女儿与我多交往，结亲戚。后来我上中学，他的女儿读一年初中就辍学，然后嫁给一个乡下木匠。再后来女婿的叔叔发迹做了大官，老师的女儿、女婿也进城有了工作，发了财，日子过得很滋润。前些年见过老师，他很自豪对我说他的女儿家如何有钱过得如何舒服，末了他说："你读这么多书有什么用？磨得要死还没几个钱。"我听后只好说，人生有命。

我这老师估计心底并不坏，他是我读书阶段唯一一个大发雷霆破口大骂我的人，因为我一直是比较乖的学生。而近几年没见过他了，听说他过得不错，他的儿女都跟着女婿的叔叔发了大财。

小时候的老师有的慈善，有的凶恶。他们也很贫穷，不过他们也很自在，打骂同学都没人管的，那时的农村人对老师很尊重，都认为老师打骂小孩是为了小孩好。做学生的更没有维权意识，那年代可能都一个样吧。

二

读初中的第一年，应该是我特别快活的一年，那时母亲还在，我住在寄宿学校。乡镇上的中学，是一个院中套院的大得像城堡般的房子。房子很大，一重一重的，像个迷宫，据说是个大地主家的房子。1949年房主被处决，房子充公做了中学。

所有的房子都有回廊连着，有的房子很明亮，有的白天也很暗。四合院里套着院子。有个院子的天井挖有一口井，全校的喝水都靠这井水，有时人多用水急，水浅井深我们小同学打不起水，只好到村民的水井去偷水。

读初一时我十一岁，个头很单薄。夏季没水用，只好拿盆子到外面井里打水。从寝室出来，要绕过白天都很暗的长长的回廊，过了天井，大堂前，出大门，过大操场，然后向田野走去，估计一里多路是有的。记得有一次傍晚，我拿着洗脸盆到村民的井里打一盆水，刚走几步路，猛听到一声吆喝，回头一看，有个老者扛着锄头一边骂一边向我这边跑来，我吓得赶紧将水倒到田里，没命的逃跑，一口气冲进学校大门。

到了安全地带后，竟喘气都喘不过来。正好教数学的晏艳华老师看见了，她问我怎么回事，我一边喘粗气，一边极不连贯结结巴巴告诉她老者追赶我不准我打水的事。数学老师是个个子很袖珍的女老师，听她说与我父亲很熟，关系不错。每单独看到我就会说到我父亲，说到我父亲，她就叹息，觉得太可惜了。她看我被人追赶，一下就上火了，大着嗓门说："走，我带你去打水，看谁敢打你！"我不敢去，她拖我，我死活不肯。她就抢过我的脸盆，向校外走去。我远远跟在后面。她一边走，一边大声吼："刚才是谁在追小孩？"正巧那个老者在守井，他们彼此认识，老者就住学校隔壁。老者说学生用盆子舀水把一井水都弄脏了。老师大声责骂他："学生的盆子是装屎的？脸盆打水怎么会弄脏？我今天就要在这里打水。"老师大声与老头吵架，还帮我打了满满一盆水。

老师个子虽小巧，可是很能说，也很凶，但她却一直充当我的保护神，在学校只要谁欺负我，不管是男是女是老是少，她都会发了疯般冲过去，声音又大又威严，把对方批得皮开肉绽体无完肤。当时我的数学很好，书上的题目不能满足我，晏老师常常当着全班同学的面给我加课外难题，还经常给我一大本的草稿纸，那时要草稿纸是很难的事。她在同学面前毫不掩饰对我的偏爱，对学习不太好的同学，她批评起来也是很严厉的。她说话很霸气，就是爱抚的声音，也是粗声粗气的。班上同学都很怕她，但我不怕，我知道她很偏袒我。

当时的课业对我来说很轻松，数学老师又公开宠着我，班主任潘乐轩老师语文课上经常点我提问，还把我的作文用毛笔抄写在红纸上，挂到教室后墙上。我在场的时候，他不太表扬我，但是我不在场的时候他经常在同学中夸我，要同学们多向我学习，当好事的同学将此话传给我时，我觉得很自得。

中学同学基本不知道我的父亲已经在"文革"中被迫害死，也没有人喊我是"反革命崽"，我常偷偷跑回去看生病的母亲，第二天一清早往学校赶。很多同学都喜欢跟我凑一起，估计老师的偏心加之我学习成绩特别好，又不爱与人说话，更让同学喜欢接近我。那时很多同学要我到他们家吃白米饭，睡一晚。我在家常年吃干薯丝，经常能在同学家得到种种优待，同学的父母不少是认识父亲的。学习没压力，又能承欢在母亲的膝下，真是很快活。

初一的暑假，世界发生了大动乱。我的母亲在荷花盛开的夜晚走了，我黯然伤神回到学校时，班主任潘乐轩老师调走了，呵护我的数学老师也不见了，后来才知道是进城了，新来的老师我们彼此很陌生，从此我再也没有过初一时的快乐生活。

人世间最无奈的是，谁也没法留住时光。母亲早年走了，那些当年照顾我成长的老师，有的也已离开了这个世界，活着的也已是颤颤巍巍衰老不堪了。曾经那个天真儿童，也已是在秋霜里滚爬，三尺讲台上熬炼的资深教师了，唯有记忆中的天空还是那么晴明，记忆中的老师还是那么青春永驻！

浮云又送秋雁归

陇上西风扫高木，浮云又送秋雁归。秋天就这样按期而至，丝毫没有一点悬念。炎炎夏季的脚步声似乎还响彻耳际，那火天火地的酷热还在心头，可头顶的太阳尽管明亮无比，却早已没有了夏日的激情，令人不得不感叹：秋天就是秋天。

早晨出门，阳光洒满了街头巷尾，可是空气中有一丝微微的凉薄，梧桐树叶开始微微泛黄，再有一阵秋风，可能就要凋零了。叶子一片一片飘零时，不知道园子里是否有物伤其类的痛。紫薇花在怒放，野菊花也在墙角边探头。兴许是秋日的阳光缺少热血沸腾的青春气息，灿烂的阳光下亦有一种微微的凉气。苍翠的树丛里，东边露出一树白的花，西边伸出一丛水红色的花，这些花总开得不热闹，反而增添了一种华丽背后的隐忧。

每当秋季来到校园，总让我有点惶恐。"常恐秋节至，焜黄华叶衰。"

那天，也是一个阳光明媚的秋季周末，一大堆的课要上，早读匆匆忙忙赶到学校，放下自行车就往教室冲，早上看到你也骑着自行车进校园，却没时间与你打招呼。课间操经过你的办公室窗户，看你趴在桌上，本想问问你是否不适，可上课的铃声响起，你一直身体很好，我也就没多想，赶紧上课去。哪知等我将一天的功课做完终于可以在办公室歇息时，同事告诉我，你已经在医院抢救，说病危通知书一下午下了两次。等我泪眼婆娑冲到医院时，隔着厚厚的玻璃门，我们已经隔着生与死的距离，你就静静地躺在那儿了。泪飞顿作倾盆雨，我无法抑制自己的伤心，竟在医院号啕大哭。当时有人不解，劝我别哭，说你怎么为一个同事这么伤心？

那时校园小，班级也不是很多，一个年级的老师就挤在一个办公室办公，甚是热闹。天生不擅长与人争辩与吵架，有了委屈就只会像个孩子般号啕大哭的我，自然就常常会与眼泪为伴。曾经我们一个年级共事，一个办公室相处，人常说同行是冤家，可你却常常像大姐一样护着我。直到我不再在初中跨头教学，只教高中两班时，我们的办公室才分开。有段时间我很想吃自家烧的小龙虾，你在课余休息时跑到菜场帮我买了几斤，左叮嘱右告诫，告诉我怎么弄干净。可是等我上完课回到办公室，你竟然帮我全部洗干净剥好，你还是担心我做不好。你的周到竟惹得其他同事羡慕不已。有人直接问你："你为什么对她那么好？"你很干脆回答："她不会做，你会做。她为人太老实，对老实人我不能让她委屈。"

经常听人说，上海人很小气。可你是上海下放知青，你却对我很大方。孩子喜欢吃卤菜店做的卤凤爪，你说外面做的太脏，要自己烧。初冬一个微雨的周日下午，突然接到你的电话，你说卤了凤爪给小孩吃，叫我去拿。放下电话没几分钟，我刚推车出门，你却骑自行车送到门上，热腾腾的卤凤爪，香气扑鼻。我给钱给你，你用眼瞪我，说我过分。我知道你平日很拮据，不忍心让你费心还要出钱，但是你就那么坚决，我又不敢让你说我见外。冬天的风那么刺骨，孩子没有毛裤穿，我不知如何是好，你却加晚班给我织好送到家里。

一个寒假回老家过年，没给你电话。刚回到浔城的第二天，你竟然跑来了，进门就大声嚷嚷："你这个鬼人，干什么去了？一个假期也没个电话，也不见踪影。"听你竟然挂念起我来了。前生你欠了我的？还是我们前生有关系？仅仅同事而已，你却对我像亲人一样。2001年的九月底，你就在一个阳光明媚的秋日永远的离去。多年同事亲姊妹，很多年沉湎旧事不得自拔，只是后来兄长过世，新的悲痛不能再沉湎于对你的怀念中，但曹洪珠这个名字却刻骨铭心。你每天都扑在学校，一直做班主任，工作上不肯马虎一丝一毫，最后竟倒在工作上。

学校要扩大，那时大量引进县城的老师，你就是其中之一。个子矮矮的，块头板板的，满脸沧桑、满脸疲惫的陈爱民。"老邱做的事是没得说的，你那么认真，我很放心。"每回见面，你都是笑着夸我，弄得我不好意思偷懒，唯有努力做好。你第一次来学校工作时我们搭档教同一个班，两年后你竟然跑回去你原来的学校。过了几年，突然你又跑来了，不过这次你很受重视，来做副校长。每天你很刻苦，激情满满的，说话声如洪钟。但是你却很老相，完全不像四十多岁的人，倒是好像五十多的人。除了工作的接触，对你没有太多的了解。只是2012年10月的清晨，突然听同事说你头晚意外走了，我惊骇得不敢相信，因为那个中午我还与你聊天。生命怎么如此无常？

2016年的9月19日，手机短信响起，一看，竟然是学校发的公共信息："我校朱校医今天因病不幸去世……"秋风已起，黄叶飘零。犹记得新校刚建时，大伙一起上班的情景。这是个身材结实偏胖整天笑眯眯，一笑眼睛眯成缝的青年女人，部队出来的战士，自然身强体壮些。也许是她的笑容与热情，我们大家都喜欢与她凑一起玩，她给我的印象就是热情洋溢，笑声响亮，活力四射的女汉子的形象。可是突然得到这短信，真是天空阳光顿失，不敢相信这种噩耗。生命就如一层薄纸，一捅，就破，令人唏嘘不已！

一晃，新校已经落成十年了。从市中心的老校区搬到新校区上班一晃也已经十年了。十年，校园的树木长成参天大树；十年，学生送走一批又一批；十年，许多青丝都已经熬成霜鬓。当年的小伙子小姑娘，而今是为人父母奔四的人了。曾经三十多岁干劲冲天的热血同事们，而今亦显出中年的颓势。满地芦花同人老，杜鹃啼血残阳归。时光就这么匆匆，不舍昼夜。回首逝去的青春，思及英年早逝的同事，不禁泪流满面。

秋天之后是冬天，冬天之后又是春天，季节轮回不衰，可人的青春一去不复返，立在微凉的秋夜里，我默默祈祷，生命里每个我遇到过的人，不论情缘厚薄，谨祝你健康快乐，祝福我的所有同事们，心里永远藏着一个春天，身体都如青山不老。

秋天的金黄，无法抹去我对过去岁月的追念，无法让我忘却过往人事的美好，唯有将我满心的祝福洒在静寂的夜空，让明月与清风带给你幸福安康！

为灵魂摆渡的人

迷雾笼罩，乱云飞渡的时代，灵魂流浪的多。寒夜里抱团取暖，迷惘中牵手前行，心里就会温暖而亮堂。你在漠北，我在天南，山重重，水渺渺。生命原本在时空相隔的太虚里，素不相识素不往来。因为教博的摆渡，所有漂泊在大江大河的灵魂，都得以到达彼岸。于是我们相遇了，从此生命绽放出美丽的映山红，红遍井冈山，燎原九州大地……

"独学而无友，孤陋而寡闻。"当我们囿于一隅时，不知天有多高，不知地有多广，不知海有多深。于是我们就慢慢变成不可语于海者的井蛙，不可语于冰者的夏虫，不可语于方者的曲士。久而久之，灵魂成了孤魂野鬼，在旷野中四处漂泊。博览人在渡口一声呼喊：上船吧，我们为你摆渡！于是，迷惘孤独的人，乘上教博的船，开始向理想进发。

工作室创建三年有余，老去的是时间，增长的是白发，留下的是空白。如何突破，如何发展，始终没有明确的方向。彷徨而无指引，踽踽独行中滋生停步卧倒的念头。在一次次宽容自己的懒惰与迷茫时，教博人一声令下：全国中小学教师工作室联盟会师井冈山。行将熄灭的激情，又一次被燃烧，青春的活力又一次喷发。

教师需要博览，博览才有从容，从容方能镇定。这博览，既指读书之博，亦指观世界之博。通俗说，就是读万卷书，行万里路。一群编辑的情怀，决定一本杂志的取向；一本杂志的价值取向，影响着一批批读者的人生。《教师博览》人就是奉行引领教师读书、博览的宗旨，给教师成长搭桥铺路，给灵魂彷徨者摆船超度的人。方、向一挥手，将各路精英大伽聚拢来了，将地北天南的教师召集在一起了，在湖山胜景之地，共享精神的盛宴。他们默默搭着华美的舞台，让精英和草根同台唱戏，让牛逼的人带着普通人前行。于是，和牛的人同行后，不牛的人也慢慢牛哄哄了。

平庸的人总能为自己的平庸找到借口；超凡的人，总能逢山开路遇水搭桥，把自己送到人生的制高点。刘发建就是把自己从一棵小草做成一棵大树的典型。虽然同在一个群很长很长时间，虽然也知道发哥是个挺牛逼的小学老师，但百闻不如一见，一见却吓一跳。发哥已经是牛气冲天了。一节《我的伯父鲁迅》，多少人诠释过？可是，刘发建却执着地要读出文字后的深意。一节课他研出了一本书，一本书他带出了一个经典阅读系列，一个经典阅读系列，他引领了学生整个快乐的童年，乃至未来的人生。刘发建的校本研修之路，对依然摸索着的我，有着深深的启迪。教博把刘发建叫来，这面对面的引领，真可谓听刘一席话，胜读几年书。

宋运玉老师为首的一批工作室做得非常有特色的老师，他们在舞台上展示着工作室建设中师生共同成长的精彩，特色、个性、布局、分工，每个工作室的精华，无不让我叹服景仰，无不启发着我努力的方向。跟着苍蝇找厕所，跟着蜜蜂找花朵。教博为我们引来大方之家，我们就可以跟随这些蜜蜂去寻找花朵，去酿造自己工作、生活的甜蜜。

"千教万教教人求真，千学万学学做真人。"肖川教授那说真话的勇气和坚守，那追求闲散生活的散淡与旷远，虽不是人人有资本可达到的境界，至少让我见识了才到高处活得潇洒的款式。教书人要想在枯燥繁复的生活中活出一分滋味，读读书，写写文，与有情趣有格调的人交往，一杯清茶，一本旧书，倚窗而立，品茶品书，沉浸在自己的世界里听风听雨，玩赏夏虫秋草，或邀三五同道中人，间歇做做郊游，放飞自己。如偶得良机就参加有益的交流活动，谈谈情说说爱喝喝酒聊聊天交交友，老夫也发少年狂，娱情悦性了，自己快乐了，身边的人也受益。

交有趣的友，读有趣的书，做有趣的事，即使无趣，亦将无趣的事做成有趣。教博人，将一个个传说中的大伽带到我们的跟前，在一次次美好的相遇中，引领教师追求有趣，有格，有味，有位的生活，默默为流浪的灵魂摆渡。

薄命才女孟小冬

前些日子在澳门看京剧，突然想起那个早已湮没在记忆长河中的民国京剧舞台上的绝代佳人。她出生于梨园世家，倔强而又聪颖，有着天仙般的美貌，是一个色艺双绝的旧时代坤伶，余派艺术的嫡传，在京剧舞台上有着"冬皇"的美称；可她却在情感路上历经坎坷，饱受折磨，最终逃不过红颜薄命的定数，两度为妾，委屈半生，在寂寥孤苦中度过最后的岁月。她，就是与梅兰芳齐名的著名京剧艺术大师——孟小冬。

一

孟小冬1907年出生于上海，祖籍北京宛平（又说为山东）。她的小名叫若兰，本名孟令晖（令辉），艺名小冬，是著名京剧女老生演员，因她对京剧艺术的执着追求，加之极具艺术天赋，凭着深厚的功底和非凡的表演才干，赢得了"老生皇帝"（冬皇）的美誉。

她的血管里流着京剧艺术的血液。祖父孟七徽班出身，是清朝同光时期的红净名角；父亲、伯、叔均为当时有名的京剧演员。生活在这个艺术世家中，耳濡目染，天资聪颖的孟小冬5岁就开始学艺，先后向姑父仇月祥和琴师孙佐臣学习须生，宗孙派（孙菊仙）。她的童声嗓音高亢，戏路以高嗓老生为主。由于领悟能力极强，小小冬7岁就能登台演出。因演艺精湛，12岁开始在无锡正式挂牌公演，14岁随仇月琴等在上海、浙江、济南、汉口、福建以及菲律宾等地与粉菊花、露兰春、姚玉兰等名角同台演出。小小年纪就初显大角风范，演技极为精湛，赢得了当时的评论界一致好赞，说她"扮相俊秀，嗓音宽亮，不带雌音，在坤生中已有首屈一指之势"。

14岁在上海大世界演出期间，孟小冬常借机向同台老演员何顺奎、潘仲英、沈云祥等虚心请教文武老生戏方面的知识。由于嗓音高，孟小冬主要上演剧目有《曹操逼宫》、《辕门斩子》、《七星灯》、《哭秦廷》、《闯幽州》等。也偶然演家传红净戏，风格颇像她的祖父。

一直潜心研究老生戏的孟小冬，尽管在南方已声名大振，但并未得到北方观众的追捧，当时有这样一句话在京剧艺人间广为流传："情愿在北数十吊一天，不愿沪上数千元一月。盖上海人三百口同声说好，固不及北边识者之一字也。"不满足现状的孟小冬，苦于寻找演艺升华的突破口，后虚心听取名家建议，北上拜师。1924年她先到天津，由新天津报社刘髯公介绍向天津名票王君直、王庚生、韩慎先、李采繁等学习，潜心研究谭派演唱艺术。

天津拜师学艺3年间，她苦练基本功，一字一腔，一板一眼，丝毫不苟。在研习谭派演唱艺术的同时向窦砚峰、李采繁等大师学习京剧字韵。

二

崭露头角的孟小冬初到北国，京津演艺界就为她抛来橄榄枝，邀请她参加永庆社、庆麟社、崇雅社等坤班演出，频繁演出于京、津两地。那时她正值豆蔻年华，聪慧清纯，娇媚照人，可她的台风演技竟能与当时的著名男角老生相媲美，一时成为风靡九城的红角。

当时的京剧舞台上，梅兰芳是最红的旦角，有"伶王"之称，他以男性扮女人，惟妙惟肖；而娇弱俊美的孟小冬却是最红的生角，她以女性扮男人，刚烈英气。在这种长期乾坤错位，阴阳颠倒的演艺生涯中，也形成了他们颠倒的性格：孟小冬心性高傲，性情刚烈；梅兰芳谨慎阴柔，犹豫不决。当时有好事者大力促成他们合作，他们精彩演绎了《四郎探母》、《游龙戏凤》等戏，进而彼此萌生爱意，暂时幸福地结合成一对佳偶，成为轰动当时剧坛的佳话，但太浪漫美好的感情往往不得善终，梅孟之恋的夭折，就是最真实的印证。

孟小冬和梅兰芳结婚时，梅兰芳已有两房太太，梅孟结合后，当时的《北洋画报》上最早披露了梅孟结合的消息，令人费解的是梅兰芳竟出面辟谣，弄得报社十分狼狈，使得报社后来只好又注销了《梅伶近讯》，说孟小冬现在居住的"金屋"是梅租给孟住的，两人不过是房东房客关系罢了。从梅兰芳这些做法中就可见梅兰芳并不承认孟小冬作为妻子的合法身份，作为名人和男人的梅兰芳，到底是出于自己的名誉考虑还是为了自己的家庭缘故，将气质高雅、万人景仰的孟小冬置于这种不尴不尬的境地，确实是历史上的一段错爱因缘。正因梅兰芳的这种态度，也为这两颗舞台明星的婚姻破裂埋下伏笔。

婚姻如穿鞋，合不合脚只有自己知道，水晶鞋光彩照人，却只能看无法穿。孟小冬和梅兰芳的婚姻也是这样，这对台上与台下的"才子佳人"，貌似"天作之合"，可却一直风波不断。虽然对外界梅兰芳不承认与孟小冬的婚姻，但婚后，梅兰芳却又以"男主外女主内""朋友会笑我连自己的太太也养不活"为由阻挡小冬继续在舞台上演戏，将她藏在金屋中。

婚后不久，新婚的热情和新鲜转为平常，锁在"金屋"中的孟小冬开始有空虚之感。她终日无所事事，感到离开了舞台就像鱼儿离开了水一样，从此不仅失去了曾经的繁华与喧嚣，也失去了外界的联系。百无聊赖的她向梅兰芳透露想重返舞台的想法，梅却委婉阻止，这让小冬渐生怨气。

话说孟小冬突然没有消息，当时不少戏院老板及戏迷们更是百般猜测，到处打探。在当时北京市民的休闲生活中不能没有京剧，而京剧又不能缺少孟小冬。面对孟小冬的崇拜者们的四处寻找，梅兰芳的铁杆戏迷、世交冯总裁决定让孟小冬的"金屋"秘密乔迁至长安大戏院不远的内务部街的一条小巷内。此时，梅兰芳也在想办法让孟小冬打发时光，知道孟小冬一直崇拜余叔岩，就出面请余叔岩上门教孟小冬学戏，余一直体弱多病，也就以体质瘦弱为由拒绝了。但余叔岩又碍于梅的面子，就把当时京剧名师鲍吉祥介绍给了小冬。

小冬五岁开始学戏，没机会接受系统的文化教育，但生性好强的她不甘心做个只知唱戏的伶人，她还要成为一个文化人。于是她在"金屋"小楼上开辟一间书房，设置红木书桌，笔墨纸砚，一应俱全，开始刻苦学习文化以提高自己又可打发时光。每天她按时临窗习字、阅读戏本、白话小说；梅兰芳也经常围在她身旁，有时手把手教她画梅兰竹菊，或和小冬谈论梨园掌故，或夫妻一起推敲戏词字韵，新婚生活也可谓其乐融融。此后小冬又聘请一位国学老师向他学习书法。经过这段时间的闭门学习，孟小冬的文化知识和书法均打下良好基础，所以后来她写得一手好字，能更深刻的理解戏文，甚至能吟诗作对，哀悼恩师余叔岩的挽联就写得非常精妙，这些成就都与婚后这段时间的学习不无关系。

三

　　幸福，就像一阵风，一闪而过，梅孟婚姻即如此。婚后短暂的恩爱，抵御不了在他们生活中不断涌现的风波。

　　梅兰芳在与孟小冬结婚之前已有发妻王明华，二房福芝芳。但梅之发妻王明华素来不喜欢福芝芳，所以坚决想让丈夫梅兰芳预约孟小冬为继室。可城府极深的福芝芳对梅孟结合虽然极为不快，但她还是选择默默地接受了这一切。

　　偏偏命运之神不能容忍孟小冬的幸福，在她的婚姻生活中不断掀起波澜。孟小冬退出舞台，让她的戏迷们倍感失落甚至有人痛苦、愤恨，1927年9月，一个叫王惟琛的大学生戏迷（实为纨绔子弟）暗恋孟小冬，当他得知孟小冬嫁给梅兰芳后，痛苦不堪，失去理智的他携枪闯入冯耿光公馆，吵叫着要找梅兰芳讲理。恰逢梅兰芳与朋友聚会，《大陆晚报》经理张汉举自告奋勇出去与王惟琛交涉，王惟琛用枪顶住张汉举，要他喊梅兰芳出来论理，并要梅兰芳给十万元精神赔偿。梅兰芳听到喊声，刚走出来就急忙转身进到里屋一面筹钱一面报警。当梅家佣人把钱扔给王惟琛时，王拿到钱后发现被军警包围，情急中向张汉举开了枪，张汉举当即死亡。军警见状，举枪齐射，将王惟琛打死，随后将他的脑袋割下，在前门外的电线杆上悬挂三天示众。

　　这一血案轰动了全社会，大小媒体闹得沸沸扬扬，流言蜚语铺天盖地。有人说孟小冬原是那个青年的未婚妻，某某伶人是夺人所爱。可深居简出的孟小冬竟对此事一无所知。城府极深的福芝芳终于找到了攻击、排挤孟小冬的理由："大爷（梅兰芳）的命要紧。"一方面不准梅兰芳到孟小冬那儿去，另一面到处说孟小冬的不是，说孟小冬是狐狸精，会害死梅兰芳。很快，梅兰芳一边的人站到了福芝芳这一边。梅兰芳深受惊吓，一度避居上海，他与孟小冬的关系由此转淡。

　　命案的阴影未散，梅兰芳借种种借口远离"金屋"，生性高傲的孟小冬哪里受得了这种压抑？偏又出天津演出风波。1928年春节过后，孟小冬突然收到一份由家人转来的天津《北洋画报》，登有一则消息说梅兰芳带福芝芳到天津演出。福是1921年嫁梅的，原是京剧旦角演员，但自嫁梅以后一直在家。孟小冬觉得梅兰芳是要刺激她，愤而离开"金屋"回娘家住了一段时期。结婚一年就矛盾重重，小冬极为痛苦。孟五爷怂恿说："他能去天津唱戏，你为什么不能去唱？"小冬得了父母亲的支持，豁然开朗，便下了决心，每天用心排练，准备天津演出，孟五爷也常督促指导。孟小冬一面去信与天津联系演出场地，一面又找曾经合作过的雪艳琴商谈再度合作。雪艳琴答应和她一起去天津。

天津方面听说孟小冬将要复出，正是求之不得，特别是主办《天津商报》"游艺场"的沙大风，更是大捧特捧，并辟"孟话"专栏，诗文不断，竟称孟小冬为"吾皇万岁"。小冬天津之行未演先热。本来那里就有一批她的老观众，阔别两年，盛况更是可以想见。因此登台之日，声势极盛。春和戏院，连日爆满。

小冬在津演出期间，出入各种交际场合，受到各界赞美。演出结束，又在津小住数日。当有人向她询问与梅关系时，她一律不予回答。孟小冬为了报复梅兰芳携福夫人天津演出对自己的伤害，在天津风风火火地演了十来天的戏，逗留数日才返北平，仍回娘家居住。

梅兰芳没想到无意中刺伤了小冬的心，更没想到的是孟小冬竟然会用这种办法针锋相对地来报复他。梅只好前往"孟家庄"接回了孟小冬，还被孟五爷话中带"刺"地教训了一番。不过，好说歹说，两人总算言归于好，之后，孟随梅到广州、香港、上海等地演出、游玩，二人感情复苏。

1930年，梅兰芳将要赴美演出一事又引出了一场风波：到底谁跟着梅兰芳访问美国，在全世界面前以"梅夫人"的身份亮相？齐如山是梅兰芳的主要戏袋子之一，他为梅兰芳改编旧戏，为梅兰芳撰写新编历史剧剧本。20世纪30年代梅兰芳访美演出，剧场背景图案，以及戏曲说明都是由齐如山一手经办。梅兰芳能饮誉世界，齐如山可谓功不可没。他的儿子齐香回忆说："筹备赴美演出的礼物中，还有一些墨盒、砚台等小工艺品，墨盒上都刻有图像，给我印象最深的是孟小冬扮的古装像。她本是演老生的，这幅画面却是扮的古装妇女，十分漂亮。"可能梅兰芳本想带孟小冬赴美。但据说工于心计的福芝芳当时正怀有身孕，她为了能够随梅兰芳出访竟延请医生为她堕胎。最后，梅兰芳为平息风波，决定只身赴美。

一波未平一波又起。1930年8月，访美回国的梅兰芳一到天津即获桃母（大伯母）去世的消息。按照规矩，梅兰芳的妻房应该披麻戴孝在孝堂接待四方吊唁的宾客。哪知孟小冬奔到梅宅，却被福芝芳派下人把孟小冬拦在了门外。梅兰芳出来求情，福夫人却拉着两个孩子及腹中胎儿要和孟小冬拼命，软弱的梅兰芳，只好以牺牲孟小冬作罢。孟小冬含羞蒙垢哭着跑回娘家，伤心欲绝，一病不起。梅兰芳始终不能给孟小冬任何名分，孟小冬只好离婚。梅兰芳之所以最终选择福之芳，恐怕一个很重要的原因在于其时福芝芳已经先后为他生下了7个孩子，而孟小冬无后。

四

孟小冬19岁嫁给梅兰芳，23岁离婚，离开舞台4年，早已断了生活来源。为离婚一事，她向梅兰芳索要补偿金，梅兰芳不同意，还是杜月笙出面调停，双方最终达成协议，由梅兰芳一次性付给孟小冬4万块钱，从此二人再无瓜葛，错爱的婚姻，最终毁掉的是小冬一生的幸福，而梅兰芳依然过着他的外面风光名人，家里老婆孩子热炕头的生活。

1930年，与梅兰芳分手后的孟小冬绝食、生病、避居津沽，并且因梅孟感情破裂社会上谣言四起，甚嚣尘上，中伤接踵而至，倍受打击心灰意冷的孟小冬甚至一度于天津居士林皈依佛门。此后数年，她坚决避免与梅兰芳相见。并发出狠话："请你放心。我不要你的钱。我今后要么不唱戏，再唱戏不会比你差；今后要么不嫁人，再嫁人也绝不会比你差！"梅孟前后四年有余的支离破碎的婚姻，终于走到了尽头，画上了失败的句号。劳燕分飞，各奔东西，这次事件标志着梅兰芳和孟小冬两人的最后分手。

婚姻失败后，备受摧残的孟小冬选择茹斋念佛，对戏剧界来说，无疑是一大损失，要求孟小冬复出的呼声越来越高。这时，关心爱护她的人向她陈述厉害：你自暴自弃，脱离舞台，无声无息地家居念佛，正好中了别人诡计，反而使人对报上的小道消息信以为真，日子一久，观众逐渐把你遗忘，最后毁了自己的才华，岂不可惜？

孟小冬一下子茅塞顿开，她写了《孟小冬紧要启事》，于1933年9月在天津《大公报》头版上连登三天。在全篇五百多字中，有六处提及梅，只有开头一处直呼其名，而其他五处均客气地以"兰芳"二字相称。其中责梅措辞，最重的也不过是说梅"含糊其事"、"足见毫无情义可言"等语而已，在谈到与梅分手原因时，也只是用了一句话："是我负人？抑人负我？世间自有公论，不待冬之赘言。"小冬之所以要将苦恼的身世向世人"略陈梗概"，说明她和梅分手以后，几年离索给她带来的巨大痛苦，暗喻自己备受侮辱和"复遭打击"的悲惨处境。从"启事"中还可以清楚地了解到，当初孟小冬嫁梅时，苦苦追求的是"名分"。半个月后，孟小冬抖擞精神，东山再起，重返她酷爱的戏曲舞台。

　　1931年杜月笙家祠堂落成堂会中，他邀请南北名伶汇聚一堂，孟小冬却因梅兰芳在场，拒绝邀请。1937年，几年离索的孟小冬再遇大亨杜月笙，并委身于对自己有知遇之恩的杜氏。事情的原委是这样的：1931年5月1日，位于上海市中心的黄金大戏院举行开幕典礼，孟小冬应邀参加剪彩仪式，当时是杜月笙致开幕词。剪彩结束后，孟小冬应邀住在她的结拜金兰、杜月笙的四姨太太姚玉兰下榻的辣斐里的住所。

　　其实姚玉兰邀孟小冬住在自己寓所，是早策划好的壮大自己实力的行动。姚早知道杜月笙对孟有意，又念孟已届而立之年，还无家可依，加之自己是北方人，一直受杜月笙前面三位苏州太太的排挤，如果帮杜月笙、孟小冬撮合成功，孟是自己的结拜妹妹，那么在与那三房太太的斗争中自然壮大了实力。

　　一天晚上，姚玉兰把孟小冬叫到自己的房间，让她陪自己睡，一起聊天，子夜过后，方蒙眬入睡。不知过了多久，孟小冬迷糊中觉得姚玉兰起来了，还以为她是去上厕所，不一会，孟小冬发现回来的却是一个男人——杜月笙，她吓了一大跳！此时，经历过感情坎坷的孟小冬，想到这几年来一直受到杜月笙的种种好处，恩犹未报，因此不再拒绝。翌日一早，姚玉兰对小冬说："小冬，你留下来吧，咱们姐妹合成一家，和那几个苏州女人斗，把家产都夺来，我们两人平分。"打此以后，孟就留了下来，自然而然成了杜月笙的情妇了。

　　不久，日寇侵占上海，杜、姚逃往香港，孟小冬暂回北平。过了一年，杜月笙叫小冬速去香港。孟小冬到了香港九龙，在杜家盘桓数月后，无名无分，只好仍经上海返回北平。

　　生性要强的孟小冬，回到北平后继续拜师学艺，终于在1938年10月，在北平正式拜余叔岩为师，做了余叔岩的关门弟子。入门以后，小冬悉心侍奉师父，并且严格按照师父的要求，在这五年的深造期间，基本停止了演出。期间余叔岩几次手术，小冬更是不离左右，情逾骨肉。最后她终成余氏衣钵的唯一杰出传人。1943年余叔岩去世，孟小冬心灰意冷。她无心唱戏，当时北平正处敌伪政权时期，小冬乃以"为师新丧三年"为由，谢绝歌场，隐居不出。直到抗战胜利，日本投降，方与程砚秋合作，通过广播电台向全国播唱《武家坡》以示庆祝。

　　1945年杜月笙回到了阔别已久的上海，由于妻室子女不在身边，他突然想起时隔多年不见仍在北平的孟小冬，赶紧让总账房黄国栋写封挂号快信，叫孟速来上海。孟小冬从北平来到"18层楼"公寓706号时，杜月笙已等候多时。如今的孟小冬，年已四十，由于常年嗜食鸦片，加之经常生病，身体欠安，脸带烟容，显得消瘦，但依然还是那样年轻。杜月笙顾不上寒暄，一把将小冬拉进怀抱……

从此，杜月笙和孟小冬半公开地过起了同居生活。1946年春末，姚玉兰拖着几个儿女，回到了上海。姚玉兰看见杜月笙与孟小冬的亲热十分伤心。孟小冬看在眼里，便决定向杜月笙告辞，借口老母年迈放心不下，暂时回北平住一段时期。

五

破镜永远无法弥合。

1947年9月，杜月笙六十寿诞的时候，他借机以赈灾的名义发帖邀南北京剧名角前往上海唱义务戏，热心的戏迷们最为关心的是梅、孟二人是否同台献艺，因为戏迷和许多媒体都希望孟梅破镜重圆。但在谋事周详、老于世故的杜月笙的精心安排下，在上海中国大戏院的盛况空前的十天演出，梅兰芳唱四场大轴，孟小冬唱一场大轴，五场演毕，翻头重复，竟台上台下梅、孟都不会碰面，避免了彼此相见的尴尬。

9月7日晚，各界人士赠送给孟小冬的花篮排在戏院门前的牛庄路上，足有一华里长。孟小冬两场《搜孤救孤》的演出，征服了成千上万的观（听）众，被内外行人一致誉为前所未有的"广陵绝响"。一出余派名剧，被孟小冬演唱得近乎完美无瑕，无疵可剔。梅兰芳躲在家里连听了两天电台转播的孟小冬的戏。现在流传的孟小冬这出戏的录音，就是那时用钢丝录下的。这次义演，最终奠定了她不可动摇的"冬皇"地位，但也是她最后一次绝唱。

演出第二天，小冬就整理行装北返，走时她将所带的行头除一件这次演出程婴穿的七八成新的褶子留做纪念外，其他全部送人，也许她意在表明不再演出。看尽人间花开花落，饱受疾病折磨的孟小冬，回北平后就表示要像陶渊明一样隐居山林。

杜月笙对孑然一身北回的孟小冬牵挂不已，而且觉得这次义演特对不住孟小冬，随即派了个得力的门徒，专程赴北平以孟小冬的名义替她买了一处房子，算作对她的酬答。1948年，孟小冬孤身独居在这幢房里，常闹胃病，已是瘦弱不堪。可没住多久，她突然接到姚玉兰的挂号信，希望她火速到上海暂居，因这时杜月笙病重。孟小冬到上海后，就和杜、姚住在一起。杜、姚情真意切的劝孟小冬从此不要离开，他们会把孟小冬当作自己的家人，祸福与共。漂泊、孤单多年的孟小冬听到这体己的话竟热泪盈眶，从此又开始了悉心照顾杜月笙病体的生活，一如当年侍候师父余叔岩般，俨然成了杜家一员。1949年天津、北平解放，上海形势"吃紧"。1949年4月27日，孟小冬随着杜月笙家人乘坐的荷兰"宝树云"号客轮匆匆驶离上海。

到香港后，一年多来，无名无分的小冬整天为杜的病体操持，煎汤熬药，不离左右。虽然杜月笙对她倍加怜爱，但杜月笙已是风中蜡烛，随时都有熄灭的可能，孟小冬曾是声名显赫的冬皇，生就一副孤傲的性格，心里时时会想到自己今后的尴尬处境，因此平时很少有笑容。曾经信誓旦旦的姚玉兰也因杜月笙对小冬的爱怜而日益不满，姚、孟后来关系僵硬到彼此房门一关，互不往来，每天吃饭也不同桌。

病入膏肓的杜月笙也意识到小冬的名分问题，1950年，杜月笙不顾家人的阻挠，坚持要与孟小冬补行一次婚礼。婚礼当晚，形销骨立、63岁的新郎杜月笙下了他那几乎离不开的病榻，穿起了长袍马褂，头戴礼帽，坐在手推轮椅上被推到客厅，由人搀扶着站在客厅中央，42岁的新娘孟小冬着一件崭新的滚边旗袍依偎而立。婚礼对孟小冬而言，这是她一生追求的作为女人应得的名分。婚礼上杜月笙还把在港的儿子、媳妇和女儿、女婿全部叫来，命他们给孟小冬行跪拜礼，下令以后都要称孟小冬为"妈咪"。因为之前杜月笙的子女称孟小冬为"孟小冬阿姨"，意味着孟小冬只是个外人。补办婚礼，称呼改变，意味着孟小冬终于有了个名分，成了杜月笙的正式第五房夫人。

安定的日子不到一年，孟小冬迟来的幸福又在1951年结束了。64岁的杜月笙在这年去世，孟小冬分到2万美元的遗产，这也是她下半生的养老费了。

杜月笙，曾经在我们的教科书中被描述成上海滩头的流氓，他没有梅兰芳那样的正面英名，但他却对孟小冬始终有情有义，敢做敢当，也不愧为大丈夫。

六

杜月笙死后，孟小冬独居香港，深居简出，专心教授弟子。秉承师傅的纳徒规矩，只挑具有天赋、意志坚强又迷恋艺术的人做她的学生。她的3位弟子赵培鑫、钱培荣、吴必璋正是符合她要求的人。她教授弟子极为认真、严格，也和当年余叔岩的要求一样，规定未经她的允可，徒弟不能在外面随意吊嗓，更不准在外面唱尚未纯熟的戏。经孟小冬严格教导的学生日后都成了余派京剧艺术的传人。

1967年，孟小冬因亲友均在台湾，为避免孤寂，便由香港转迁到台北定居，闭门静养，真正从绚烂归于平淡。

1977年5月27日，历尽沧桑，已近古稀之年的孟小冬度过了她悲剧命运的一生，在台北，一代名伶，黯然凋零，享年70岁。

旧时代，孟小冬作为一代著名的艺术家，都难逃薄命的劫数，她一生颠沛流离，两度为妾，备受摧残和羞辱。每看她舞台上艳压群芳，艺凌须眉的英气才华叫人惊叹不已，又对她台下的坎坷人生，红颜薄命的定数嘘唏掩泣。令人不禁感慨：一个传奇女子，因为错爱，一生光影也就这样地翻过了！

第三辑

童眼观世

童眼看世界

　　人中最纯洁的莫过于儿童，用心清如水来形容儿童的心地，一点也不过分。儿童就像大自然一般，让人觉得有清风明月，有山间清泉，有花红柳绿，有莺歌燕舞，也有雷鸣电闪，大雨倾盆……儿童的眼睛看世界，是那么清澈，又那么一针见血。

　　第一次见到阿邦，那是几年前，他到我家来做客。他有点怯生生，张着大眼睛四处张望，在这个陌生的世界里，离开他熟悉的家庭，他显得有点谨慎，有点不苟言笑。我没有太多的时间与他玩，我在看书的时候，叫他也坐旁边看书，以打发无聊的时光。我教他认字和读古诗，他竟然一下子就记熟了，我发现他的聪颖与他的外表一样精彩。于是，我萌生了让他跟着我读书的想法，不能让一棵好苗因无人引导而荒废，因他父母要经营着生意，我是个所谓的文化人。

　　上一年级的阿邦，数学经常考100分，美女班主任对孩子们很有心，每次会买些棒棒糖来奖励百分小朋友。阿邦因连着考三个一百分，得了三颗棒棒糖。放学回家，他带给我一颗，"大妈，这颗糖是我赚的，让您尝尝。我在学校给我的同桌曹某某一颗了，我自己吃了一颗。""你为什么给你同桌呢？"我问。阿邦说："我的同桌学习不好，她总是考倒数，如果我不给她一颗，她永远不可能知道老师奖的糖是什么滋味的。"听了我感到很震惊，一个六岁的儿童，能够想到同伴的感受，我被感动得一把抱起他，不管他接不接受，在他脸上贴了几下，慷慨地夸赞他有男子汉的风度。

　　放学回家的必经地，是本市最繁闹的中心地段，各种叫卖的小贩，各种悲情苦难的乞讨者，我们早已习以为常，可阿邦每次经过都要驻足在那个地上匍匐爬行的乞讨者面前。他经常对我说："你能借点钱给我么？我想送给那个可怜的人，下次我赚钱了还给你。"我给他一元钱，他赶紧送给乞讨者，然后心满意足回家。我们经常将五毛、一元的硬币，当作礼物送给他，他全部存着。放假的时候，他拿着一包零钱说想捐给希望小学的小朋友们，可是他不知道怎么捐，我带他在大街上走了一圈，也没找到邮寄的方式，这事只好不了了之。

读完《草房子》，他对我说："曹文轩的语言很美，文章也写得好，可是我只能给他打4.5分，必须扣掉0.5分。""为什么？"我问。他竟然一本正经地说："结局太悲伤了，桑桑的老师为什么不能和他喜欢的人结婚呢？桑桑的同学为什么走了呢？好同学在一起多好啊。"我想告诉他，人世间悲欢离合是常事，正所谓天下没有不散的筵席。但我还是不忍心说。可是阿邦却突然莫名其妙地沉默寡言了，有段时间竟变得哭哭啼啼。问他，他竟然说是看到家里艰难行走白发苍苍的老爷爷，他担心他所爱的人一个个像老爷爷一样老去，他对死亡有很大的恐惧感。他开始打听他父母的年龄，当我们带着他到附近旅游时，经过一座庙，他竟然跑到佛前跪拜，他说他在佛前祈祷，要佛保佑他所爱的亲人长命百岁。那一刻，我真是感动得热泪盈眶！

已经读完了三年级的阿邦，因邻居外派遥远的边疆，暑假得跟着我行动。一日清晨我带他到学校玩，公交车上遇到我的学生，该生平时学习态度不是很好，有点叛逆，虽然我平时也没批评他，但是在车上他没有叫我，只是对着我笑笑，我就主动喊他。后来又上来一个女生，主动喊我了。下车后两个学生在前面跑，我带着阿邦在后面走，阿邦问我："大妈，那学生学习好么？"我说："一般。"他说："那个女生学习好么？你教的是不是差班？"我告诉他我教的差班。哪知他对我正色道："你要加强学习，你每天教差生不需要很多智力，自己的水平就会下降。你的水平下降了，你的校长就会批评你的。"小朋友也知道这个道理，真是不简单。

前些天有个四年级的小男生因为座位的问题而跳楼，我与阿邦讨论这个问题，他第一句话就把我唬住了，"我理解他的心情，一个人受了委屈和侮辱时的心情。"我紧紧张张地对他说，有的时候可能你会受到莫大的冤枉，而且外面的人都不理解你，但是你不用拼命解释，人家不听就拉倒，你可以回家告诉我们大人，我们会坚决支持你，不管什么时候，我们都会坚决站在你一边。"真的？""真的！"我们拉钩，阿邦觉得很踏实。第二天我回家时间早，顺便接他，放学路上他的同学很得意告诉我他数学考试考了一百分，说阿邦只考98分。阿邦顿时脸灰暗，我赶紧说："不错，九十八分已经很了不起了。"阿邦后来说："你给我面子了。"

假期天天像关鸡一样关在家里，很是烦躁，阿邦很想下楼去玩，他说去找门口那个开小店的老板的儿子玩。我怕阿邦跟着学野了，坚决不同意。阿邦很生气很伤心："你怎么这么看待他呢？是我找朋友玩，我喜欢他，他喜欢我就行了。他对我很好，我答应了下午去找他玩的，我们约定了的。"阿邦为此大吵大闹，大哭一场。我没主张了，只好让他下楼。

我做了个公众号，自从有了打赏功能后，却基本没有得到熟悉或不熟悉的读者的赞赏，尽管阅读量也蛮高的。阿邦翻着手机察看，他说："大妈，没人给你打赏，说明你的文章还不够好，还要继续努力哟。"

有个男生打了女同学，女同学哭了，阿邦上去就给男同学一顿揍，直把男生揍哭了，放学的路上男生家长批评他，他是一个人自己背着大书包回家的。阿邦隔三岔五因种种原因会和同学用拳头解决一些问题，有输有赢。有一回和人战斗，对方个大力大，看他脖子被人掐得有紫块，我想给老师打电话，阿邦说，不要告状，老师会讨嫌的，我们已经和好了。

儿童有他们的是非观，他们解决问题的方式很简单，有时甚至是原始的武力方式，但儿童的眼里是清澈的。

天真烂漫，活泼好动，又好似老成懂事，这就是我的小侄阿邦，一个特别阳光又特别淘气可爱的八岁儿童。

温情的男子汉阿邦

"大妈！你过来！过来！"正在洗澡的阿邦突然冲我大喊。

"干什么呢？"

"你为什么把我毛巾上的蝴蝶丢掉？"

"它自己掉下来的。"

"是你洗掉的吧？洗掉也不应该丢掉，应该给我存放起来。"阿邦很是气愤。

他离开妈妈时带了一条花毛巾到我家。每当睡觉的时候，他就搂着毛巾在鼻子上嗅嗅，然后就安然入睡；如果没有毛巾，会翻来覆去难以入眠。这条毛巾天天抱着闻，已经很破了，开始掉渣了。每次给他一条新的毛巾换，他坚决不肯，说这条毛巾有特殊的气味。我猜想可能是他小时候闻过的母亲的气味？

为了纠正他这个习惯，我找他的班主任做工作。班主任是个年轻美丽的妈妈，她的儿子比阿邦大一点点，她拒绝了我，理由是，"这是他的感情寄托，怎么忍心剥夺呢？"想想也是，我只好作罢。洗澡时看到卫生间垃圾篓中躺着的一只旧蝴蝶，他很久不能释怀。我告诉他这东西很旧了，既然掉下来了就该扔掉换上新的。他责问我："旧了就该扔掉换新的？那我问你，你的妈妈老了，你是不是也要扔掉换个新妈妈？"弄得我一时语塞。

早上我给他十元钱吃早餐，然后去围棋班下棋。中午回来他第一件事就跟我汇报十元钱的分配。"吃碗牛肉面六元，回来的路上看到一个可怜的乞丐，我给他一元，实在太热了，我用二元买水喝了，这一块给你。"看他这么有计划，我笑笑，算是默认了他的做法。在井冈山时，我在洗手间，突然听到有女人与他说话，问他是谁，他未理睬。很快就听见女人出门，在门口大叫服务员。我出来后问他怎么回事，他说："刚才一个阿姨敲门说借我们房间的电话用一下，她的房卡关在房里，她要服务员帮她。我不想告诉你，是怕你认为她是陌生人不同意让她进来打电话。"这家伙，不仅善心，还很热心。

犟的时候，真是像头牛。在星海广场，他看到别人买鸟食喂海鸥，他也要买。一小袋十元，我当时口袋才几块零钱要坐公交用的，就劝他不要买，他很是生气。当海鸥在他头上盘旋时，我想为他拍几张照片，可是他坚决不用脸对着我，一直不合作，根本不听哄。

小英子没买到当天的火车票，我考虑到她如果再在大连住一晚，花费肯定要好几百，来大连她就是自费的，于是我就叫她跟我走。我给阿邦买有卧铺票，叫她住阿邦的卧铺，我带阿邦挤一起，这样她就可以在火车上过一晚，第二天早上即可到北京。阿邦一听，很坚决的样子对我说："我是不让的，要让你自己让，我要一个人睡的。"我知道他是嘴硬心软的人，也就不与他多说。到了火车站进站时，阿邦赶紧把自己的票给小英子，显得特别温顺。等小英子顺利上车住下后，阿邦一直结着她玩，看得出他很喜欢这个姐姐。看小英子纵着他，他时不时用手拍小英子一下。

车上小英子说她的手表坏了，阿邦脱口而出：活该！小英子说他是落井下石。阿邦立即反驳："我怎么是落井下石？这叫幸灾乐祸，你懂不懂？"好厉害的一张嘴。

念旧，重情，富同情心，阿邦称得上是个温情的小小男子汉！

跟你学长大

　　每个孩子都是上苍送来的天使，有的淘气、任性、天真，让人爱而伤神；有的乖巧、伶俐、懂事，招人喜欢怜爱。可你却有别于万千天使，给我最最深的印象就是"特别"。

　　小时住机关大院，上街购物必须经过肉联厂门口，常常不期而遇的是大卡车载着一车猪向厂门驶去，臭气熏天中夹着猪们凄切的叫声。两三岁的你此时就会说："爸爸，你买头猪给我吃好吗？"邻里大人见到你常以此打趣："思思，叫爸爸买只猪给你吃。"动不动就生病，跑医院打针成了常客，加之在儿童中显得特别，说话响嘣嘣特别，长得清秀特别，聪颖得特别，胆大不惧生的特别，以致儿科医生、护士谁人都识君。一日实习生给你扎针，一次、两次没扎准，痛得你号啕大哭，一哭开了就发了性，收不住。我念念叨叨说："别哭了，坚强点，坚强点，好么？"你停止了哭，睁大眼睛扭着头把整个病房扫视一遍，然后打着哭腔很着急地说："这些墙都太大了，我肩不起！"听着你这神一般的回答，病房里的人全笑喷了，护士笑得眼泪都笑出来了。这年，你三岁多。

　　有一次家里买了个新茶几，几面像镜子一般逞亮，照得现人影。我邀你午休你说不困，我只好独自见周公。一觉醒来，发现崭新的茶几面有一道道深浅不一的刀痕纵横交错着，顿时心痛得怒火中烧，粗暴地给你几巴掌，你怯怯的向隅而泣。消了气后我问你："你为什么用刀来割茶几？""我看它好亮，以为是玻璃做的，敲一敲又没碎，不像玻璃。我想知道它是什么材料做的，就用刀割开看看。"听了这话，我顿时愧疚得很。

　　五岁半的时候，邻居小朋友都去上一年级，你也吵着去，你说不想上幼儿园，幼儿园中午要睡午觉，你睡不着，老师会打不睡觉的小朋友的。执拗不过只好找关系花钱让你提前进入小学读书。因年龄相差太大，糊涂可笑的事不断。一日中午放学，你一个人走到半路发现背上没书包，就不敢回家在路上大哭，恰巧有熟人看见问你为何哭，你说书包背在背上掉了。熟人打电话给我，我立即从单位赶到现场，带你往学校去找，学校附近有家小店，柜台上正放着一个与你的书包一样的书包，你跑过说："这是我的书包。"正欲背走，店主慌忙解释，直到看了里面的文具，你才知道自己弄错了。到了教室门外，我们透过窗户发现你的书包正竖立在桌子上，原来你正准备背书包时，老师催促出门排队，你就忘记了背上书包。

很多孩子娇滴滴的，你却总是很好奇很有行动力。一日下班在家门口遇到同事，我们就寒暄起来，你不耐烦等待，就将我的自行车推回家。等我走到大院，发现你竟然骑在我的车上在操场上飞奔，平时你骑童车，从未尝试过成人车。五岁多的人只好站着踩踏板，看你飞快熟练地飞奔，我吓得惊慌失措，怕你摔倒。你说："你不用紧张，我自己有数的。"从此你就经常在院子里骑着我的车疯。

也许是年龄偏小的原因，刚开始学习没有让老师特别惊喜，倒是我们常常一起受训斥。第一次是数学老师打电话要我到学校去，我以为发生了很大的事。女老师气呼呼地告诉我："我上课批评了她开小差，轻轻打了她一下，她下课与同学说'她再打我，我叫我爸来打她'，你看她还得了么？"我笑着对老师说："您别生气，一个五岁多的孩子说的话您也当真？我回家会教育她。"又一次，班主任打电话要我到学校去，我到达后班主任一个劲向我数落："班上参加元旦表演，有个同学没有买表演用的红花，你家这个说是在路上捡到一个别人抛掉的红花，她竟然做一元钱卖给同学了，同学之间怎么能收钱呢？她真是个不听话的孩子，写作文自己又不会写，我每次考前将作文抄在黑板上要全班背，就她不背，每次都自己写，写得又不好！"对卖花的事我有点茫然不知所措，后来回到单位与同事们一起讨论，老师们一致认为，同学愿意买，她比外面卖得便宜，又方便了同学，有什么不可以呢？听了男女老少同事的话，我也就没对此耿耿于怀。对于写作文自作主张写，这正是我要鼓励的，当然不会批评你。

二年级了，一天忘记带作业本上学，情急中在学校小卖部买了一本。周末我带你去家附近的小商品批发一条街买一叠本子，你在旁边听到价格后惊呼，"哇，比学校的便宜一半，那多买点，我多带点到学校，如果同学要买本子，我就便宜一毛钱卖给他。"你还真行动了，一个学期赚了好几元钱，学校要捐款时你没找我要钱，而且也解决了你的零用钱。

三年级你萌生了要学小提琴，我说那是很苦的，如果学了就要每天坚持练。

你接受了我的条件，我在院子里帮你找了个刚大专毕业在某中学做老师的人教你，开始嫩嫩的手指尖老是被琴弦割破，但是你从最初的拉锯般的"杀鸡杀鸭"到后来的拉出的乐音，竟一路坚持训练。每当我校有外宾来访，你还会上台表演小提琴演奏，也会赢得外国友人的上台献花。有空你就捡废品卖赚零花钱，还上街找工作。一连找了很多家，没人愿雇佣一个七八岁的小女孩，你只好很气馁回家。虽然你是年纪最小的人，但这时学习开窍了，成绩也在班上属于佼佼者，换了新的老师，他们不再打骂你，而且见到我都很客气。

你长着一口地包天的牙齿，为了矫正，经常得到牙医处一周受一次刑，拉钢丝，以致拔掉位置不正的几颗牙，都是你自己一个人去。我课多，学校抓得特别紧，加之我年轻也不太懂得如何关爱你，凡事只好靠你自己解决。三年级的暑假，一个月光明亮的晚上我们躺在床上说话，我突然有点恶作剧似的想和你开个玩笑，我说："隔壁的姗姗在家不挨打，你知道我为什么经常打你吗？""不知道。""因为你不是我的小孩。""什么？那我的亲生父母是谁？"你腾地一下跃起，急切地问我。"他们不要你了，到美国去了。"你一下子泪流满面，并哭着哀求我："求求你告诉我，他们叫什么名字？我要去找他们！"这时我才意识到这玩笑开过头了，我赶紧搂着你，说你就是我的亲孩子，可是你不相信，对我表现得很冷淡，后来我找出出生证来证明，并请你信任的阿姨来证明。年轻的时候，我也是瞎着做父母，后来年长的同事狠狠批评了我一顿，说如果你真的离家出走找父母去，那后果不堪想象，我才真的吓着了，从此也不敢随意乱开玩笑了。五年级毕业，决定让你去学游泳，因我是旱鸭，总希望你能学点自救的东西。年轻无畏，我没想到什么后果，自己到广州去看望邻居并旅游，竟将你一个人丢在家学游泳，等我玩了半个月回来，你已经将蛙泳游得很好了。

瘦高的个儿，清秀得像朵清水中含苞的芙蓉，有空就操着把小提琴拉着，门德尔松的曲子有点忧伤。我躺着听你拉《小夜曲》，窗外月光如水，我就在悠扬的琴声中闭目养神以致进入梦乡。暑假过后你就进入我校初中部学习，那时你十岁半。家隔学校大约四五里路，你每天骑着一辆成人车飞奔上学，我的车技没你的好，没法和你同行。你每天穿过大街，独自背着大书包上学，每天校门口都挤满接送孩子上学的家长，那些孩子都是比你大很多的人。在初一年级，你是年龄最小的学生。

一日中午放学时大雨，无法骑车回家，我决定打的。半天没有的士，只看到校门外十多米处路中间有辆的士，我跑出去叫，你阻止我说那是坏的，我不信坚决去，到了一问果真是坏的。我问你怎么知道是坏的，你说："学校在市中心这么拥挤，如果是好车是不会停在路中间的。"听你这判断，真是佩服你的推理能力。虽然学习不是很拔尖，当时你没上过功课辅导班，数学、英语能在年级五六百人中排前五位，其他需要背诵的科目差些，也能在班上中等。在这个重点班你也能得到老师们的喜爱。你们那一届的同学强手如云，中考你能考上重点高中的重点班，十三岁半进入高中学习，还是挺不错的。

初一年级期中考试之后，有次中午吃饭时你告诉我说："今天学校要我们填表，写哪些老师教得好，哪些老师不好。""你是怎么填的呢？""我们同学很多人邀着写生物老师和地理老师不好，但是我没有写他们不好。我虽然不是很喜欢听生物老师讲课，但是他人还是蛮好的，老师很辛苦，我也不忍心写，写了学校会批评他的。"十岁多的人不人云亦云，真是了不起！高中时，有一夜化工厂爆炸，我们都从睡梦中惊醒，家里的窗户被震裂。过了几天你中午放学回来，在饭桌边对我说："我班某同学的父亲在爆炸中去世，我将我的三十元零花钱偷偷给了她，我写了一张纸条：节哀，别太悲伤，还有我这个朋友呢。用纸条包住三十元钱塞在她手里，没让同学看到。"给人帮助却不让人难堪，十三四岁的小女生，能考虑得这么周全，让我又一次受到震动，敬佩之情油然而生。

从小就凡事自作主张，读高中分文理科都是你自己做主，我也就做了省心父母。有人说："不能干的父母势必造就能干的儿女。"这话有一定道理，我出门记不住路，你十一二岁时，我们一起出远门记路是你的事，扛大的行李也是你的事。大学毕业你决定到南半球去读硕士，大洋洲那边的情况我更是一抹黑，你却在网上搞定一切。当满满四五大件行李（两个大箱，一个小箱，两个背包）要运到澳洲去时，我决定送你到浦东机场，你熟知我工作忙，怕我请假为难，坚决一个人去。我们几个人将行李送到九江开往上海的火车上，我不知道你从上海下火车后是如何将行李运下来，又是如何挤地铁到浦东，如何到澳洲，总之，第三天清晨你欢快地发视频给我，说顺利到达澳洲。

时光如流，当年那个小朋友，已经是亭亭玉立能独当一面的大姑娘了。你有一颗善良的心，有自己的专业才华，有应对外界的能力，你的人生定会是精彩灿烂的。这些年我陪着你一起成长，我也在你的影响下长大。祝福你，我的天使，平安健康，幸福永远！

两小儿问对皇都

　　一路劳顿，像赶趟似的从九江到沈阳，从沈阳到大连，再从大连到了北京。

　　七月末的北京，天空并不明朗，似烟似雾的笼罩整个空中，热，潮，闷。拖着行李，出了大汗，全身腻腻的、黏黏的，也和当前的环境浑然一体。

　　阿邦哼哼唧唧地叫着，说又热又饿。早已在出站口等候的侄儿，当即带我们去吃早餐，行李全由他背着，我也顿感有依靠的轻松。踏进皇都，本以为阿邦会兴奋得又唱又跳，又笑又说的，可他说没兴趣，耷拉着脑袋拖着疲惫的身躯不耐烦地走着。我原计划带他登长城，游故宫，观圆明园，参观北大、清华的，看他这么没兴趣，也只好重新考虑游览计划。

　　故宫博物院，曾经帝王生活、工作的皇宫，游人如织的盛夏，如果小朋友心烦气躁，外界暑热难耐，走马观花肯定欣赏不到她的魅力。看小朋友的情绪只想休息，我就决定游走北大、颐和园、天安门广场，三天玩三个地方应该不是太累。

　　夏雨欲来时，反复作势。七月三十日，北京闷热到了极点，铺户门前的铜铁招牌虽没被晒化，犹能感受到当年祥子拉车的辛苦。在颐和园游走了一天的阿邦和嘉宜，衣衫汗湿，吵着要打道回府。考虑到第三天是没有时间游玩了，大行李带着不便，为了让孩子们见识一下这个发生过很多故事的广场，我好说歹说，甚至谈着条件要阿邦跟我到天安门广场走走。阿邦没办法，只好屈从我的威力被迫游天安门。

　　下午五点多，正要横过马路时，前面有一支军人队伍整齐有序地向前进发。听在北京经商的侄媳说，这些军人是到广场上去落旗的，说在日落时分开始落旗，其仪式也是很有趣的。于是，我们赶紧尾随其后，心想跟着他们走不会走弯路，两个孩子为走路辛苦正厌烦不已呢。可是，刚过完马路，到广场的近道有人把守，前面的军人刚过去，把守的马上就锁上横栏，阻止行人通过。阿邦和嘉宜小朋友甚是不悦，大嚷着：为什么他们能过我们就不能从这经过呢？什么玩意儿，我们不去了！

　　我们只好苦苦相劝，并以到里面买好吃的为诱饵，骗着他们继续绕地下通道前行。上了通道，就进入安检区，检查人员很严肃，脸都像铁打的看不见一丝表情，将我们带的矿泉水拧开瓶盖闻闻，然后放行。天真的孩子开始了对问："这里是外国么？""不是，这是中国的。""是不是这里还住着皇帝？""这里就是皇帝住的。""瞎说！现在哪有皇帝？""那我们到广场来玩干吗还要接受检查？我们又不是坏人。""他们不相信我们呢。""干吗这么不相信人？广场又不是他家的！"接着两个小家伙就开始向我们数落："这个地方又不是我们想要来的，你们干吗要强迫我们来？你们看看这些人对你们凶巴巴的，你们是贱骨头也？哪不好玩？"两个七八岁的小朋友你一嘴我一嘴的，尖刻得我们有嘴难辨。

过了安检，就有一个小摊卖雪糕、双汇火腿、水等，食品一点也不丰富，饥饿疲乏的孩子们直奔过去，售员有穿制服的。阿邦赶紧捡一堆火腿肠，嘉宜则捡了一个她在北京常吃的雪糕和一根双汇小火腿肠。两人兴奋地去付账，长得全身上下肉圆鼓鼓的三四十岁的圆桶男报着价：雪糕八元，火腿四元一根。嘉宜父母做着小生意，她对货品价格较为敏感，立即大叫："叔叔，你们是抢劫吧？这雪糕北京的超市都是三元一个。"阿邦也不示弱，"这么小的火腿肠到处都是卖一元一支的，你们怎么卖四元呢？"制服男与圆桶男一起吼，"嫌贵就别买！"两个小家伙抵挡不住肚皮的饥饿，但又不甘心被人这么宰，就极不情愿的每人只买一样，将其他的放下。

吃得不尽兴，对其他一切大人认为神圣或庄严的事物，他们都毫无兴趣。我们鼓动孩子们在城楼前拍照留念，阿邦一下火了，气咻咻地说："你们就放过我们吧，有啥好留念的呢？热得要死，千里迢迢跑到这里，就为在这么个地方走一圈，你说值得吗？我们什么时候说要到这里来？一个这么大的广场，这么穷，就一个小摊卖些破烂垃圾食品，还贵得吓人。你们是蠢的吧？一根一块钱的火腿要卖到四块，你们还要跑到这个地方来受气！你们喜欢来受气，可不要让我们来受罪！照什么照！我要回去！"

人来人往，越说越任性的孩子们，坚决不肯在城楼前留影，我们只好由他们去。侄媳说，对面升旗广场有很多卖小食的，应该会便宜些，到那边可以由你们挑。在食物的诱惑下，小朋友只好跟着到对面广场。当时不少游客正聚拢，据说落旗很快就要开始。饥饿劳累的孩子们对重大事情没兴趣，寻找食物才是他们此时唯一的动力。两个人眼睛睁得牛眼大，向广场四面扫视，终于在广场圈住的边缘地带找到一辆食品车。刚才还是霜打蔫的茄子有气无力哼哼唧唧的孩子们，看到食物车顿时像打了鸡血，像两只小斗鸡，兴奋地向目标冲去。

　　两个吆喝的肥头大耳的中年男子站在车上，孩子们站在车下踮着脚尖寻找自己心仪的食物，除了粗糙的雪糕，干瘪肌黄的面包，双汇火腿肠，矿泉水外，就没什么选择了。火腿肠比广场入口处的粗些，孩子们问价格，八元一根。孩子们有些愤怒："这个超市都是卖二元的，你们为什么卖八元？！"卖主恶狠狠地说："你们到超市去买！"孩子们极其无奈，只好一人买一根。

　　拿着火腿肠席地而坐一边吃着，一边说着。阿邦说："为什么天安门广场上卖的东西这么少这么贵？卖东西的人还那么恶！"小女孩说："不准别人来卖呗，大家都来卖就涨不了这么多价。""不准别人来卖，为什么他们可以来卖？""你这也不懂？他们家有人做大官呗！或者他们是帮当官的人卖的。""唉，这么贵，我得慢慢吃。"两个小朋友用舌头舔着，轻轻地咬一小块，赶紧包好，嘴里的吞下，又忍不住打开，谨慎地咬，像蚕食一般。"喂，你说为什么天安门广场可以卖高价？没有人管他们吗？""谁能管呀？你看他们好凶的样子，可能他们是大坏蛋呢！""不是，可能他们是这里管广场的人的家人。"这时广场上的广播正在播友情提示："旅客朋友，广场上如果有人给你发纸条不要接，如果有人带你们游长城游故宫等，千万不要信，那是骗人的。"两个孩子竖着耳朵听，正巧有人拿着广告纸来问我们："游长城么？"两小儿低声开始了神的对话，"刚才广播里说这些人都是骗子，你说他是骗子么？""唉，大人的话听不准，他们都爱说谎。广播里说不要跟这些人旅游，意思就是叫大家跟他们去旅游，钱好让他们全部赚走。""是哦，你看他们总是说叫我们别上当，可是他们在广场上卖的东西那么贵，不也是在骗我们么。""大人总叫小孩别撒谎，可是大人最爱撒谎。你看，我们俩又不想来这个广场逛，他们俩就说广场有好吃的好玩的，把我们骗来。""所以也，我们小朋友撒谎也是迫不得已的。"

　　太阳恋恋不肯下山，好像那些占有宝座却面临着退位的权贵，有点垂死挣扎，有点无可奈何。但苦苦挣扎一阵后，终于落山了。

　　七点半，旗终于落下。夜色茫茫，人海潮涌，我们拖着不肯再走路的孩子们向地铁站赶。两小儿一路追问我们："值得吗？你们说说，这么辛苦跑到广场来就为了看个落旗！这么折磨我们，好无聊！你们自己喜欢看，为什么不考虑我们的感受呢？！"

第四辑 触摸现实

兄弟，来喝酒吧

——暮春寄湖上君

春日漠漠，迷魂难招。一缕半死不活的阳光，不知是从东还是从西射到脊背，毫无温暖的亮色，只觉天地都是昏昏。

此刻，估计你正独倚窗前，看归鸦点点，以应对春秋突然的倒序吧？江湖水深，套路阴险，古来圣贤皆寂寞，惟有饮者留其名。兄弟，出来喝酒么？花间一壶酒，忘却世间事，应是一种最好的境界。

李贺，身为李唐宗室之后，才高八斗，诗名远播，竟被竞争对手以荒诞的避父讳鼓噪朝中权贵断绝他的晋升之路，一代诗神竟被活活气死。茫茫宦海，还有谁比他更冤的？李贺不遇南山松，明月风清的夜晚，也只能对影独酌苦悲吟。总有迷魂招不得，雄鸡大唱天不白。二十七岁愤然而去，太匆匆，徒给后世留下太多的遗憾，太多的痛惜！

野传七步赋诗的曹植，在与兄争夺嗣位的斗争中败下阵来，尽管从此过着远离江湖、醉心诗酒的生活，"斗酒十千恣欢谑"，可仍难以摆脱曹丕的陷害，四十来岁就忧郁而终。权位这东西，也许是涂着金粉的屠刀，一旦沾手，连亲骨肉都会互相残杀，非亲非故者之间的陷害，那更是无复以加。李世民不就将亲哥哥李建成杀掉了吗？武则天为了争权竞宠，据说竟将自己的亲生女儿活活掐死在摇篮中，以嫁祸于皇后。在混乱无序的世界里，风光者不是卑鄙就得沧桑，得失总是一部血淋淋的历史。

梁鸿海曲，享尽天年，也是人生一大幸事；李广难封，身经百战，却终因迷路大漠而被逼自尽，实乃功勋之人的悲哀。李广的钝，不乃悲乎？刘家的天下，与你有半毛钱的关系？赢了，你只是充当帮手，为刘家抢劫更多本该属于天下人的财产；败了，对刘家顶多是九牛一毛的损失。汉皇的天下，与大众没有半毛钱的关系，兴衰荣辱都是他刘邦的家事，与吃瓜群众八竿子打不着。可现实中偏有执迷不悟之人，为那些地痞流氓肝脑涂地。

最佩服的是范蠡，泛舟于海，激流勇退，避祸全身。最可怜的，莫过于文种，一旦发现危机，想逃已无归路。官场的厮杀，往往还以人民的名义。兄弟都能仇杀，名利场上哪还有人情可通？刘基当年可谓对朱家王朝耿耿忠心，尽管晚年也有全身而退的行动，但皇帝还是借刀杀人，让胡惟庸将他毒死。历史是个智慧且淘气的孩子，对作恶者从来不会放过！正如佛家所说的："不是不报，时候未到。时候一到，该报的全报。"刘基死后不久，胡惟庸满门被斩。险恶至极的朱元璋，恐怕做梦也没想到，他朱家子孙最后也有逃命天涯、葬身鱼腹的惨状，其结局之悲，丝毫不逊于被他残害的无数大臣们的命运！崖山一跳，末代王朝，王子皇孙之命比普通百姓还惨。

喜欢庄生，实在是源于他对世事的冷静与透彻。在那个烂透了的喧嚣世界里，"天下熙熙，皆为利来；天下攘攘，皆为利往"。楚王派使者诚聘他来管理天下，他知道自己再大的才华也无法扶大厦之将倾。可爱的老头竟用禅宗之语诘问使者：有只乌龟，你说是死而留骨让人用金玉的匣子装着，放在庙堂之上，被尊为神龟好呢，还是自在活着拖着尾巴在泥里钻来钻去好？使者也明白，在生命面前，一切的虚名、权势都苍白无力，唯有自由自在活着，才是人最要紧的姿势。于是二位使者脱口而出，愿活着在泥里自由爬行。生命看似卑微，却因自由而尊贵！所以，陶潜会酌酒以自宽，将禁锢他自由灵魂的彭泽县令乌纱帽往肩后一扔，驾着一叶扁舟，临清流而赋诗，聊乘化以归尽，成就了千年不朽的田园诗圣。

兄弟，你满腹才华，总以天下为己任，把为贤者立言，为智者树名当作自己的使命，你热血沸腾为弱势者奔走呼吁，幻想凭自己的正直与才华，撑起一片蓝天。可你缺乏对大自然基本规律和历史基本常识的了悟。"木秀于林，风必摧之。"谁逃过这个劫数？况且逆淘汰是老祖宗几千年不变的法宝。文能安邦，武能治国的辛弃疾，还是二十挂零的毛头小伙子时，就能率领几万人的义军在北方战场纵横驰骋，让金兵闻风丧胆。可是，当他满怀期待率领他的部队归附赵家王朝后，却将一生美好的青春年华蹉跎在英雄无用武之地。"把吴钩看了，栏杆拍遍"，却无人能懂他的心志。赵家的天下不是你辛弃疾的，不如纵酒买欢去。还是杜牧洒脱，干脆十年扬州，青楼梦好去！

刘禹锡可谓金刚铁骨的不倒翁，"巴山蜀水凄凉地，二十三年弃置身"，可他依然铮铮铁骨，玄都观前笑春风。当那些陷害他的人纷纷死去或倒台后，刘郎还是神清气爽精神抖擞地活着，"但凭杯酒长精神"。

宦海套路深，不如回农村。江湖之人，不妨学点苏学士，赤壁之下可纵酒，东坡陇上可耕田。那诗的豪气，那书的飘逸，那画的奇绝，那菜的美味，那酒的醇烈，无论当时还是后世，让人无以望其项背。不说那天才的成就，单是在苦难的人生中，能够随遇而安，从庸常中找到大乐趣，谁又奈何得了他？！

阿Q虽姓赵，但是他不是赵家人，赵太爷也不容他姓赵。既如此，你我不是阿Q，又何必争讨赵太爷欢心呢？终于可以从樊笼中出来，可登高抒啸，临清流赋诗，亦可曲觞流水，岂不快哉？！

一年三百六十日，百年三万六千天。亦短亦长的人生里，没有哪个人长坐在神坛上的。眼见他走鸿运，以为洪福齐天，哪知攀到高处却倒塌了的，比比皆是。兄弟，你我默默处于低处，也许就是上天对我们最大的关爱，君不见王侯将相几多无限风光后，却身后无限凄凉景的么？你有强健之体魄，生花之妙笔，富裕之光阴，患难之兄弟，上天待你真是深厚！

今夜月光明朗，桃李春风花正旺，我有葡萄美酒夜光杯，以青春好时光下酒，来喝个痛快吧！酒好，月正好，何必在赵太爷门口徘徊呢？！

身边的小人是怎么炼成的

俗话说："眼不见心不烦。"还有说："眼不见为净。"这说的是对不好玩的人事你不知晓反而心境平和，不会不快。我们获得信息，除了耳闻目睹，很多是从书本、媒体获得，知道多了，烦恼也多了，所以古人又说："人生识字忧患始。"确实如此。很多我曾经一直很景仰的人物，自从读多了点书，了解了他们的人品后，就对他们暗暗腹诽。

读历史著作，发现古代许多卓有成就的人物，他们在生活中也是经常充当卑鄙小人的角色。曾经赫赫有名的《梦溪笔谈》的作者科学家沈括，被英国学者李约瑟称为"中国科学史上的坐标"和"中国科技史上的里程碑"，是位百科全书式的科学巨匠，他虽然比苏轼大六岁，却晚苏六年中进士。沈、苏开始很有缘，沈括在1064年调入昭文馆工作，次年苏轼进入史馆工作，同属崇文院，做起了同事，成为好朋友，自然往来唱和的诗比较多。可是因为政见不同，沈括得到革新派领袖王安石的重用，而苏轼是保守派，据说沈括告了好朋友的黑状，在"乌台诗案"中沈拿着平日苏给他的诗断章取义向朝廷检举苏，对苏遭难起了落井下石推波助澜的作用。一介堂堂的科学家，怎么甘心把自己炼成小人的角色呢？

无独有偶，钱某某也是著名的科学家，他老人家刚过世，张爱萍的儿子就写文披露不为人知的当年钱氏是如何迫害他父亲张爱萍的那些不能入目的事。像曾经景仰沈括一样，我也非常景仰据说在祖国贫困急需人才时"不顾美国强行阻挠终于毅然回国"报效祖国的钱大科学家。可是大名如雷贯耳的人，竟然也在人际事务中甘心做小，实在让人匪夷所思。

再读近史，发现非常时期，文人也好，科学家好，对朋友对同事陷害的还真不少。老舍先生，在"文革"中受到疯狂地批斗，为了捍卫生命的尊严投湖自尽。可是在上世纪五十年代反"右"时，他对相交二十多年的老朋友胡风的批判可谓铁血无情。在《看穿了胡风的心》一文里，将胡风说成是"心地褊狭，目空一切"的人。

如果说，在重大政治运动面前普通人发羊痫疯是自己不可控的话，可是和平时期，自觉不自觉践行小人之道的人还不在少数。记得本人还很青涩的时候，有一回和同事们在办公室侃大山，青春贲张的热血，使得说话也有点信口开河，我大大咧咧说："我当不到官也发不到财，做个小民做好了自己的事就行了，用不着去拍谁或怕谁。"上午说的话，下午大会上一把手恶狠狠地说："有人说既不想当官也不想发财，她有那么超脱呀？就是和尚还有想尼姑的呢！"知道那是在警告我，知道是身边有奸细，但不知道是谁。

有个朋友也在学校工作，他说一日小组开会，他们的科组负责人说代表领导来向大伙征集对单位管理的好建议。因为旧的当家人退了，他栽培的接班人上了，新官上任，大伙包括我那朋友也以为上面真是想革除弊政，除旧布新，真把他们小草民当个人物。于是脑袋一发热，他们组里没有政治敏感的人都争着说。说完也就说完了，哪知当天下午临近下班之际，一把手气冲冲地把我那朋友留下，可怜见竟把他留到晚上七点多钟，关在小房里训斥，说我那朋友不该说建议，应该多唱赞歌，因为我那朋友获得过一个名师称号，领导怪他没保留一致。第二天征集建议的小领导也被一把手骂一通。到底是谁将会上说的建议添油加醋报抄到领导手上的呢？听朋友说，是一个平日他玩得比较好的兄弟干的，此人暗中把每个人的发言不仅断章取义记了，而且还注明哪句是谁说的，凡发言了的人都一起被出卖了。

"文人无行"是几千年遗传基因在作怪的话，那普通人怎么也这么喜欢告密打小报告，甘做变态小人而乐此不疲呢？本人仔细考究一番，觉得小人确实不是天生的，也不是遗传基因作怪，其实小人就是领导培养起来的。为什么领导能培养小人？古代君主、皇帝能一手遮天，他喜欢谁谁就能一日同风起，直上九万里，一人得了道，鸡狗都成仙。资源总是有限的，有人为了抢到更多的利益，使阴招陷害朋辈同僚，迷惑一人心，就能要风得风要雨得雨，所以古代就是那些卓有成就的人，绝大多数暗里或多或少使过阴招做过小人。而今普通小百姓也爱做小人，每个单位的你，总会发现身边小人不断，友谊不可靠，转身就被同事出卖了。

为何小人这么肮脏的角色，还有人前赴后继要暗中争相去做呢？主要原因是单位一把手的权力太大，现在一个单位一切都是一把手说了算，每个一把手就是一个土皇帝。无论你多有本事，一把手不给你评先评优，不给你加薪晋级，你再做得好没用。可以说一把手说你行，不行也行，一把手说你不行，行也不行。为了争资源光讨好还不行，党同伐异是人性，没有监督的一把手他会变态般仇视他的异己，时时像警犬一般寻找对自己不敬者，于是自然给小人的诞生提供了土壤，上有所好，下有所投。于是乎小人就诞生了。如果一把手自身就是一个光明磊落的人，他不喜欢打小报告的人，有人打小报告，他要批评被告者，如果他当着单位大伙的面说，这是谁谁谁告诉我的，告密者没有好下场就不敢再告了。曹无伤给项王告密刘邦"欲王关中"，头脑简单的项羽对刘邦说：是你的司马曹无伤来说的。刘邦回到灞上就"咔嚓"了曹无伤，从此没哪个敢给项王通风报信了。

光寄托人性的光明磊落来消除小人是不可靠的，如果领导的权力有监督，一个单位里的领导是民选的，而且还有民选的真正代表职工利益的第三方来监督领导，领导、下属、第三方能相互制约相互监督的话，就是哪个人想做小人，向领导献媚，领导却无权独自给献媚者好处的话，损人不利己的勾当，甚至根本不能损人反而害己的小人勾当，除非脑子真出了问题的人才会乐做小人，正常一点的人都不会这么黑自己。

为什么我们身边总有小人？一句话，小人是领导炼出来的，就像有什么样的父母就有什么样的孩子一样，有什么样的一把手，也就有什么样的单位，就有什么样的员工！

优秀的员工是领导培养的，小人也是领导造就的！

徐玉玉之殇：谁来保障生命权

"喂？""完了，完了，呜呜呜……"是小妹打来的电话，一接通，她已在电话那头哭得稀里哗啦了。七年前，五月的夜晚，急促的电话声将正准备睡觉的我惊着了。听着泣不成声语无伦次的小妹的声音，问她发生什么事，她说她银行卡内的六千多元生活费全部被骗子取走了。这是她整学期的生活、学习费用。她说接了一个电话，因她刚报了一个什么学习班，骗子叫她网上支付，明明只支付几百元，可是操作完却账内一分钱不留。说完，又是绝望地哭。我指点她报警，她说第一时间就报警了。第二天、第三天照例被派出所叫去做笔录，被折腾几番后，再没有了下文，犹如那些被骗走的钱。

徐玉玉，正怀揣着十多年苦读终于可以上大学可改变命运的梦想时，只因她申请了贫困生补助，骗子准确定位了她，国家资助还未到手，骗子却将她上大学的一笔"巨款"九千多元洗劫一空。九千多元钱对贪官而言，那只是他一杯茶的价钱；对许多贫困的农村人来说，却是他们的全部家当，当然得称巨款。被骗空了，第一时间小姑娘如遭电击般懵了，据说报完警就心脏骤停。小妹当年绝望的哭声犹在耳际，我能想象徐玉玉被骗后的悲天跄地。

最美好的年华，因为骗子的缺德而使得徐玉玉突然离去，如果她是计划生育政策下的独生子女，这个家庭彻底断绝了后嗣，她的父母将会怎样度过余生？徐玉玉最美好的生命之花还未绽放，就被骗子摧残，这使我想起另一个十八岁的贵州农村姑娘丁双琴，打着工赚着微薄的苦力钱却承担着养家糊口的重任，可她却因本性善良相信了骗子，在她的手机被骗，银行卡里八千多元钱被取一空时，她无以面对一无所有的现实，选择跳江自杀了。骗丁双琴的骗子已经被抓获，但骗徐玉玉的骗子至今逍遥法外。

面对无数的悲剧，有几点我想不明白，为何有人风光无限，挥金如土，一掷千金，活得尊贵；而有人却生得卑微，活得更卑微，几千元钱就是一条命！难道活得风光的人都是他有创造力，对社会做了巨大贡献，而卑微的人自己不行？不少富人家养条狗，据说一个月狗粮、护理要花费几千元；穷人家却食不果腹，至今因缺钱读不起书而辍学的也不在少数。笔者有个亲戚在2012年考取广州一所大学，她是孤儿，因无钱报名而离家出走放弃了大学。

想不通的第二点是，为何骗子对徐玉玉的信息摸得那么准？到底是谁在出卖徐玉玉的信息呢？我深居简出，除了上班几乎不与外界打交道。每天会接到一大堆莫名其妙的电话，有推销产品的商家；有号称是领导或公安的骗子，他们会点名道姓说"某某，你到我办公室来一场，你有情况，要想摆平就打钱到某账号"；也有冒称亲戚，说他掉了钱包正遇困难无钱乘车无钱吃饭的……我有时傻想，不知大官们的电话是否也像我这小民一样整天被骗子和商家骚扰？如果他们也被骚扰被骗，何不从源头上重拳打击一下个人信息泄露者呢？有时真想将电话摔了，唯有此才能得到一丝安宁。

可是，骗局无处不在，死亡的威胁亦无处不在。雷同学去机场接人竟接到妓院嫖娼死，魏则西百度寻医被莆田系治死，丁双琴善良被骗死，徐玉玉被骗死，这些是媒体曝光了的。还有无数没曝光的呢？比如我的兄长在某肿瘤医院被骗说做介入治疗就可以治好，交出所有的积蓄后，人财两空，上了手术台就再没下来。还有吃的用的，哪些有毒哪些会夺我们的命？

一日出门和朋友去看水田白鹭，经过一个鱼塘时无意中看到塘边堆积如山的药品空瓶、空袋，忍不住蹲下细看，竟然全是速生剂、抗生素等。使用说明赫然写着：每三天、五天用一次。天呀，怪不得如今的鱼都像鱼精一样特别大。以前听说养鸡用激素多，我已经很多年不敢吃鸡肉了。有亲戚生小孩，小孩才六斤，我们买只鸡送给她，那只鸡竟然十一斤多，鸡都长得像小猪一样重了。自从鱼塘见到那一幕后，我不敢再吃鱼。可同事讯消我说："你会饿死！你能躲得过吗？现在种田还有谁耘禾除草？用的是除草剂，那也是有毒的。农药打多少，你知道么？就说蔬菜，你看到绿油油的，红彤彤的，很多都是在种的时候加了催颜色的药品的，有的菜你买回来蔸部还有绿色药品颗粒。你都不吃行吗？"是的，饮鸩止渴，我也无法拒绝一切食品，只能用眼不见为净来安慰自己。

活着这么不容，可威胁却无处不在，各种骗局就像空气包裹着我们，就是炼出了火眼金睛又能怎样？能抵制低级的骗局，抗拒不了高级的骗局。别无选择时，又能怎样？吃穿住行中，这些活的必需品，我们又怎么有能力知道哪个是好的，哪个是坏的是要我们的命的？就像毒奶粉毒疫苗毒跑道毒校园，一般人谁能摆脱这个迷魂阵？为什么这个美好的家园里，骗子却能横行猖獗？谁来保护生命健康自然发展？谁来赶走残害生命的恶魔？芸芸众生是如此卑微，但愿逝者在天堂里没有骗局。

人是怎样异化的

甲虫！巨大的甲虫！人变成甲虫！是格利弗变成了巨大的甲虫！

怎么会这样？有可能么？真的？

真的！人变成甲虫了！变成老虎了！变成鬼蜮了！

推销员的悲苦，恐怕在世界上都可以排在前列。累的往往不止肉体，更重要的是那颗易碎的心。通常的状态是，为了谋生你的热脸要贴着别人的冷屁股。身体的每况愈下，保险推销的强颜欢笑，内心的苦苦挣扎，于是，卡夫卡在倦怠中也异化成大甲虫……

第一次读《变形记》的时候，体会不到作者的痛苦和用意，只觉他笔法过于荒诞不经。自从走近许多大师后，看他们在残酷的现实中为了卑微地活着，如何尊严扫地，自我蜕变，才顿悟卡夫卡的高妙，也终于明白人是很容易被异化的。

"人要诗意地栖息在大地上"，这句话激励了多少人！说这句经典之语的主人——海德格尔，世界鼎鼎大名的哲学家，理应是深具美好情怀的人。可是在法西斯纳粹掌控德国的时代，他做了弗莱堡大学的校长，就职演说时，提出大学的任务是为"劳动服务"、"军事服务"、"知识服务"，明确响应纳粹主张。做校长是迫于法西斯压力呢，还是为了个人的政治前途？总之，在强大的纳粹面前，内心高贵的海德格尔行动上自觉俯下身子配合权力的强暴了。被强暴的那一刻，海德格尔真的会觉得被强奸是诗意吗？

暴政来临，渺小的个体，要么自宫而活着，要么抗争而去死。茨威格就选择了后者，尊严且诗意地回到大地的怀抱。当茨威格的高贵精神随着时间的流逝，日渐生长且至与日月齐辉时，更觉为了卑微的生而自戕自宫的海德格尔的渺小。海德格尔没有变成甲虫，但是变成了老虎。

历史总有惊人的相似，如果说海德格尔是主动附逆，新中国成立许多人的变异是在外界强大势力迫使下蜕化的。郭沫若先生，学问应该还是有的，当年一曲

《女神》，癫狂了几多文艺青年。可是在疯狂的年代，他的两个儿子受迫害，他完全可以施以援救之手，可是他却无动于衷，把精力用在写赞美诗上。

> 在一万公尺的高空，
>
> 在图—104的飞机之上，
>
> 难怪阳光是加倍地明亮，
>
> 机内和机外有着两个太阳！
>
> ——《题×××在飞机中工作的摄影》

一代诗人学者，而今是身与名俱灭。当初在强权面前，为了保住自己的荣耀，让自己免受冲击，弃儿女生死于不顾，主动舔痈，他内心有哪些挣扎，外人无从知晓。但有个资料写郭氏惊闻儿子被人丢下楼摔死时，一个人坐在办公室未开灯，老泪纵横。此时黑暗中，无人处，他应该是由甲虫变回了人。

初读《人生的境界》时，为冯先生的人生三重境界（自然境界、功利境界、天地境界）所动，心里豁然开朗。可当我进一步走近他时，却没有仰之弥高钻之弥坚之感，反而多了一层不敬。作为清华的大管家，冯先生走进四九，深感对新时代的不适应，他逐一请辞一系列行政职务。据说新政府很快批准他的请辞，但立即就有人将冯先生归为"跟某不合"之列，迫害从此拉开序幕，而且不断升级。面临生死考验，有大人物一句话，将他从地狱中救了出来。体验了不合作带来的灭顶之灾的恶果后，一朝有人招手，冯先生自然赶紧抓住救命草，表忠心和忏悔成了他上岸后每日的功课。

一个从美国归来的博士，冯先生经历过抗战的炮火，有过流离失所的遭遇，是个见过大世面的人，可是在七十多岁高龄，竟整天唱感恩戴德的赞歌，在"梁效"班子摩拳擦掌，这与他曾在西南联大时傲然独自立的潇洒风姿真是判若两人。

为什么孟子的"威武不能屈"一直被传唱，文天祥的气节一直受到后人歌颂？是因为在强大的政治迫害面前，知识人极易变节，文天祥的坚守就显得特别难能可贵。钱谦益，整天把"家国天下"挂在嘴上的人，清军入关他就变节，当妻子柳如是邀他一起赴水殉节时，钱谦益竟说出"水太冷，不敢跳"的大笑话。以致袁世凯就曾极为蔑视地说："历史上最没有骨气的就是读书人！"

面对极端恐怖组织的摧残，主动附逆的真不是个例。《青年近卫军》在革命年代可谓是家喻户晓的名著，多少读者为之热血沸腾，进而对天才作家法捷耶夫仰慕有加！作为世界著名作家，法捷耶夫在上世纪三十年代就已是苏联文坛的领军人物，他本是一个极为善良的人，可是在苏联"大清洗"的极端法西斯主义恐怖时期，为了迎合极权专制独裁者，他也蜕变成一个人格分裂的人。作为作协主席，当初明明不喜欢马雅可夫斯基那首政治目的极强的诗《好》，可是因为最高统治者说了"马雅可夫斯基过去是、今后仍是我们苏维埃时代最优秀、最有才华的诗人"，法捷耶夫赶紧把《好》奉为"史诗性的作品"。

1946年苏共中央做出开展一场以女诗人阿赫玛托娃和作家左琴科为靶子的批判运动的决定。法捷耶夫此时是作协主席兼总书记，他明知两位作家根本不是敌人，在批斗大会上做报告时竟严厉谴责两位作家是"阶级异己分子"，批评诗人帕斯捷尔纳克"不问政治，无思想性，脱离人民群众生活"。

名流们变得这样癫狂时，普通人的姿态又是怎样的呢？前些时候看过一个当年的红卫兵写的忏悔的文章。大意是，他的母亲在饭桌上说，"×××发动'文化大革命'是错误的，哪有这么多的反革命啊！"父子二人立即丢下碗跑到革委会去汇报，工宣队的人将这个可怜的女人强行拖走，当着儿子、丈夫的面，打手们将身材弱小的母亲妻子踹倒在地，拖着头发用脚踹她的头。女人在儿子和丈夫的举报下活活被打死。变成老虎的儿子和丈夫，我不知道他们何以有勇气还活在这个世界上。

人性是经不起考验的，一旦面对强权，大多数人都会变成虫豸或虎豹。极少数还能做人的，结果也都很悲惨，茨威格只好服毒自杀，陈寅恪的《最后二十年》简直惨不忍睹。但他们却如同珠峰，高耸在良心的世界里。正如莎翁在《辛白林》扉页上的题词一样："我们命运该遇到这样的时代。"但是在这样的时代，个体该如何坚守自己的思想，不让自己化作甲虫呢？这确实是值得思考的问题。

不过多责怪变异的人，其实在强权下，变异不变异，都是可怜的受害者。阿Q失去工作不是王胡和小D们的错，根源在赵太爷。

蔑视用强权将生命异化成虫豸和鬼蜮的行为，但勇敢的人也应主动拒绝变异。

流浪人，你是否安好

天气是这么闷热，虽没太阳，雨却不下，没有一丝风，走两步就大汗淋漓，空气中充满着腥臊的不新鲜的气息，有点让人恶心。龙山一带的店铺，大多关门了，因都是拆迁之列。有的已经拆成断瓦垣墙，狼藉一片；有的虽安然未动，但人去楼空，顿显破败。往日这条路很热闹，而今因路段改造，显得冷清萧条。

刚下车没走几步，突然发现工行柜员机台阶上伸出一双红色的雪地靴，靴筒高及小腿肚，插在靴筒里的是两根竹篙般的细腿。靴子红彤彤的，特显厚实，与这火热的夏季一齐迸发热浪，让人望而生畏。顺着红的靴移动目光，一个披头散发的人坐在行李箱上，头栽在怀里，始终无法看见，双手伸在台阶的横栏之外，无力地垂着，十根指头枯细如柴，毫无血色，其中一个中指缠着创可贴。这样的奇热无比的天，她还穿着大靴子，她从何处来？遭遇了什么？我注视着，不知如何是好。

路人稀少，正值午饭时分，我想找个做伴的一起上前问问她是否生病了，是否需要帮助。等待，左顾右盼，就是不见有来往的踪影。只好怯怯地上前与她打招呼："你好！请问你是不是不舒服？"没有应答。"朋友，你从哪里来？我能为你做些什么吗？"没有回声，甚至身子动一下都没有。"朋友，你别怕，你是不是生病了？你热不热？我可以帮你做点什么的。"仍是没有动静。街头各种乞讨的残疾人见多了，反而见怪不怪。只是此人，不向人乞讨，独自呆一边，如此瘦，真的是皮包骨了，"芦柴棒"可能就是这样子；又是如此与季节不相称的穿着，却带着还算体面的行李箱，才叫人觉得奇怪。

她一身脏兮兮的，是冬天就开始流浪？但是她穿的是夏衣，她的行李箱也不错，到底遭遇了什么呢？她有家吗？一串串疑问无法解答，我并不好奇她从哪来要到哪去，只是看她当前如此虚弱如此落魄的样子，想给她提供一点小的帮助，一顿午餐，一双凉鞋，一个热水澡，换洗的夏衣……又不知她是睡着了，还是不想理睬外界打扰，抑或她处于昏迷状态？左右为难之际，我只好给110拨打了电话，请求警察来帮助她。110接电警察承诺马上派警察去查看，十二点半已过，家中小朋友正来电催我回家弄饭吃，有警察管，我也很安心离开了流浪人。

　　大雨终于倾盆而下，天气稍微凉爽些。午睡对我这长期睡眠时间不足的人而言，能有宽裕的时间安心睡个午觉，简直是上天的一种厚赐。记得曾经听过一首歌，"爱像什么？爱像星期天的早晨"。我要将歌词改一下，"睡觉是什么？睡觉就像星期天的爱"。下午终于不用上班，醋畅淋漓的大睡一个午觉，七魂八魄一会儿嬉戏于新雨空山石径上，一会儿徜徉明月清风江南岸，一会儿看林花红了黄鹂飞……醒来已是近三点，经日劳碌一睡全解，洗刷后砌一杯红茶，正想坐下写点什么，心里突然不安，始终没有接到警察回复的电话，那个流浪女怎样了？

　　下楼，打伞，雨中疾步向龙山走去。我不是救世主，也从未以什么自居，我只是担心，我向警察求助后，会不会反而给流浪人带来麻烦？这世上好心办坏事的人不少。流浪少年死于救助站的报道我也看过。想到此，内心有点恐惧，有点后悔，如果流浪女被强行带走，没有安置好，出了事，与我也是有关系的。我当初报警跟警察说，她是否生病了，能否想办法带她看看，再就是帮助她找到家人。事情是否向好的方向发展呢？等我跑到龙山，流浪女不见了，周围空无一人。只是我的衣服被雨水和汗水全打湿了。唉，累！不止是肉体的。

　　"日暮乡关何处是，烟波江上使人愁"，行走在繁华的都市，望着川流不息的车辆，行色匆匆的过客，发现自己其实也是流浪人，只是你是肉体，我是心灵。不知那个陌生的流浪人，在立秋的日子，你是否安好！

中年，不必再被圈子套住

有人说，生活是一张网，你被包裹在这个蛛网里舒展不开，挣扎不得，百般无奈。其实人活得累是因被各种圈子套住后，失去了自我。

一个社会的人，犹如处在丛林中，渺小的肉身被多少圈子套住呢？亲人圈、同事圈、同学圈、朋友圈、生意圈、学术圈……不管有没有感情，不管是不是同道，不管话题相不相投，我们每天为了各种私欲，疲劳奔波应付着各种圈子里的人，甚至仰人鼻息，弄得自己筋疲力尽，却不知何苦来哉。

古语：三十而立，四十不惑，五十而知天命。人到中年，一般人对世态炎凉人情冷暖应早已是身经百战见怪不怪了。如果自己是当官发财的料，早该有起色；如果至今还没打开上升通道的，这个圈那个圈的人也不会给你扔个登天的梯子，有那本事的人他自己先登上去再说，你又是他什么人？你整天削尖个头将一张热脸贴到别人的冷屁股上，围着达官贵人成功人士转，谨慎小心伺候着，人家可能连正眼都不会瞧你一眼，你这是在自虐。人以群分物以类聚吗，牛马不同槽，鸡狗不同群，你是哪个阶层的人还是老实与自己阶层的人玩玩算了，何必过分亏待自己呢！

中年是盛开的花朵，你怒放不怒放生命都像正午的太阳正在向西山偏移。度过炎热的夏季，太阳的光辉就开始变得不再明亮刺眼，你将是沿着秋天的轨迹慢慢走进寒冷的冬天。人生好比一趟旅行，这各种圈子里的人好比是公交上的乘客，有人从起点与你一同上车，有人中途上车，但一路上上下下的乘客不断，几个是陪着你到终点的？有的人曾经与你可能是青梅竹马，亦或同窗好友，经年的相隔，再相逢可能像鲁迅先生笔下的迅哥与闰土一般，再也找不到共同的语言，相见不如怀念。有的人可能是你一手提拔的人，也许你曾对他恩重如山，当你再也没有利用价值时，他就将你一脚踢开，这也不足为奇。俗话说：人上一百，形形色色。林子大了什么鸟没有呢？

看过一个案例，苏联时期有个叫阿凡奇的官员，他生性热情奔放，乐于助人，没有一点官架子，哪个同志有困难他就会奔走效劳，经他手提拔了一大堆干部，他把大家都当成朋友。可是后来出现大清洗，他最亲密的战友古德林在决定阿凡奇命运的大会上竟然变节求荣，公然撒谎背叛阿凡奇，许多曾经在阿凡奇帮助下得以提升的人，纷纷背离阿凡奇，有的甚至落井下石。也有少数人并没有得到阿凡奇的特别恩惠，却不畏强暴，坚决站在阿凡奇的一边。有利益关系的圈，往往很少纯净，更别奢谈友谊。阿凡奇交古德林这种没底线的朋友，也是咎由自取。

人到中年，还有多少可求？谈得来的多谈，谈不来的走开。古人说：人到中年万事将休。还在各种圈子里钻来钻去，刻意去讨好谁迎合谁，整天忙得团团转，最后两手空空的人实在是活该！人生的每个阶段，真正的朋友至多一二，高山流水可遇而不可求，更何况自古锦上添花的人多，雪中送炭的人少。锦上添花者，其实他也是为了拓展资源，想把你当作存款一样存着，关键时刻希冀从你身上找到力量。既如此，何不经常拿把大扫帚，每天将自己的朋友圈好好清扫，该退出的圈子就退出，该回避的人就回避，该删除的人就永久删除，曷不委心任去留。有的人你永远不必等，有的人你永远不值得交。

中年了，趁着秋天的景色不错，该摆脱各种无聊的圈子，该远离各种貌合神离的人，认真挑选几个默契投缘的朋友，在清风明月的晚上或秋高气爽的早晨，或悟言一室之内，品茶对诗；或放浪形骸之外，登高做赋。尽情享受有趣的生活，做一个真正不惑的人。

破坏规则，祸国殃民

　　《吕氏春秋》说："欲知平直，则必准绳；欲知方圆，则必规矩。"卢梭亦说："社会秩序来源于共同的原始、朴素的约定。"没有规矩，不成方圆；不守契约，社会不可能正常运行。

　　"独木桥上斗山羊"的比赛游戏，规则是参赛双方独木桥上相遇模拟山羊抵角，尽力使对方落下桥，自己通过为胜。有参赛选手打破比赛规矩，竞争对手相互抱着过河，竟赢得不少人称赞。这看似是一次成功合作带来的双赢，实则对规则的破坏与践踏，其恶果是流毒无穷，祸国殃民！试想如果每个选手都随意破坏规则，竞赛的意义又何在？如果每个公民都随意破坏规则，又怎能保障社会的公平和稳定？

　　社会不能没有规则，因为规则是社会正常秩序的保障。凡是到过德国的人，没有不对德国的井然秩序赞不绝口的。因为德国是一个"用规则看守的世界"，谁要是敢于破坏规矩，不仅成为众矢之的，还会受到严厉的制裁。有个中国留学生因在无人售票的公交上有三次逃票经历，不仅受到高额的罚款，而且毕业后在德国找不到工作，他的不良信息被记录联网，大大小小的公司只要输入他的资料就会对他的污点一目了然。逃三次公交票一般人认为是微不足道的污点，可德国人就是这么较真！正因为德国人凡事讲规则，恪守"公务是公务，烧酒归烧酒"的信条，规则面前铁面无私，所以德国人和德国产品赢得了世界的称赞和信赖！

　　规则一旦制定，它就是金科玉律，不可轻易改变。1764年，哈佛大学图书馆惨遭大火，所有珍贵藏书毁于一炬。在大火发生之前，有个学生违反图书馆规定，悄悄把一本珍贵的图书带出了馆外。灾难过后，这本书成了稀世珍本，该生将它还给了学校。校长先是对该生抢救了一本书表示感谢，对他的诚实予以褒奖，然后将他开除。哈佛的理念是：奖惩分明，规则高于一切，谁都无权对违规者网开一面！规则面前，校长也无权赦免有功的违规者。哈佛能由一所无名私校成长为业绩辉煌、享誉全球的世界一流名校，恐怕和她严格恪守规则不无关系！

规则一旦被破坏，必将祸国殃民。周永康、薄熙来、苏荣、刘铁男等身处高位者贪赃枉法，卖官鬻爵，乱了朝纲，坏了党的形象，在人民中造成极为恶劣的影响。还有不少商人为了利益不择手段，肆意践踏规则，使得毒食品、毒药品泛滥成灾，"豆腐渣"工程频繁出现，严重威胁着人民生命和财产的安全。如放纵破坏规则者，必将造成整个社会诚信缺乏，秩序混乱，国将不国！

卢梭说："自由，不是来自法律对个人的保护，而是来自个体对立法的彻底参与。"因此，要使社会安定人民幸福，必须用规则来守护社会，用法律来捍卫规则，对一切破坏规则的人严惩不贷！

世长势短

中国的皇帝很多，客观说，对中国后人影响深远的，恐怕没有哪个皇帝超越过秦始皇。他统一了混乱的中国，统一了文字，统一了度量衡，制订了法典，统一了意识形态，完备了管理制度。可秦始皇也没有在"万岁万岁万万岁"声中延长寿命，这么一个威严无比、顶天立地的前无古人、后少来者的功过显著的皇帝，也灰飞烟灭于历史的长河中。"万里长城今犹在，不见当年秦始皇。"每读到这诗句，内心就想起一个词"世长势短"。

一个人的一生，相对宇宙而言，实在是寄蜉蝣于天地般短暂，犹如蟪蛄不知春秋，朝菌不知夕阴，很是可悲。可是在这短暂的人生中，功名权势也都不过是极为短暂的，而漫长的倒是悠悠岁月，这就是我所说的世长势短。谁能永久做皇帝呢？谁能一辈子作威作福呢？谁能永居高位不下呢？不论你位多高身多显赫，六七十岁退下来后结果都是一样在庭院散散步遛遛圈！不识相的人，恐怕退下来还不如小草民。薄熙来、周永康位高权重吧？远的不说，苏荣、陈安众也曾大权在握，威风凛凛吧？想当初多少人以与苏荣合影为荣，以能攀附苏氏送上一个媚笑为幸。可风光也如昙花一现，今天的薄氏、周氏也好，苏、陈之流也好，他们的日子不会比我一趴在地上的小草根过得舒服，因为我克己奉公遵纪守法，可以晨耕暮息自由自在。如今，当薄、周、苏、陈都倒下去了时，那些曾经拼命凑近乎的人，赶紧将与他们这些曾经的达官的合影悄悄从墙上铲下，生怕说自己与他们有过一染。本人就亲见机关院墙上单位领导与苏、陈的合影相继被铲下的情景。

既然你在位时只管像商人一样从事钱权交易的勾当，干着党同伐异的伎俩，你倒台时你曾经身边的那些攀附者也唾弃你，这是历史必然的结果！因为你自己就是一个爬上去的小人，你以结集小人为能事，小人在你栽倒井里时给你下个石头，也是在情理之中的事，人以群分吗！

既如此，在其位，就当公正廉洁谋其政，一心一意为民生。果真做到此，在位时，能心安于睡塌而不惧半夜鬼敲门；纵使有朝一日失去权位，也能坦然行走于人海，无羞无愧于苍生。无官一身轻时，走在街坊巷里，熟识的人都会向你打招呼，而不是指着你的脊梁直骂，这应是为官者最好的晚景！

历史总是循环的，别人的故事有时会成为自己的脚本，做个幸福的官员，就得每时每刻把握好自己的方向盘，以秉公办事、为民造福为宗旨，科学做事为指南，正确行事为目的，心底无私，不管你在位不在位，你的天地自然宽广！世长势短，这是每个人的宿命，你在位时清醒意识到么！

与骗子周旋记

　　网络时代，骗子利用盗取别人的QQ号进行诈骗的方法很常见。骗子一旦盗取了别人的号码，就会查询他的聊天记录，看他与谁的关系密切，就会冒充QQ本人，向他的亲朋好友采取各种手段借钱。

　　本人就遭遇过QQ骗子。一日中午，小孩的QQ上发来消息："在吗？"我说"在"。对方马上就发来一条消息："今天倒了个霉。"我一听就很紧张，赶忙问发生什么事，结果对方慢吞吞回答我："接了个电话，没说到两句话，一不小心手机掉地上摔坏了，开不了机。"我就说："只要人没摔到就不要大惊小怪，手机修一下就行了。多保重，我有事了。"对方一看我要离开就赶紧说："刚才打我电话的是我的导师，他好像很急，我不知道是什么事，前两天他回国了，要不你打他电话帮我问一下。"当时我就有点警觉，我担心是吸费电话，于是我就给对方发了信息："你高中玩得好的那个学习特别好的同学叫什么名字？就是那个中考状元。"半天对方不回答，我就说："你不回答我是不会打电话的，现在网络骗子多呢。"对方就直接报出我小孩的名字："我是某某。你打电话时说话要客气点，他在澳洲对我很帮助的。"

　　尽管我觉得从没听小孩说起过有这么个关心他的人，但我还是按他给的电话打到所谓"安宁导师"的手机上。电话响了好几声，对方才接，而且对方显得很沉稳："你是哪位？"我就说："我是某某的母亲，他说手机接您电话时不小心摔坏了，不知道您找他有什么事，叫我打电话问一下。您就告诉我吧，我转告他。"对方说："他的手机摔坏了？怪不得我刚才打电话才说了两句话就再也打不通了。我是想问问他帮我办的事办好了没有。"我又依样画葫芦把信息发到小孩的QQ上。这时，QQ那边说："哦，就这事呵。我送他到机场，结果安检不让他带那么多外汇。"我就追问："没收了吧？"对方说："没有，我看老师那么急，怕耽误坐飞机，我就说帮他电汇回国。当时我有事没来得及办，就存入我的卡里，今天去汇，哪知银行系统升级，国际汇兑要到元月3日才能办理。"

我当时还对"小孩"教训一通，不该揽这事，朋友之间更不能有钱的牵扯，免得为钱伤了和气。对方说："人家那么关心我帮助我，我总不能不帮人家。导师当时将三万澳币交给我了，我已经存在我的卡里。你就帮我向老师解释一下，免得他怀疑我，产生误会就不好。"我就发了个短信将QQ中谈到的没有汇成的情况告诉那个"安导师"。这时我的手机响了，"安导师"打电话很生气对我说："我交给他那么久为什么今天才给我汇？我这次赶回来就是我母亲要做手术，我急着要钱用，我已经请了上海的专家来会诊，今天必须要得到这笔钱的。"

听他那么气急败坏的声音，我只好说："你什么时候回来的？你怎么能将钱交给他一个小孩呢？我本来也可以汇给你，但是网上我没见到他本人说不清楚。你就自己打电话给他吧。"这时我就在网上对着"小孩"狠狠批评一顿："你真是多管闲事，人家气急败坏说你主动要帮他汇钱，他说今天就急用钱，我可不管你的破事。""小孩"就在QQ里撒泼还威胁我："老师对我那么好，我帮人家错了吗？你还这么批评我！我现在汇不了怎么办？我怎么向老师交代？你就是自私！小气！你不管我好，那我就去死！那你以后有什么事也别找我！我永远不理你了！就让我自生自灭吧！"我一听这口气，更不像我小孩的口气，我顿时警觉起来，问："你是谁？盗号者，你不要说了，我从不相信网上要钱的人，我已经报警了。"这时对方竟叫我的名字："某某某，你多保重！我永远不会理你了！"于是我就要求视频，结果对方不打开摄像头，只是我暴露身份，却见不到他，我说："你有本事就现形吧！"对方气鼓鼓的发一行字："不要你管！"

在这个聊天过程中，我一直打小孩的电话就是打不通，于是我又请在澳洲的人帮忙联系，可是大家都说联系不上，我倒是担心怕小孩落在坏人手上。在忐忑不安中过了几个小时后，终于打通了小孩的电话，小孩一头雾水，说是手机没电放在楼上充电，他在打工。小孩听了我的陈述后就登QQ查询聊天记录，他看不到骗子与我的对话，我将聊天内容截屏给他。后来他告诉我，骗子盗了他的号后翻看了所有的好友记录，小孩在好友中虽未注明与我的关系，但是直接标注了我的真名，骗子在查看聊天记录后，确定我是家里人。小孩说，当我问骗子"你高中的好朋友，那个中考状元叫什么名字"时，骗子在小孩的同学群里喊了一声："中考状元出来！"只是同学都没理会。

这场不成功的骗术，让我见识了网络骗子的伎俩。其实他们对人的心理揣摸得非常透，他们会不瘟不火一步步引诱你相信他，然后等你完全进入圈套就下手。当我拒绝时，骗子就用以死相逼的威胁手段逼我就范，心想哪个父母不会怕孩子以死相威胁呢？总起来看骗子很专业。不过只要你细心，从说话风格上就能判断是不是你的亲朋的说话口气，我就是看到这蛮不讲理以死相逼的话，就坚信是骗子的。你的亲朋好友做人做事的风格，你应该心里有本账，陌生人冒充一定会有破绽。

另外还有用QQ视频诈骗的，骗子将当事人与别人视频聊天记录翻出来后，截取那段图像，然后找QQ主人关系亲密的人聊天，利用技术处理声音，来骗取人家钱财。这个方法也好识破，你可以叫他活动，能走动的是真人，否则是假的。

防患术：一切QQ借钱之事，不予理睬，非要看清对方面目才能涉及钱财之事。遇事不要慌张，先打电话与当事人确认，往往这时电话很难打通，你就耐心等候，直等到打通为止。如果是境内，还可以通过110报警求助。

一开口，就知道你的底色

俗话说，是骡子是马牵出来遛遛就知道了。这人的底色也一样，一开口就知道他是哪路货色，高下雅俗清清楚楚。

县委吴书记的秘书奉吴书记之命，将病倒在火车站的陈焕生送进县委招待所住宿。招待所的女服务员一看是坐县委书记的吉普车来的，估计陈焕生是有来头的，顿时对他点头哈腰，满脸堆笑。可是陈焕生不会装，交住宿费时说了一句外行话："我是半夜进来的，也要五元钱？"姑娘一听知道这是只地地道道的土鳖，没啥名堂，对老陈的态度发生了惊人的大逆转，冷淡得比倒春寒的天气还低几度，立刻对老陈爱理不理的。老陈的底色就是一朴素农民，他压根也没想要高攀谁。倒是那个招待所的姑娘，鼻子里的一声哼，露出了她的底色是个狗眼看人低的势利小人。

人的高贵不表现在你的出身多显赫，也不表现在拥有的财富多耀眼上，更不表现在你的学历多高和官位多大上。我们通常所说的贵族精神不是讲他的出身是贵族，而是指他的精神的高贵。富有的庄园主罗切斯特先生在花园第一次邂逅一无所有、身份卑微的家庭女教师简·爱，他就彬彬有礼对待她。在这个贫穷且并不艳丽甚至有点黯淡的姑娘面前，他从未流露过半点做主子的居高临下之态，更别说颐指气使。像罗切斯特先生这样有身份的人能够放低身段与一个家庭教师平等对话，他就是真正的贵族。所以，当他被大火烧得面目全非，所有财产都化为灰烬时，比他年轻许多的简毅然决定留下照顾他一辈子。简的爱情首先是被罗切斯特的高贵精神所激发出来的。

亚伯拉罕·林肯出身卑微，据说他参加总统竞选时，苏厄德、蔡斯、长贝茨这三位出身比他高贵，经验比他丰富的政客也参加竞选，他们三人彼此是激烈的竞争对手，根本不把林肯当回事。可是林肯却脱颖而出当选为总统。这三位资深政客对林肯极度蔑视，甚至不断捣蛋，林肯却对他们始终抱着宽容与真诚的态度。林肯阵容的人责怪他对政敌过分宽容，林肯说："我要用真诚的友谊将政敌消灭，使他们都成为我的朋友。"苏厄德、蔡斯、长贝茨日后都成了林肯的内阁重要成员。"用真诚和友谊消除仇恨",一句话就彰显了林肯人格高尚的底色。

伏尔泰说:"我可能不同意你的意见,但我誓死维护你说话的权利。"你看,高贵的人即使与你政见不同,他也会维护对手的尊严和荣誉。司马光与王安石,在政治主张上彼此水火不容,为了国家利益彼此斗争激烈到似乎势不两立的地步。但是得势的王安石在回答皇帝问他对司马光的看法时,王安石对司马光这位政敌大加赞赏。王安石在皇帝面前对司马光的人品、能力、文学造诣给予极高评价,并称司马光是"国之栋梁。"因为有王安石的宽容、呵护,司马光被贬时亦过得不坏。风水轮流转,后来司马光上台做宰相,王安石因改革触怒权贵被罢相。落难的凤凰不如鸡,虎落平原狗也欺,一时间向皇帝告王安石黑状的人是成群结队,大有痛打落水狗之势。在这危难时刻,司马光恳切地对皇帝说:"王安石疾恶如仇,胸怀坦荡忠心耿耿,有古君子之风,希望陛下不可听信谗言。"以致皇帝情不自禁地说:"尔等皆君子。"

王安石与司马光在政治上争斗不休,但是他们彼此从不攻击对方的人品、能力和对国家的忠心。从他们在关键时候为对方说话,就足见他们人格的高贵。这也许就是中外相通的贵族精神吧!他们能流芳千古,不止是他们都做过宰相,亦不仅是他们都在文学领域独树一帜,更重要的是他们人格的高贵!真正的政治家,应该是光明磊落,宽容大气,心胸广阔的!

曾看过一个寓言故事,有个叫丢德的人耍尽阴谋终于将久皮沟的原首领贤德长老赶走了,自己当上了部落首领。为了从牧民心中彻底铲除贤德长老的影响力,丢德召集所有的牧民开会,用几百万倍的显微镜来找长老每个决策里的错误,企图在鸡蛋里挑出很多骨头,以达到打碎牧民们对原首领的信任之梦。有些低智商的牧民被丢德忽悠得以为他真是太阳神派来的真理。丢德看到不少牧民对他顶礼膜拜,对长老曾经的一切开始产生怀疑时,他一下膨胀起来,更加恶毒地诋毁贤德长老。丢德倚仗权势越诋毁长老他自己就越膨胀,就像中了巫术一般,当他膨胀到极限时,丢德的肚子像鼓起的青蛙肚,"嘭"的一声爆裂了。

是驴子或是骡子,遛遛就知道。人的高低雅俗,一开口就能看出。不肯承认别人比自己的强大,非要靠诋毁对手来抬高自己的人,无论权多高位多重,他的格局就比较低下,人格就显得比较猥琐,就像妓女被人赎回家做小妾,换件马甲后她就在正妻面前比纯洁一样可恶。如果只懂得一个劲赞美权力，只勤于仰着脸给正得势的人一个劲投怀送抱，那不过是个奴才而已。奴才是没有人的格的！

有个女人应某杂志社之约写了篇文章，可是文章还未发表前先上了网，被人剽窃并在大众场合使用，以致当她的文章发表后，不知真相的人还以为她剽窃了别人的成果。愤怒的她找剽窃者理论，可是剽窃者是一副死猪不怕开水烫的无赖嘴脸，女人很是生气。天地很狭小，有一日女人一个一直有交往的朋友问女人认识某人不，女人一下警觉，问朋友何有此问。朋友很幸福很得意地告诉女人，说某某是他班主任，言谈中他对班主任的才华和为人极为敬仰。这朋友的班主任就是剽窃女人文章的人，可是女人没有告诉朋友真相，而是跟着朋友赞美他的老师。女人觉得不能让那个剽窃者在学生心目中的美好印象受到破坏，亦不能毁掉朋友心中的偶像。女人对伤害了自己的人都能保持应有的尊重，在维护别人的尊严时，她彰显的是做人的宽容大气与自尊自爱。

人的高贵表现在哪呢？如果你是权高位重的官员，无论输赢，你能襟怀坦荡在人前客观评价敌手，而不是一朝得势就用手中的公权力对异己迫害，对对手打击、羞辱，你就有君子之风；如果你是个商人，即使顾客进到你家店铺又掉头到隔壁人家去消费，即使你知道隔壁的货确实不如你的好，你还能尊重顾客的选择，不会在顾客面前揭别家的短，你顶多只会说"我的货与他的货各有特色。"这也算得上是一种高贵。高贵，就在你一张口，一举手，一投足之间体现，你以为你高贵没用，要别人眼里觉得你高贵那才是真高贵！

卑鄙是卑鄙者的通行证，高贵是高贵者的墓志铭！高贵的灵魂，是不会因小人的贬损而暗淡他的光芒的；卑劣的人格，也不因他权高位重而增辉。公道，自在人心！

道德圣人与不作声的狗

　　钱钟书先生在《围城》中指出过现代人流行的信仰，其中一条是："男子无口才，就表示道德"。钱老很幽默地调侃说："所以哑巴是天下最诚朴的人。""现代人矫枉过正，以为只有不说话的人，开口准说真话。"例证是，韩学愈明明和主人公方鸿渐一样，买了张"克莱登"大学的假文凭，他却因为要掩饰口吃的毛病，"讲话少、慢、着力"，以致校长高松年在昆明第一次见到他，就认为此人"诚实安详，像个君子"。

　　方鸿渐买假文凭是为了安抚在他身上耗巨资的岳父和寄托殷切期望的老父，并没有打算用假文凭去骗谁，并且他还主动告诉了苏文纨。到三闾大学后，方鸿渐整天夹个尾巴生怕别人戳穿他的假学位，所以他干脆说自己没有学位，以致由最初说好聘为教授的，因没拿出博士学位而降格为副教授。这方鸿渐虽然志大才疏，而且话多态度轻慢，但他却是个知羞耻的家伙。韩学愈则不同，他那张假文凭硬是骗过了三闾大学的校长高松年，并且他在教授中混得级别最高，比货真价实的博士赵辛梅工价还高一等。不仅如此，持着假学位的韩学愈还十二万分镇定告诉高松年，他的著作"散见在美国《史学杂志》《星期六文学评论》等大刊物中"。当高松年说想拜读时，韩氏竟能很坦然说杂志在沦陷区的老家，这两大杂志在图书馆可以找到。战乱时期，图书馆的几本破杂志有谁去保管？韩氏这么淡定自若，彻底打消了高松年的好奇心。

　　时间虽然过去半个多世纪，但国人的这种信仰好像并没有与时俱进而改变。南松兄刚从境外回来，稀里糊涂加入了一个学术团体，该团体的负责人也是个沉默寡言的人，并且也是个不善言辞的人，据说此人也是个博士，当然他的博士学位是不是国内某个"克莱登"大学颁发的，却无人考证。因为团队里很多事务要处理，博士自己做不来，自然叫他的下属做。他的下属是个连假学位都没有的人，读了很多书，却没有张像样的文凭，但却是个众人公认的有真才实学的人。团队里的一切事务，他都做得井井有条，因他的努力使得团队在当地很有气候。可博士是鲁迅先生所说的那种"耕耘时希望别人是牛，收割时希望别人死去"的人，他希望每个成果都记在他的头上，可是能干的人往往也是有个性的人，这个下属偏不做奴才，他们之间纷争不断，以致分道扬镳。该学团组织的上级主管领导，自然是坚定支持不善言辞的博士，理由竟然也是：龟博士不爱说话，而且还有点结巴，足见他是个老实的人；不能说会道，足见他是位大学者，学者哪个是能说会道的？他的下属古月高能说能写，尽出风头，摆明是欺负这么个老实的学者。

自从读了钱钟书对不轻易说话的人的剖析，让我想起了不叫的狗。世人眼里的寡言者即诚实圣人，按世人逻辑，那么不叫的狗一定是条好狗。可偏偏古话有"咬人的狗不叫，叫的狗不咬人"之说。而且这话已经过无数代人的证明，证实为真理了。有个同事在校园遇见一条狗，此狗不吭声，她以为这是条极为诚实的有君子风格的狗，没在意它，哪知此狗突然从后面咬着同事的屁股，痛得她大叫，还是众人相助下狗才跑开。同事打狂犬疫苗花费好几千不说，从此有了心理障碍，见到狗就恐惧。

我对龟博士的下属有所了解，他是个能干且强势的人，但是因为龟博士时常在上级主管领导面前像小女子一般哭哭啼啼投诉该下属不听他的瞎指挥，终于借上级组织的力量把能干的下属古月高赶走了。再后来又听说，曾经有另一副职与龟博士同桌饮酒，此人平日也对龟博士的不学无术，说话结结巴巴，做事没有主张没有头绪看不起，敬酒时此人没有先敬顶头上司龟博士，而是先敬一个要好的小职员，龟博士当场发火，两人在酒桌上动粗，不几日龟博士抓到此人的辫子，害得此人失去了职务，还差点进了班房。

沉默寡言的人，除了天生的性格不爱讲话外，恐怕更多的是为了掩盖内心的某些东西。人们常说的真人不露相，露相不真人，是不是与咬人的狗不叫，叫的狗不咬人同理？为了掩饰口吃和假文凭的韩学愈，因不学无术，确实也说不到话，当然就只好沉默，以此让人不知道他的深浅，好故弄玄虚。本人生性胆小，凡遇到沉默的圣人，我就会立即想起古训中的不叫的狗，敬而远之。

对不起，我不想陪你玩了

一年，三百六十五天；十年，三千六百五十天；百年，三万六千五百天。如果我没算错，活到一百岁，也就三万多天，过一天就少一天，这么宝贵的时光，我怎么舍得让她浪费在无聊的人事里呢？

我每天六点得起床，洗刷拉占去一刻钟，囫囵吃个简单的早餐后，就哗哗剥剥飞奔下楼，追逐小偷般奔向公交站，幸运的话准时搭上公交，摇半个小时赶到单位，开启忙碌的一天。晚上六点多从郊外的学校赶往家。夜幕笼罩水乡小城时，我又得趴在电脑上工作到深夜。一天最缺的是睡眠。周而复始的进行在家的旅馆、公交路上、单位。如果我有富足的时间，我要拉上窗帘，不管东风雨雪，不管花开花落，我要痛快地睡上一觉，让梦的温香柔软，在空中漫溢，散满一地芬芳。当我合拢梦的翅膀，自然张开双眼时，我会伸几个舒服的懒腰，轻揉我的双眼，慢条斯理的起床，在朝阳嫩嫩的抚摸中，端一把藤条椅，泡一杯新茶，看绿芽在水中沉浮，细斟慢酌，好好回味着茶的韵长香幽。

相遇，是一种偶然；相知，是一种缘分。这话有点烂俗，但相逢千年仍陌生，倒是丛林里的常态。同学，是读书时萍水相逢在一个屋檐下的伙伴；同事，是谋食时偶然相聚的搭档。能坐下一起吃饭喝茶灌酒的多半可算是朋友。在宝贵的时光里，如果遇到你，在不经意中，脱口而出："原来你也在这里。"这已经是可遇不可求的默契。槛外江水滚滚东流，我们每个人都是江河中的一朵小小的浪花，各自被浪潮推着不由自主忽东忽西忽左忽右随波逐流，在波涛浪涌中一朵朵浪花破碎，几多能不废江河万古存呢？个人，不过是滚滚红尘中的一粒微尘，曾经不可一世的曹孟德，功倾朝野的周郎，而今安在哉？赤壁还是那个赤壁，赤壁月夜的歌者，亦早已羽化登仙。一向年光有限身，如果我有时间，登山远望，拈花一笑，为何要陪着无趣的人在那喋喋不休，争个面红耳赤呢？

《围城》中的李梅亭，算是老奸巨猾的宗师了，处处爱占小便宜，背地干着诳蒙拐骗的勾当，明明天生下贱，却处处装得堂皇。告阴状是他惯用的伎俩，扣帽子是他习惯的勾当。明明胸无点墨，却偏要处处附庸风雅。他越装，越像猴子样红屁股露得明显。赵辛梅、方鸿渐从来就瞧不起这号人。和这种人聊天，恶心得好比一罐好汤里飞进一只绿头蝇，蛆虫正拉得罐边到处爬。赵辛梅们不幸遇上这等同事，只能悔他们前生修炼不到家，一路要与大苍蝇行走。

自从智能手机诞生，人没了藏身之地。本来几十年不遇的同学朋友，突然都混迹在一个小塘里，整天闹哄哄，一池清水扰得臭气冲天不说，弄不好还会拔刀相向，血流成河。感谢同学不杀之恩，这黑色幽默的话语里藏着几多阴险几多无奈。几十年本没利益冲突也毫不相干的人，只因为同过学，突然游到一个池塘嬉戏，三分钟的相思无限，浓情蜜意之后，接下来的节目大多是无间道，撕咬拼杀者有之，脸贴臭蛋者亦有之，众生种种可笑相就像猴子红屁股，爬到高处袒露无遗。糊涂混进这圈中，实在是对生命的虐杀。

黄洋被同寝室的同学毒死，这可说是年轻人的冲动。一群年过半百的大学同学，因为政府有将几个部门合并，一山从不容二虎是惯例，为了抢这个"一把手"的位子，这群一起走过几十年的同学开启了互害模式，都想借用公权力将对方处死，血腥到为了扳倒竞争对手，不惜将无辜的同学牺牲，以引诱出对手就范，这就暴露出同学的本性。黄土已经填到胸口的人，还为了权与利同学之间互相厮杀，足见所谓的同窗情，也是意淫得心痛！

天下尊贵，智人不愿牺牲健康和性命来交换。猪狗不同槽，何必在短暂的人生里，将宝贵的年华用来应付各种俗不可耐的人事，虚伪苟同于本不是一条道上的人呢？"功名富贵若长久，渭水亦应西北流。"留点时间陪可陪之人，分点精力听可听之话。懂你的人不易遇，那就独游桂下，举杯邀明月可乎？惠子过世，庄生说没有了可说话之人，于是乎，他就过着亦癫亦狂的生活，敲盆而歌，饮露而生。既然玩不来，干吗要陪你玩？南山看许多群里咻咻吠吠，有感而作。

对不起，不好玩的人我不想跟你玩。

第五辑
随感哲思

爱是需要表白的

是一方水土养一方人的原因，抑或是基因的影响，中国人天生就普遍含蓄，明明心里特高兴特喜欢的，总不敢大声表达出来，而且别人也不习惯你太直白。所以，中国人连对艺术处理都讲究"含蓄"，什么"为文要曲""作画要留白"等等就是明证。艺术当然是含蓄点好，可人事方面这一含蓄，往往造成终身遗憾甚至悲剧，常令人后悔莫及。

孩子考试取得好成绩，满心期望得到父母的赞赏，可父母往往不敢当孩子的面大加表扬，不少父母往往会说："别骄傲，这算什么。"开明点的父母会说声"不错，但还要努力！""但"字一转，将孩子的成就感化为乌有，父母的理由是，"怕把孩子夸坏了"。父母很爱孩子，每天对孩子的生活照顾得无微不至，还唠唠叨叨叮咛个没完，却就是不大声告诉孩子："宝贝，我爱你！"孩子没有得到踏实的鼓励和明确的爱的表白，懵懵懂懂成长着，常会将父母的爱当作理所当然或别有用心，很多孩子对父母缺乏眷恋感，是否与父母的无言的爱有关？果真如此的话，对孩子的心理成长不能不说是个遗憾。

爱，却不表白，在两性之间，常留下伤感甚至悲剧的结局。

有个女人嫁给一个沉默寡言的男人，在一贫如洗的家中，两人一直过着起早摸黑劳作不休和生养孩子的辛苦生活。夫妻很少言语交流，但孩子们整日叽叽喳喳，家中也还是热闹得很，日子也就在劳碌中渐渐滑落。生计，劳作，睡觉，这种每天重复的生活早已形成了一种习惯，女人也没有太多时间去琢磨这无言的夫妻生活。孩子慢慢长大成人，家境也日渐好转，之后是孩子们一个个成家立业，事业有成。"树大分丫，儿大分家"，孩子们各自有了自己的小家庭，整日忙着各自的生活，每月给一笔还算丰厚的生活费给老人们，但很少有空与老人闲聊。

劳碌一辈子的女人，突然休闲下来了，但因劳累过度和养育多个孩子而落下一身疾病，常常痛苦不堪。在咀嚼病痛中，女人有时间回顾曾经的生活。看到儿子媳妇之间卿卿我我的生活，她突然产生一种期望，期望那个沉默寡言的丈夫也能像年轻人那样爱爱她，跟她说些温馨的话，在她病痛时多守在床边说些慰藉的暖心的话，能牵牵她的手，能搂着她睡个安稳觉……也许是爱的苏醒，爱是不因年老而泯灭的。老头儿也不再要为生计奔波了，于是，他可以喝着小酒，到外面溜达溜达像个小孩般吃着零食玩着风景，却不懂女人为何在日子好时还有烦恼，他不明白女人在想什么，需要什么，老头嫌女人太唠叨，独自睡个房。有了空闲时间，女人觉得过得很寂寞，烈性子的她，也羞于将自己内心的渴求告诉丈夫，转而除了对老头数落，就是不理睬，将所有的渴望都化作满腔怨愤。

　　女儿回娘家小住，女人对女儿反复诉说着她经历的苦楚，诉说着四处医治却没有希望好转的病痛，诉说一辈子操劳却得不到丈夫的关心……总之，在病痛缠身的晚年，女人倍觉生活的绝望，总希望以死来了结这无法摆脱的肉体之痛和心里之渴。女儿劝说父亲要多主动去关心母亲，不要和母亲争吵，老头也觉得自己确实亏欠女人很多，想重新开始对女人表达自己深藏的爱，正好远在外地工作的大儿子要父母去小住，老头决定到了新的环境后每天好好陪着女人，告诉她自己很爱她。可女人没有等到老头的表白，在一个清晨，认为生活没有爱，选择悄然离世了。老头痛不欲生，双手捶打着自己的脑袋，万分后悔没有向女人表达自己的爱意，没有让女人知道他一直把爱藏在心里，只是他不知道怎么表示爱，因为他就是一个老实巴交只知道干活的农民。

　　女人不是死于病，她是死于对爱的绝望。其实男人是爱女人的，但她不知道男人的爱。生活不是艺术，有爱，就表白出来，为何要让人猜谜语般琢磨呢？一句充满爱的话语，能让身处绝境的人感受到生的希望和活的力量。生活很平淡，甚至很艰辛，当我们把对亲朋的爱，真诚地表白出来，就能激发彼此战胜困难的勇气，感受到平淡生活中的美好，如果爱，就请大声说来！

生活，需要留白

　　一日漫游在大街上，前面走着一位身材曼妙的女郎，那背影太精致：浓密的卷发披肩，细细的腰肢一扭一扭，给人一种弱柳扶风的娇美，纤纤细步异常优雅，真是天上掉下个林妹妹。总跟在后面走心里极不甘，一种抢睹芳容的冲动，使我忘却了绅士风度，竟直接挤上前，借机近距离将那尤物全方位扫视一番。"我的天"，差点没大叫出声！一张苦瓜版的脸，那皮肤就如黄土高坡，粗糙，褶皱，嘴巴歪歪的，五官被蹩脚的造化师弄走了形。前后形象天壤之别，令我倍受打击，一时的兴致荡然无存，非常懊恼不该抢到前面看得太清楚，假如留点距离，记忆中还会常浮现那个曼妙的身影，无聊中还会有丝甜美的遐想。

　　这不禁让我想起一个故事：曾有个台湾文化名人，正值年轻浪漫时邂逅北平一清纯如水的女孩。在铺着青石板的仄仄小巷，青葱窈窕的女孩对着青年回眸一笑，这浅浅的偶遇之缘，却惹得青年春心荡漾。无奈青年得跟随组织匆匆奔赴台湾，一去四十年，曾经风度翩翩的少年已是年过花甲的名望绅士。岁月的沧桑如影随形，可绅士一直孑然一身，自然会让好心的亲朋好友牵挂，在一次次为他张罗婚事被婉拒后，亲朋缠住他探问究竟，他终于陶醉地讲出他忠诚几十年的那个回眸一笑的清纯女子的偶遇。媒体朋友于是奔赴北京到处寻找那尘封的美女，好了却老人的心愿。记者终于在一个破旧的胡同里的寒碜的四合院中找到了当年的姑娘——如今的老奶奶，她满脸皱成一个经霜的茄子，坐在冬日的太阳下嗑着瓜子，吐一地瓜子壳，时不时用皱巴巴的手揩鼻涕，之后在墙上擦手，对着追追打打的小孙子粗鲁地叫骂。当友人把拍的录像带回台湾给老先生看时，老先生不想再见到这幅图景，之后很快在台湾相亲成家。

　　坚守了四十多年的美好竟在片刻间化为乌有，不仅是失落与伤感，恐怕给我们更多的是启迪。

　　周朴园一直怀念年轻美貌善解人意的侍萍，可当活着的成了老妈子的侍萍就站在他面前时，他突然发怒。很多人认为周朴园虚伪，其实是审美的落差。柏拉图式的爱情真的很美，原因是没有太切肤的接触，心存美好，留有距离，在若即若离中牵人魂魄，留有回味。

生活中其实有太多这样的失望。曾经我们总说关系好的朋友是亲密无间的那种境界，其实等我们真的到了无间的地步，却发现彼此再也没有了一丝新奇，敬意也从我们的心底消失。

朋友也好，情人也好，夫妻也好，相处时要想有长久的回味，鄙人认为还得颠覆传统的"亲密无间"之论，而是过一种亲密有间的生活好。中国画里有一种叫"留白"的手法，就是在画幅上给我们的视觉留有空白，给我们充分想象的空间。着一老和尚挑担水吃力地登上石级，就可以让人尽情想象山有多高庙有多深。翠翠孤零零地守在风雪古渡口的结尾，却勾得一代代读者魂牵梦绕，让我们对翠翠牵挂不已，心头总会升起一抹淡淡的忧伤。这就是留白的悬念。

生活亦是门艺术，需要我们有所留白。我们来时孤单，去时孤单，注定一生都是孤单。平时给他人留点空间也给自己留点余地，人事方面保持一米红线，带来的可能就是万丈阳光，回味的可能就是无穷的甜蜜，活的路上可能充溢温馨人情，我们不再感到孤独，我们会由衷地感慨：生活的滋味真美！不信就试试吧！

上苍其实很公平

常听阅历深的人说："上天待人总是很公平的。"初听不以为然，总觉得天下美事总是被少数人抢占，大多数人终其一生，庸庸碌碌，平平淡淡，哀哀怨怨，烦烦恼恼。所以就有人感慨："得意的人总是样样如意，失意的人倒在盐缸里也生蛆。"于是，文学大师也说："幸福的家庭大都相似，不幸的家庭各有不同。"好似上天真的是在厚待一部分人的同时，一定会抛弃另一部分人。

对事情的认识真的是需要阅历，如果不是偶然发现一个有趣的现象，我也会误认老天是不公的。一次开会，单位一位年近六旬的同事恰巧坐在我的前排，当主讲者冗长无物的报告扰得人不胜其烦时，我的目光也开始散漫游逸，突然聚焦在前排的老兄头上。哇，此人真是神奇，快六十的人，竟然没根白发，全是黑黝黝的。我不禁好奇地问他："老兄，你的头发怎么这么黑？"此兄回答得也很有意思："我头发少。"确实，他的头发稀稀疏疏，很像块贫瘠的庄稼地，长着几根毛。毛少就不会白？这是生理规律？我很奇怪这一现象。之后就有意观察中年人，发现那些个凡是长着几根像瘌痢毛的，一定全是黑发；凡是头发浓密的人，都是星星点灯白发半边。头发稀少真不雅观，但上天却让这每一根稀松的头发永葆青春乌黑亮泽；头发浓密曾占尽风骚，可早生华发老态早显。原来，上天对人竟是如此公平：谁在这里多得了，在那里给他减掉；谁在那方面受损，就一定让他在这补上。丑人多智慧，漂亮多摆设。谁比谁优越？

突然想起庄子的那棵栎社树，它木质疏松，饱含水分，做门会被虫蠹，做棺材会很快腐烂，它真是百无一用的废木。然而正是这棵有缺陷的树，却能尽其天年，长成巨大的社树，享受世人的顶礼膜拜。那些材质高贵的树木，稍微长到可以使用的程度，就被人砍断无法享其天年。是羡慕楠木的高贵呢，还是做那棵被人遗弃的栎树？其实每个生命都被上苍公平地称过了的，每个人都是被上帝在不同部位咬过一口的苹果，没有谁比谁完美，我们又何必总是耿耿于怀自己的缺失？彩色华美的扑满，引起孩子的兴趣，当一个个硬币"叮叮当当"丢进去后，扑满满了，它面临的是被敲碎的命运。而墙角那只粗陋黯淡的扑满，总没能引起人们的注意，一直空空的没存上一个硬币，也就一直保留下来最终成为古董。

　　也许生命原本就不是完美的，有些看似外表鲜光权高位重的人，却可能有幽忧之疾、难言之隐；有些整天为生活奔波看似可怜的人，可他身强体壮，吃啥都香，倒地就睡，落地生根。也许上苍早已在天平上平衡过每个生命的重量。既如此，我们又何必总是羡慕他人的风光无限，而自怨自艾地以自己的种种不如愿来折磨自己呢？缺憾是不美，却也是我们生命的一部分，如果我们能明白上苍对每一个子民其实是非常公平的，好好珍惜我们自己所拥有的一切，留个缺口流点福分给他人，缺憾的生命不也会放出异彩？

婚姻是家合资公司

夏雨就这么狂下不止，空气里都弥漫着一股湿漉漉的浑浊的味道。不能畅游在花前月下，不能行走在江畔湖边，唯有促缩在阁楼神游瞎想，百无聊赖中说说婚姻、爱情的话题，佐以新茶一杯，也许能对这个俗而不烂、陈而不衰的话题，也能说三道四扯出点咸吃萝卜淡吃姜的怪味道。

年轻人爱把爱情挂在嘴上，但很多人爱的不是情，是物质。征婚广告大多晒的是学历、身高、长相、单位、收入、房、车等，这跟集市上买卖牛马牲口没啥不同。而今什么年代了，如果还有人谈论纯爱情，可能会有老于世故的人伸手摸摸你的额头，看你烧得厉害不。不少过来人都会冲着喊要爱情的人说："爱情是什么玩意？能当饭吃么？"不能当饭吃，确实！更何况婚姻也不能离开物质。当年子君冲破一切阻力奔向涓生后，不多久就因为连子君心爱的油鸡也养不活被饿死，穷得爱情无以附丽，只好解散合同劳燕分飞。子君再厚着脸皮回到她曾经决裂的叔父家里，受了多少挖苦与白眼是可以想象的，所以子君很快死了。迅哥没说子君怎么死的，八成是死于非命吧。贫贱夫妻百事哀，钱不是万能的，没钱是万万不能的。

所以现今的人很现实，女孩如花似玉，娇嫩得像刚出水的芙蓉，怀里还揣着一张高学历证书，可不少人天天都在梦想遇到一个富得流油的老头把她包养了就好。尽管老头可以做她爹，甚至做爷爷，只要有钱，也不管对方有妻室儿女还是钻石王老五。不是有媒体爆料某重点大学女生与同寝室同班同学老爸同居生子之事么？男生呢，不少叫嚷着，来个富婆包养我，可以少奋斗二十年。纯物欲的婚姻，自然会因物欲而结，也会因物欲而解。试想一个小女孩，仰头看到趴在她身上的那一摊衰老毫无弹性的腐肉，大腹便便，满脸皱折，像件穿皱了的粗布破衣，烫都烫不平整，你还没回过神他就萎谢了，能叫做爱么？那是苟且，狗且不肯！女孩跟着老头儿，激情二字是什么滋味恐怕她永远是无法体验的。再说小伙子跟老妈子或老奶奶富婆做爱，你是一把钢枪，人家是一块盐碱地，你把所有体液都费尽，可能还是无法打湿那块干裂了若干年的旱地。所以，年龄不对等，相差太大的人结合，这做爱就像耕田，是永远也无法享受到精耕细作的快感的，更别奢望播种插秧了。不少老少结合者，最终都因肉欲的不对等而各自投林了。所以，本人从不相信老牛与嫩草之间会有真爱情，因为爱情不仅是精神的慰藉，灵魂的契合，也还要物的土壤。这物当然是指面包与肉欲。

理想状态下的婚姻，当然是门当户对才牢靠。教养、出身、知识水平和认知觉悟都相近，身体状况、高矮长相、年龄和经济条件都相配，婚姻不用流浪，灵魂不用漂泊，肉体需求对等，雨后的夜晚，可以激情如山倒，灵与肉能够在一个水平上产生共鸣，彼此就会有依恋，就像吃饭，饿就可以再吃。灵与肉二者都具备，这才够格谈爱情，否则是奢谈和自欺。高加林与巧珍，他们在床上肯定能够蓬蓬勃勃做爱，能够享受到大浪排空、日星潜耀、风卷高木的快感，但巧珍无法理解高加林脑子里还在瞎转着什么，思想认识不能达到一致的境界，最终只好分道扬镳。周朴园一直思念那个年轻美貌的侍萍，谁说几十年保留一切记忆不是对初恋的刻骨真情？可是当眼前那个毫无美感根本不能匹配的老妈妈就是昔日的恋人时，周朴园内心的一切美好被击个粉碎，人生的信念都没了，怎么不叫他暴跳如雷呢？

做爱的快感，是上面的人和下面的人彼此看着眼美，彼此相处亦不压抑。裴多菲当年追求伯爵的女儿尤利娅，他像只太阳鸟，唱出了"我愿是急流"，"只要爱人是快乐的小鱼"；"我愿意是废墟"，"只要我的爱人是常青藤"的歌，可以想见裴多菲哪有爱情？分明是奴隶对女主子的尽忠。他们的婚姻并没有维持多久，裴多菲死后不到一个月，尤利娅就跟别的男人好了。

其实婚姻，就是一个股份制合资公司，二人旗鼓相当，股份各占一半，资产能够不断生长，自然就能将婚姻进行到底。如果一方投入过大，一方没有可成长的产品，让无生长者撤资走人是常事。即使出于道义守着一个破公司，过着心面不合的日子，那是对彼此的摧残。人生实在短暂，如果没有一个惬意的婚姻激荡那些潜伏的荷尔蒙，男人的一切创造力也会慢慢枯死，女人自然也会是残花败絮了。所以，我说婚姻是要有潜力生长的，二人同步老去，世界就安宁了。

人生得有趣才好

　　人生得有趣才好玩。和有趣的人在一起，悟言一室之内是默契；放浪形骸之外，是浪漫；做有趣的事，即使摔得鼻青脸肿也值。

　　户外探险运动，不仅是烧钱，很多的时候是玩命。就像登珠峰，尽管一路上横尸无数，却从未吓退过对珠峰好奇的人，每年还是有不少人前仆后继朝珠峰进发。电影《绝命海拔》据说就是根据1996年的一次真实山难改编而成的。剧中领队和队友们出发时像打了鸡血，豪情爆表，可中途遭遇暴风雪，一个个悲壮遇难。

　　估计攀珠峰的人，出发时就没打算回头，只是想好好玩玩；去的人估计大都是手头有两个钱的发烧友。人活着吃饱了就会找乐子，温饱思淫欲。地产大亨王石，有钱有名之后，一把年纪算是老夫聊发少年狂吧，也带着一袋钱去登珠峰，成功返回后又将结发的一同老去的黄脸妻开了，竟像少男一样含情脉脉移情到于王氏而言简直是未成年的名伶身上。尽管满脸没一块平整的皮肉，估计用熨斗也难以熨平那一脸的皱褶，但王氏硬是玩起了人老心不老的游戏，这大约是他自觉唯有这样才好玩吧。自己觉得有趣，没碍着别人的话，怎么过都是个人自己的事，谁也用不着咸吃萝卜淡操心管人家的闲事。

　　何谓有趣？各人的看法不一。对阿基米德而言，证明几何题可能是最有趣的事。据说当古罗马军队入侵叙拉古时，阿基米德正蹲在地上画图，士兵要杀他时，他老人家竟严厉地叫士兵站开别弄坏他的图，罗马士兵愤怒地将他杀了。这应该是比较高雅的情趣吧，画图证明题目是这么有趣好玩，谁还记得生死呢？这与明知会死仍往珠峰上爬的勇士有异曲同工之趣。阿Q临死前觉得画押的圆画得不够圆，异常沮丧之际却被砍头了，可谓含恨九泉吧。阿Q其实也在寻趣，只不过他寻找的不够高大上而已。

　　普通人也会自觉不自觉要过得有趣。拓业去相亲的时候，叔叔伯伯三姑六婆作陪，几辆车沿着山路向蒙山进发，大伙被山里的白云野花吸引住了，竟忘记女方家也是七姑八舅满屋子人在等着察看这小伙子。车开得越来越缓慢，大伙都在猎取车外景物时，突然发现山上有一树树金灿灿的怒放的金银花，地上一片片红得鼓胀的野草莓，车里有爷们惊呼一声，车队都停下了，一个个走兔般跳跃在山间，乐滋滋摘金银花、采草莓，谁也不记得此行有更重要的任务是相亲。日过正午，采摘尽兴后大伙才上车陪拓业去相亲，拓业也不催，也许是相对于暂未生发感情的对象而言，他觉得山中拈花采果更有趣吧。

　　人一旦活明白了，发现生活如果是无趣的，无论多尊贵，都不能让人心久驻。为生活所迫的陶渊明，蜻蜓点水似的做了八十一天的官，今天看来彭泽令也还是个不小的官，相当于今天的一个县委书记。县委书记值多少钱俺不知道，但史上有"三年清知府十万雪花银"之说。如果陶同志随俗一点坚持坚持，也许后半生的生计是不成问题的。可是他算活明白了，人不能为吃饭而活着，于是他卷了铺盖走人。一介书生，他种田肯定是败笔，"草盛豆苗稀"就是印证。可是归田以后的快活，有自由的生活所获得的尊严与惬意，使得陶渊明同学忘情地喊出了"此中有真意，欲辨已忘言"。如果说陶同学是嫌官太小又要仰人鼻息，干脆懒得为五斗米折腰，弃官归隐过自己的日子去的话，古罗马的提比略他可是位有九五之尊的皇帝。在位二十三年，提比略最终厌弃了宫廷明争暗斗的生活，将一生富贵荣华都弃置脚下，遁迹深山洞穴过起他的野人生活来了。提比略丢弃至高无上的皇位到底出于何种原因，后人也不得而知，但至少可以窥测他觉得皇位是无趣的，不好玩就不玩了。

　　为了追寻有趣的生活，有人可以放弃安逸的生活甚至生死不顾而到雪域绝顶去送死；有人可以置江山社稷荣华富贵如敝屣，甘愿隐居山洞过着随心所欲的生活。随意春芳飘落孤云独去闲，倦怠王孙自可留在清幽山中，只为有趣。一箪食一壶浆，处于穷巷之中不改其乐。人到中年了，虽不说万事休，也总该对生活有一半清醒，用不着总是仰头望明月般仰息他人，忙于在这样的圈子那样的人脉中钻来钻去。如果自己不行，就是认识玉帝哥哥都没用，人以群分，动物都是大的跟大的玩，我们的社会从来就没走出丛林，你不是那个阶层的，就算你钻进他们的圈子，也只是一个听故事的人，你天天去给比你高的人点赞，他连正眼都不瞧你，你混迹其中哪有趣味可言？

　　人生有趣才好玩，和有趣的人在一起才好玩，做有趣的事才好玩。否则，不如乘桴浮于海，自找乐子去。

做精了就是学问

　　曾忙里偷闲，到教研员张老师的博客里去溜达了片刻，看到他首页写的"做精了就是学问"的话，深有同感。

　　几年前，一个暑假坐火车去深圳流浪，想找一份比自己当时干的工作钱多点的活，好让家里老人、孩子生活过得别太委屈。同座是位漂亮姑娘，她是从北京到深圳去看男友的，一路聊着，知道她在一家外企的人力资源部工作。我问她："现在学什么专业就业容易些？"姑娘沉思片刻回答我："其实学什么专业都行，关键是学得精。""国培"（国家骨干教师培训）期间，遇到一位也是在中学做教师的同乡，他年龄不算太大，名气不算太小，已是在全国各地讲学作报告的特级教师，虽不能与钱梦龙、于漪这些老特级比，但也是"成精"了的名师，他告诉我一节课下来出场费至少二千元。

　　我们常说老师生活在底层，最苦最累钱最少，而且古有"家有五斗粮，不做孩子王"之说，今有"头世做多了恶，今世来教学"之侃，确实道出自古以来一般教师的清贫与辛酸。可看这些已成正果的老师，他们哪个不是过得扬眉吐气，名利双收，深受社会的尊敬？他们哪个又不是从曾经的平凡中来的？他们有今天的风光，都得益于把事情做精了，把书教精了。如果我们每个人能像名家那样持之以恒地发展自己，提升自己的素质，我们还会为工作、金钱、名利烦恼吗？问题恐怕出在我们自己身上，不广种哪有薄收？投入不够哪有丰硕成果？普天下的环境都如此，我们个人哪有能力改变这个大环境？如果我们把整天自怨自艾的时间都用来发展自己，壮大自己，把自己培养成货真价实的名师，在教学上有建树，你还需要为钱操心为钱伤感吗？魏书生曾经是那么平凡，李镇西曾经也是那么平凡，但他们硬是靠自己的努力，把自己打造成全国名师！经过多年的不懈追求，他们已经从普通老师涅槃后成了凤凰，全国各地不惜重金延聘，以请到他们上示范课、作报告为荣。正像曾经给我们省骨干教师上课的那位特级教师说的，"一节课从来没低过2000元人民币！"老师做到这种境界，确实不需要再为名利苦恼而岌岌以求了，别人都会找上门请你赚钱。

　　而今老师虽清贫，但毕竟不是生活在最底层，与其整天喋喋不休，唉声叹气，做怨妇状，不如把自己做的这点平凡的工作做好，我们每个人都应记住这句不太有名却是真理的话，"做精了就是学问"，我补充一下，"做精了就会成功！"

人性，流露于细节

　　人性，无论你隐藏得多深，总有一个不经意的细节会暴露你的本性。

　　那年，一个秋天微凉的时节，利兄到浔城来看望一个他渴慕很久的女生，那时他已借着家里的力量离开了小学教师的岗位，在县城党报做着记者。女孩大学刚毕业，正处在对文学发烧的年龄，对记者有一种神秘的向往，自然说话投机。加之利兄是有备而来，他早知女孩的秀外慧中，一直暗慕不已。每到周末，利兄就找出出差顺便的借口来看望女孩，在女孩的住地附近订间酒店住着。女孩上班，利兄就给女孩把饭菜烧好，把女孩的被子洗晒好。女孩回老家也会去看看利兄，他们本来是同乡。情真意切，你来我往，不久就好似谈起了恋爱。

　　人生若只如初见该多好，可生活是条河，一段缓流一段波。那时利兄虽然有个做官的哥哥，但官不大，大家经济还是捉襟见肘。利兄请女孩吃饭，一直紧巴惯了的大男孩估计有记账的习惯，他把三元钱的豆腐五元钱的西红柿炒蛋都写在本子上，偏偏又将本子不小心落在女孩的房间，女孩好奇，打开本子看看，发现竟是男孩请她吃饭的账本，顿觉男孩过于计较，过于在乎钱财。女孩正是芙蓉出水的浪漫年龄，处在不太食人间烟火的生命季节，是不能忍受这种有板有眼做账过日子的经济男的行为的。女孩很任性，她觉得人生得有趣才有味，婚姻是一辈子的事，决不能苟且，于是果断地终止了这段露水恋爱。

　　利兄以为女孩是嫌他在县城工作，搬出他的做官的兄长做救兵，他的兄长信誓旦旦对女孩说："不出十年我就会到你所在的城市来做官的，你只要加盟我家，你先回县城工作，公检法工商税务由你挑选。"女孩当时上班的环境很不好，辛苦不说，收入特别低，她是万分希望改变自己的处境的。可是，满脑子做着文学梦的人，都是远离凡尘的，她极不屑于用自己的终身幸福来换取物质上的苟安，同时她也畏惧，既然你那么有能量扶自己，就一定有能量消灭自己。女孩拒绝了这宗别人都很是羡慕的交易。

　　利兄一个一米八的男人，竟伤心得哭了，这就是所谓的失恋吧，他始终不知道女孩为何不肯与他结为秦晋之好。女孩认为人品、性格、习惯都会在人的不经意中暴露出来，吃顿饭都记账的人，会把钱当作神崇拜，最终会倒在钱上。利兄对女孩说："你是我遇见的最好的女孩，你的美丽、善良、才气都是一般人难以企及的。因为认识了你，今生我不会再对别的女孩像对你那样一往情深。在我的生命里，我会把你当作我的最亲的妹妹，虽然我会结婚，但永远不会忘记你。"利兄的这番表白在我们兄弟们喝酒的时候也说起过，可见当时他对女孩的真心。

　　后来利兄随着哥哥的官场得意而仙飞，两个口袋都装满金子后，利兄飞不动了，据说还是因为太计较金钱，不断的刮起，最后他把自己玩进了大牢。女孩一直过得很平静，我有点佩服女孩当年的果敢和眼力。

　　狗的嗅觉特灵敏，接触了女人后我突然有个坏坏的奇想，狗可能是女人变的，因为女人在情感领域的敏感总是超常。我的一个青梅竹马的好哥们女孩，也是个很聪慧的女子（也许物以类聚吧，我认识的女生全是特别聪明秀丽的那种），她在事业上打拼终于可以安稳吃饭了，也是一个偶然的机会她认识了一个诗人，女孩算是大龄青年了，遇到天上掉下个宝哥哥，一见如故了，还差点掉进乱草丛生的情网。诗人不时表达对我那闺蜜的爱意和专注，大有能为女孩出生入死的意味，女孩也动了初心。一日诗人告诉女孩，他已经有家，但是他只对女孩动过从未有过的心。诗人比女孩大不少，女孩早已估计到这个结局。但是诗人并不满足仅作一个谈诗论画饮茶的朋友，时常会挑逗女孩的情弦，就在女孩快要产生共鸣之际，一天喝茶时，诗人的手机短信响声不断，女孩看到诗人顿时三魂失落七魄飘走的情状，就问他是不是家人催促。诗人还算厚道，如实告知。女孩赶紧主动起身离开茶座，并知趣地离开了这个诗人朋友。

　　女孩一直把我当成兄长，因心无杂念，我也一直像呵护妹妹一样呵护她，我的妻子也把她当成小妹，他们是好朋友，所以我们多年的交往很轻松很亲密。我问女孩当初是不是有和诗人走一起的想法，女孩说：谁能拒绝一个才情横溢又对自己痴情执着的人呢？但我又怎么能卷入一个是非的境地，与一个不敢担当只想偷腥的人厮混呢？我问女孩为何有这种判断，她将与诗人一起喝茶聊天时诗人魂不守舍的情形说了。她说，爱情也是要勇气的，陷入情感纠葛中如果男的不果敢，你还和他黏糊，受伤的是女人。

　　这让我想起了梅孟之爱，梅兰芳在追慕孟小冬的时候也是尽显温情。可是梅当时除了正房还有偏房福芝芳。福芝芳是只凶悍的母老虎，她与梅兰芳生了一堆儿女，母以子为贵的福氏怎能忍受得了声名远播貌若神仙妃子的孟小冬入门？一旦娶进来了，有了名分，梅兰芳哪还会和她这早已成了腌菜婆的人夜夜做着配种的游戏？于是凶悍的福芝芳经常以杀死未成年的儿女为要挟，迫使梅远离孟。梅本来就是一个倒在福芝芳胯下的缺钙男，他哪敢在风暴里果敢爱孟小冬？同居四年都没给小冬一个名分，刚强的小冬还算醒悟早，果敢离开了伪男梅氏的怀抱。梅的人性就在流露在他不给孟小冬的名分上，跟这样的男人过，是孟小冬自取其辱，离开才是明智之举。

　　我曾听一个叫南松的女人说过：人生本来很简单，生命就是一场旅行，生命里遇到的每个人，都是一起旅行的同伴，每个旅伴最终都会在他自己的站点下车，因此，不必在某人某事上特别留恋，命里注定八角米，走尽天下不满升。不是你的想着争着，只是折磨了自己，又何必劳神费力掺和到一地鸡毛的破事中还令自己失魂丧魄呢？

　　这或许就是通常所说的随缘？

别忘记了缩手

太阳还没起床，我已跳上了开往单位方向的公交。衰老得没有一丝生气的破车，一路趔趄晃荡，在平坦的公路上还会时不时突然一个抽筋，一个打顿。两位司乘人员，也早已被摇得同车一起老去，他们沧桑疲乏的脸，蜡黄中打着时间的皱痕，看着他俩，你仿佛是进了历史博物馆。还未开工，我也被颠得神经短路。

清早天就热得人闭气，下车直奔进讲堂，从七点半一口气讲到十点，讲得人要抽风。下课铃声一响，赶紧拖着一副空空的形囊，捂着饿得贴到背上的肚皮向超市奔。看见货架上的食物，不论精细，赶紧往篮子里捡，所到之处，货架顿时减肥，大有蝗虫来袭之势。左手臂挎着包，右手提着一大篮食物，付完账正欲离开时，包包向手腕处滑下。刚想将包向手臂高处推，却突然发现手腕处一摊血。哇，我怎么好好的出那么多血呢？惊骇之际，仔细一瞧，原来是包包的提手下滑时正好压着了趴在我手上猛吸血的蚊子。估计蚊子吃得太饱了飞不动，所以惨遭飞来横祸，命丧包包提手之下。这就是贪的下场。

看着被提手带子压得粉身碎骨的蚊尸，和那一大摊的血迹，突然觉得这蚊子该死，谁叫他那么贪呢？如果他不死撑，兴许包滑落之际，他完全可以飞走。曾读刘基先生的《郁离子》，就对文中那种叫蝜蝂的小动物对物的执着行为很不解。蝜蝂行于路上，凡遇见物，都会捡到背上背着，直到被物压倒不得动弹。有人看它奄奄一息，帮它将背上的东西拿下。可是蝜蝂爬起来在路上继续捡遇到的物体，最终被物压死。

有个寓言，说老鼠掉到米缸里，异常高兴，终于可以饱餐一顿了。可是饱餐之后，看到米缸里还有吃不完的米，老鼠产生了干脆在此长住的想法，可以餐餐无饥饿之忧，等吃完这些米再出去也不迟。米吃完了，桶壁也高了，老鼠再也跳不出来了，最终死于米桶主人之手。

鸟为食亡，可以理解。毕竟小动物们没有什么智慧，对自己的生死没有能力把握。但自诩为万物之灵的人类，如果也为财死，就实在有点让人匪夷所思。

《红楼梦》第二回中说贾雨村一日饭后闲步，走到竹林深处，偶见一"门巷倾颓，墙垣剥落"的庙宇，门楣上写着"智通寺"，门旁有一副旧对联"身后有余忘缩手，眼前无路想回头"。这副对联是不是对刚中举的贾雨村一个警醒？可惜，贾雨村没有醒悟，最后"因嫌纱帽小，致使锁枷扛"。

据说所有的贪官，在接受审判时都会痛哭流泪，很想回头，可惜眼前已经无路。当初明明已经有余，他们谁也不肯缩手。搜刮一大堆金银财宝，还没来得及享用，就东窗事发，全部被收缴。曾看过一个报道，药监局某高官，平日总是"艰苦朴素得很"，家里"穷得"连热水器都装不起，洗澡都要到公家开会的地方蹭个热水澡。他用着最落后的手机，带着块极破的手表，穿着旧的中山装，完全不像一个部级领导。可落马后，从他家里搜出的高级手表都有几十块，高档手机一百多部。原来他装穷，就是让越来越多的人给他进贡。一个部级干部，即使非分之财一分不取，就是吃着那每月的高工资，把肚皮撑破也吃不完。偏偏身后有余忘缩手，一朝进入牢笼，连那份可观的高薪也没了。回想在位时公款吃喝玩乐满世界飞，每到一处都是前呼后拥，多么威风，多么尊贵！而今成了阶下囚，人皆得以隶使之，没了尊严，没了自由，才突然发现自己傻得像蝤蛑，要是有重新再来的机会，一定会将双手缩进口袋里。

如果重新开始，人会比蝤蛑高明很多么？有个处级干部，她在例行检查时被确诊得了乳腺癌。突如其来的噩耗，惊得她不知所措。她逢人就说："只要身体健康，我什么职务都可以不要。"做手术后，病情暂时得到控制，她又开始上蹿下跳找关系希望再升，而且和她的对手展开了肉搏斗的竞争，病也忘记了，每天想的就是争斗与升迁，心情亦随着得失而忽悲忽喜。一年后她癌病复发到了晚期，躺在病床上苦苦煎熬着，数着窗外一片片凋零的黄叶。好了伤疤忘了痛，或许是很多人的共性吧。所以，不少人临着进棺材了，还未真心忏悔。

当然，也有不少明白事理的人。子支与子伯，有人要将天下禅让给他们，一旦做了帝，天下一切属于他。可是他们两个都不接受做帝，一个说自己身体不好要治病，没时间管理天下；一个说自己有许多有兴趣的事要做，没时间没兴趣管理天下。面对大名利，都能这么洒脱，真可谓是看清了世界的人。庄子那么贫困，一生为填饱肚子奔波，困窘时得向河间侯借粟，楚王派使者往见，愿以楚国境内累矣，可庄子对使者说，他就做那拖着尾巴在泥里钻来钻去的乌龟，而不愿做死而留骨被供于宗庙的神龟。想明白了的人，都知道生命中什么是最可贵的。

不止庄生是明白人，也有在位者很明白。宰相公仪休，喜爱吃鱼，有人投其所好给他送鱼，但他一概拒绝。有人问他为什么，他说："正因为我喜爱吃鱼，所以我才不接受送的鱼。接受别人送的鱼，就会被免职，就不能自己买鱼吃了；不接受别人送的鱼，就不会被免职，就能长期自己买鱼吃。"面对诱惑，记得将双手插在口袋缩着，反而能换来自己的长久的幸福。

浮士德说："就算要出卖灵魂，也要找个付得起代价的人。"贪吃的蚊子因饱食一顿人血，撑得不能起飞而送命。生活中诱惑总是很多，聪明的人，如果时时记得有余立即缩手，就不会有眼前无路想回头的悔恨。世上大凡能称得上文物的价值连城之宝，有几件是物主的后代拥有？君不见人们瞻仰的所有的大宅门，握着钥匙的人都不是房子主人的后代。既如此，缩着手做人，向前有坦途，回头有岸靠，不也是人生的一种极致？

无论何时，别忘了缩手！

给自己留条路

夏夜一场微雨，竟也将久积的烈日淫威扫得一干二净，彻夜天街凉如水，夜阑静处万籁起。想想白天还是那么闷热，几滴细雨一片墨云，就将强大无比的日光也消融了，突感柔弱的力量！

记得小时候读寓言故事，大意是陷于困境的老鼠得到了大象的救济，老鼠感激万分说："他日定当回报！"大象不屑一顾，心想这么小的老鼠，它拿什么来报我这庞然大物？一天大象被猎人的陷阱套住，那些绳索将大象捆在坑中，使得大象动弹不得。就在大象极其绝望的时刻，正在找食物的老鼠看见了，它赶紧滚下坑，用它锋利的牙齿咬断绳索，救了大象一命。

像大象一样总以为自己是强者，对弱者不屑一顾的人很多。鼻孔朝天，眼睛向上的人，遍地都是。老板见到他的上级点头哈腰，可是一旦面对下级，却威风凛凛，视下属仿如草芥一般，此种人，亦遍布神州。很多处于有利地位，握有一方大权的人，他总认为老鼠能救大象是编给孩子们看的笑话，其实最后压倒骆驼的据说就是一根稻草。当然，大象比自以为是的人还好点，毕竟他救过老鼠。

王熙凤在大观园里，可谓是炙手可热的人物，恐怕连王夫人对自己的这个亲侄女儿也有三分忌讳。王熙凤依仗贾母的信任，手握重权，掌管着贾府的经济命脉，可谓在贾府是呼风唤雨撒豆成兵的人物，她对下人从来是凤眼圆瞪，没有好脸色的。可是，刘姥姥那么一个乡村老妪，因着会说笑话，会拿自己开涮，常逗得贾母和贵小姐们开怀大笑，她每进大观园化缘，都会给这座孤寂的城堡带来一阵粗犷的笑声，让园子里的压抑的灵魂得以短时的赎救，她自己也得以大包小包驮回家。刘姥姥这么一个卑微的乡下小人物，颐指气使的实权派少奶奶王熙凤对她还是相当的客气的。虽然不排除王熙凤窥察到贾母喜欢刘姥姥的逗乐，她就为取悦贾母而善待刘姥姥的成分，更多的还是王熙凤发现刘姥姥对自己毫无威胁，而且她随便将牙缝里塞的肉渣剔点给这个穷苦的乡下人，也够她感恩戴德一气，更何况这老婆子确实是大观园的开心果呢。王熙凤不仅时不时叫平儿给刘姥姥一些碎银和旧衣裳，王熙凤母女的旧衣也是高级得会让穷人们的眼睛都亮瞎的那种；而且王熙凤还请刘姥姥给她的无比金贵的女儿取名。古人取名可不是小事，一般孩子生下三天后，由家中长辈或者孩子父亲或宗族长老来取，而且这个名是给尊长叫的。古代礼仪规定，一般人是不可以对别人直呼其名的。如果直呼其名，将被看成对事主的极为不尊，亦显出呼喊者的无知无礼。王熙凤让刘姥姥帮自己的女儿取名，足见她对刘姥姥的尊重。

在王熙凤得势的时候，刘姥姥与她的关系，恐怕也是老鼠与大象的关系。可是正是对小人物有稍微的善待，在贾府遭难王熙凤一命呜呼之际，她的唯一的宝贝女儿差点遭人暗算时，是刘姥姥救了巧姐一命，不仅如此，还为巧姐找了个好人家，让巧姐继续可以过她的贵族小姐的生活。落难的凤凰不如鸡，巧姐差点变成被拔毛的鸡时，因王熙凤积的小德而荫庇了后代。

一个偶然的机缘我被朋友拉去参加聚餐，在酒桌上认识一房产商，酒过三巡，该富商以自己的人生经历为典范来感慨世情。他说："做人呀，不管你多高的位置，不管你多富有，千万不要对不如你的人小瞧。我刚开发某小区那个楼盘时，给我们公司做饭的是个五十多岁的乡下女人，过年发奖金时我给每个员工发两千，那时浔城一般单位员工的工资是五六百元，我开始也想这个烧饭的临时工就不发了。一想到乡下人也蛮可怜的，加上我的生意也做得好，不在乎那一两千元钱。于是，我就叫财务给烧饭的阿姨也发两千，一视同仁。拿到这两千元大红包，烧饭女工对我千恩万谢。过年时，烧饭的女工叫我去见她的一个在广东任要职的亲戚，我参加那边的工程竞标中标，一单生意就足足赚了两千多万。开始我哪知道一个烧饭的乡下人有这么硬的关系？我本来也没想给她发奖金的，可是突然动了怜悯心，我获得的比我投入的不知多几多倍。"故事讲得满桌肃然起敬，我本来是跟朋友去蹭饭吃的，我一个小人物当时谁也不在乎我，当老板的故事讲完后，整个饭桌上的高高低低的人都顿时平等了，竟也有人端着酒杯向我敬酒。女工给老板上了一课，老板给我们上了一课。

蜀国大将张飞，可谓是义肝侠胆之人，他对蜀国可谓劳苦功高。但是，当他的结拜兄弟关羽被杀后，张飞一心想报仇，脾气变得更加暴躁，凡是不能按他要求行事的士卒，轻则杖打，重则杀头。对下属的刻薄寡恩，在忍无可忍的情况下，两名无名小卒终因担心自己的性命不保，趁张飞醉酒潜入帐中将其首级割下。一代英雄豪杰不是战死疆场，而是死在手下小兵的刀下，不也冤哉？

孟子曾说过："君王视民如手足，民视君王如心腹；君王视民如草芥，民视君王如仇寇。"人心换人心，八两换半斤。俗话说："人敬我一尺，我敬人一丈。"反之亦然。一个人侥幸得势，如果总把自己的位子看得高高在上，对待下属像是借了他的米还了他的糠的态度，好像员工的每个辛苦血汗钱都是他恩赐的一般，恐怕也是在给自己挖坑。

就算你高贵，低下你的头善待弱者，结中等缘，亦可享下等福。最柔软的水，亦是最强大的。弱者亦如此。善待弱者，就是给自己脚下留一条活路，几多人意识到了呢？

嫁人当嫁杜月笙

七夕节，到处在喧嚣着爱情的话题，就像猫儿发情叫春一般。据说周楠是情歌大王，他到艺术中心开演唱会，"醉了一生的爱"，自然以唱情歌为专场，是呼应七夕情人节的主题。

歌喉很甜，歌声很迷醉，只是通晚唱的歌曲太多苏俄的爱情歌曲。苏俄长期政治高压，他们所宣扬的爱情有多少会是真诚的？高压下人会说谎，爱情也会演戏，我以为。所以，最后的几首苏俄歌曲我没听，提前撤离。

今夜不谈爱情，似乎有点对不住"金风玉露一相逢"的牛郎织女。爱情是什么呢？或者说，什么样的人最有爱情？一日网聊，有个文青对我说："要是能回到宋朝见到苏公，当他的小妾都是一种幸福。"无独有偶，据说女作家方方也一厢情愿地说，嫁人就要嫁苏轼之类的话。听了女网友的话，我笑着告诉她，如果你要是嫁给苏公做妾，恐怕你就会肠子都悔青了。她不解。苏轼时代或者说古代，有点出息的男人哪个不是妻妾成群？又有几个男人把小妾当回事的？不然怎么有"女人如衣裳"之说？在大学士苏轼眼里，女人也不过是一件贱物而已。

你要是读了他的悼亡妻的"十年生死两茫茫"词句就断定他会珍惜每个跟随他的女人，阿姐你就太幼稚了。古代官人都比较乱，家里的婢女既是他的仆人，又是他的性奴，苏轼也没超越这个习俗。有个叫春娘的婢女，怀有苏轼的骨肉。苏轼贬谪黄州时，蒋运使来为他饯行，东坡命春娘劝酒，席间蒋氏问春娘是否遣散。东坡说让她回娘家去。古时妇女被遣回娘家，哪有活路？蒋氏垂涎春娘美色，说用他的白马换春娘，东坡正苦于贬官路上长途跋涉艰辛，赶紧同意这笔买卖。达成交易的两个男人，各有心得，诗为心迹。当时蒋氏吟诗曰："不惜霜毛雨雪蹄，等闲分付赎娥眉，虽无金勒嘶明月，却有佳人捧玉卮。"东坡也赋诗一首："春娘此去太匆匆，不敢啼叹懊恨中。只为山行多险阻，故将红粉换追风。"可怜的春娘腆着大肚子上前说："妾闻景公轩厩吏，而晏子谏之夫子厩焚而不问马，皆贵人贱畜也。学士以人换马则贵畜贱人矣！"并口占一绝辞谢，说："为人莫作妇人身，百般苦乐由他人。今时始知人贱畜，此生苟活怨谁嗔。"见苏轼并无悔意，春娘下台阶一头撞槐树而死。

苏轼对自己的骨肉都可以不顾不管，他再多情，除了一个朝云，他还对哪个小妾有过真情？他只不过把他满房的婢女当作性奴和家奴而已。春娘的下场，就足以惊醒做着给东坡做妾也幸福美梦的痴女们。不把女人当人也不是苏东坡开的先例，他也是遵循当时普遍的习俗而已。就是一个堂堂的大学问家；他对女人的态度也不会超越世俗男人的做法，这种男人其实没啥奇特。既做妾的话，又为何要嫁给东坡呢？！

某著名京剧大师，表演艺术确实了得。如果因爱才而爱他的人，那就有苦头吃。他的搭档孟女郎当时是大红大紫的大牌明星吧，可是也是错把才艺当德行，不惜甘做此大师的情人，四年多相伴连小妾的名分都没捞到，只不过做了几年该大师的性伙伴而已。误了青春和事业不说，关键是废了一生的幸福。以致四年之后，被大师玩腻了，闹分手时，为了四万元生活费，竟打起了官司。孟明星肺都气炸了，以致发狠说："要嫁人的话，一定要找个比你强的。"战火纷飞，某大师再也不问一声前人是否安全，竟终生不提起。要是孟姑娘不把戏当生活，清醒点找个爱她的大学生嫁了，做正房大奶奶，也许一生命运不会那么凄苦。长期演旦角的大师，他已经没有了男人气概了，他只有玩心，哪有责任心？好在孟姑娘觉悟早，如果一直跟着，四九后大师为了自己的政治前途也会在二女中选其一，明眼人都能猜到被抛弃的必是无子嗣的孟姑娘。那下场就更悲凉，四九后各种批斗会还会少孟姑娘？恐怕脖子上还要挂只破鞋，忍受多种凌辱。

杜月笙，教科书上一直说他是上海滩上的大流氓。后来读书发现这个大流氓还真是个爷们。日本入侵他积极募捐救国，他一直喜欢孟姑娘，以他当时的实力完全可以把孟姑娘抢过来就是。可是当他知道孟姑娘对搭档大师钟情时，他毅然退出来，主动为他们牵线搭桥，提供种种方便成全他们的结合。当孟姑娘受尽羞辱孑然一身，贫病交加之际，家祸国难一起袭击这个弱女子时，老杜避难香港还念念不忘孟姑娘，派人来北平寻找。当孟姑娘愿意委身于他时，老杜这个主流认为的大流氓却不顾家人异议，说一不二把孟姑娘正式娶进门，给她名分，还要儿女叫孟姑娘为妈妈。对一个弱女人来讲，嫁给苏轼，他穷急会把你拿去换马或者换粮；京剧大师会和现代无情汉一样玩完就躲起来不见你，不管你生死。唯有选一个杜月笙样的有情有义的所谓"流氓"，还能够得到真爱情真呵护。

有才的人不一定可爱，爱情也不是一个人能生发的。有人说爱情的归宿是婚姻，更多的人说爱情死在婚姻里，婚姻是爱情的坟墓。谈情说爱，不能太看重物质层面的东西，有饭吃有房住时，发现生活在一起的两个人，最重要的是说得来，有话说，在一起彼此觉得有趣，彼此能够懂对方。如能达到这样的境界，就毫不犹豫牵手结婚吧。

韩国一部电影，名字全忘了。说的是一对老夫妻，相守五十多年，可是他们一直相亲相爱生活在乡间，生活很单调很简单，每晚睡觉前老头儿会给老婆儿讲故事。清晨老头儿出门干活，老婆儿会送老头儿走一段路，一路叮咛，依依不舍，就像初婚一般。据说是部纪录片，按理不会掺太多的水。这影片之所以震撼人心，是男女主人公始终对彼此的坚持和依恋。终生相依的爱情，真是不简单，关键是还要精神尺度相近。

在中国，太多的计算，婚姻也不例外。纯洁如水的爱情不知是否有，但现实大格局如此，女人要嫁人就嫁个杜月笙这样的有良知重情义的好了。如果你的婚姻也以才取人，弄不好满盘皆输。

人，就是一颗石子

海浪，高一阵低一阵，不停地冲刷着岸边的石子，远古的风也一直这样肆虐着。千万年前，也许你也是棱角分明的。只是在日复一日的死磕中，你慢慢被磨得一身光滑，于是，你圆滚滚的身躯，就成了海边的一道风景：没有鹅卵石的海岸，哪有海的气息？

骄阳似火的七月，从江南来到大连。甫下火车就直奔海岛，听黑团导游介绍，那个打着皱褶的山坡，叫黄龙壁，如果你一眼能看出有九条龙，说明你有天子命。我和阿邦在那浅水湾中嬉戏，不少游人努力寻找大自然幻化出来的龙，企图一朝也成为皇帝，至少也做做皇帝梦吧。在国人的意识里，能够奴役他人，就是成功的标志。海浪天风，从来就没能冲淡几千年来的皇权意识。有人在高呼：三条，四条，那里还有一条。似乎神龙真是呼之欲出。雄雌老幼的那份狂热劲头，好像在这潜水湾的矮壁上，真能寻得权力，能黄袍加身。不奇怪陷入其境的零智商之举，只是在中国权力这东西太厉害。我对什么龙壁没兴趣，所有的权力如果都是用来奴役他人的，好比皇权，也是下作得臭气熏熏，对恶臭本人天生厌恶。

于是，我们一起寻找脚下的美石子。无数的卵石静静的任由海水冲刷，游人践踏。他们就那么隐忍和逆来顺受，仿如皇城根下曾经的顺民。我抚摸着一颗颗圆滚滚的石头，突然有一颗，粗糙中带着粒粒黄泥，也许他是从黄土高原来的。他就那么一动不动地注视着我，我不忍心一个雄性的生命就这么被人践踏。弯腰拾起他，拳头大的石头，越看越像一个生命，估计他是无才补天的宝玉，就被丢在青埂峰下。我把他放在海水中洗尽，连着未干的海水一起放进背包，带着他回宾馆，然后又背着他乘火车到北京，再改车浩浩荡荡下江南。回到家将他安放在书桌上，夜夜陪着我度过一个个码字的时光。码累了，我从案桌抬起头时，看到他静静地盯着我，我就摸摸他，也许长期生活在北方的海里，到江南会有很多的不适吧？离开了族群，没有了被践踏的遭际，但是他失去了享受天伦之乐的机缘，"人人尽说江南好"，可你却只能在江南老。我没种花草，你纵是补天不成的宝玉，也无法给你一株陪伴的绛珠草，但是我就这么将你带到了遥远的江南，今生你不能再回北方的海。是不是我也行使了皇权的专制？

　　冬日的太阳难得露脸，阴郁的风夹着寒苦的雨狂扫几周后，终于从石缝里冒出一丝日光，看着光明的样子，阿山想起有要事需得跟一权要沟通，就乘了公交摇晃了一个多钟，赶到了一个很森严的地方。经过繁杂的入门手续后，终得往目的地。眼力欠犀利的阿山仔细搜索权要的办公室，突然一个并不光洁的女人，冒出来盘问："你干什么？"阿山很淡定的回答："要找某权要。"女人继续盘问："你预约了没有？"阿山不会撒谎，如实告知没预约。女人就说："你在这里等着。"阿山以为女人会帮他去沟通约见，哪知女人一心与人打闹聊着，好像阿山是空气一般。阿山等呀等呀，半个钟过去了，终于发话问能否通报一下。于是女人叫阿山自己去敲权要的门。阿山见到权要时，按最地道的礼仪介绍了自己，然后向权要说明来意，尽量把话说得简洁。话说完了，权要微微抬起刮得厚厚仿瓷的脸，用喝了鲜血般的通红通红的嘴说："我没听明白你的话，你去找某某领导吧。然后权要嘀咕一声：办公室怎么搞的，把什么人都放进来了！"

　　阿山是靠口才吃饭的人，表达是没问题的。权要竟听不懂他的话，也许该权要压根没听他说什么，也许权要是真听不懂，据说不少权要一般听不懂人话。一事未办成的阿山，只好怏怏退出。阳光没了，只有一天的黑云。阿山沿着西风猎猎的荒道，茫无目的地走着。有事，没有诉求的渠道。踩着落叶的荒芜小径，空蒙蒙的瞎逛。路过一个水沟，看到一颗白中带黄的卵石，躺在干涸的沟里，那么无助，那么落寞。阿山不忍它那么孤零零的样子，把它从水沟捡起，掏出一方雪白的纸巾，把它包裹着，放进手提包，带回了办公室，又在案桌上给它安了一个家。

　　玉也是一块石头，权要也是一个人。也许二十年前你也就是生活在草丛里的一颗不显眼的石子，是某个人顺手将你捡来放在神坛上，从此你就尊贵了。换了个外包装，换了个环境，你就突然成了一个土皇帝罢了。我的石头，也许有一天我会迁移，在搬不动的时候，我会将它也遗弃，那时，它又会成了野外一颗无名小石子。李夫人当年很得汉武帝的宠幸，儿子自是掌上明珠。可是那么尊贵的命运，也会因为武帝的遗弃而下场可悲。命运这东西很奇怪，前些年常听同事吹牛时说起他的学生，因为皮囊外相不错，被一达官千金看中，这农家走出来的小公狗顷刻间做了驸马爷，~于是跟着泰山风光无限，不多久就一路提拔，年纪轻轻就是厅官了。同事每说到此，脸上红光可鉴，真心叫作自豪。世事如棋，仕途的小船说翻就翻了。一年前，媒体铺天盖地报道该如意男的泰山的罪状，泰山垮驸马蹦，真可谓眼见他做高官，眼见他威风凛，眼见他下台了。那粒平凡的小石子，因为一个女人把他捏入怀里，石子就被刻成神像，到处享受人间祭拜；又因为雕刻师的原因，石子又被打回原形。

曾住在大院里，新老换届时，一个曾经见面就笑眯眯的女人莫名其妙地被上级男领导相中而做了一把手，她的颜值比学问高很多。做一把手之前，她也显得谦恭，不谦恭也不行，这是科研单位，随便哪个小卒子至少也是个不错的大学毕业的，而她仅初中毕业，识字而已，所以无论老少，都看在她谦恭灿烂的笑容份上尽力帮助她，与她做朋友。可是刚上任，她脸上的笑容就没有了，一脸严肃的不说，曾经帮她的老同事老朋友她连正眼都不瞧。她的丈夫一个普通老师，也俨然成了该机关大院的二把手了，对院子里的员工、家属整天指指点点。很多事说也奇怪，尽管她只是一个初中毕业生，尽管她不懂业务，但是只要有权力支撑，那些科班毕业的人没哪个不听她的，中国人人都能做官，因做官没技术含量，但是折腾技术活就不一样。不多久，许许多多牛高马大的男人，也一天到晚敬畏在她的权力下，她的儿子突发疾病住院，许多员工争先恐后到医院守夜，端屎端尿，那份孝心比对爹还亲。被她钦点到医院的心里乐慌了，那是意味着提拔，事实那些端屎尿的人都得到提拔。而没去成的，心里异常失落。

后来女人因为做了一栋豆腐渣宿舍，虽没被追责，但是没再提升，被调离一把手的位置。曾经帮她儿端屎尿的人开始骂她，甚至落井下石，也许是想起自己所付出的不只是劳力、金钱更是高贵的人格，换来的太微薄吧。再后来，她退下来以后，院子里的房子不敢来住，因为曾经被她欺压过的员工见面就对她指桑骂槐。曾经威风凛凛的夫妻俩，如今每进大院时仿如丧家之犬，夹着尾巴，无人理睬。而那些一直做着小兵靠劳力赚饭吃的人，进出大院什么时候都是呼朋引伴，乐滋滋的，舒坦自如。生活很富有讽刺意味呵。

端详着桌上的石头，阿山又想起了自己拜见的那权要，道貌岸然的高高端坐在台子上，貌似很神圣。阿山恶作剧般想：她要吃饭么？她要排泄么？她装成个神，其实与俗物何异？十多年前，也许二十年前，她也不过是农村田地里走出来的一颗麻石，只是因为某种机缘，被雕刻家相中，被当作艺术品摆放在权力的托盘上。再过三年五年，她又在哪里呢？案头上捡回的那块普通得不能再普通的石头，也许会被砌在猪栏之下，也许被遗弃死水之中，没有什么是永垂不朽的。当权力不再时，从神台上走下的装神弄鬼之徒，揭开画皮展现在世人面前的，可能是更恶俗的丑陋形体。

人就是一颗颗散落在草丛的石子，某个时期可能境遇不同，就算你练成了赫尔默斯，最终可能只算是个添头，端坐在神坛上的你，意识到了么？

反省，从自己开始

没有什么事不是有前因的，就看你是找自己的茬，还是从别人身上找茬。

（1）

孩子淘气也许是天性，即使生在名门之家也不例外。但怎么对待"屡教不改"的孩子，却能显出你的智慧和品格。

丰子恺的孩子打闹不休，同样的错误屡犯不改。丰子恺对孩子们很严肃地说："你们总不改正，我今天要用棍棒狠狠惩罚，当然，不是惩罚你们，是惩罚我自己，是我没有教好你们。"于是，他用棍子打自己。孩子们看到爸爸打自己，万分惊恐，一个个上前拖住爸爸，说自己错了，再也不会犯这错了。事实也是如此，孩子们再也没犯过这种错了。孩子犯错，确实是大人没有教育到位，所以，智慧的丰子恺，他能意识到问题出在自己身上，要罚也是先罚自己，而不是打骂孩子。

丰子恺只有一个，更多的人是从不会从自己身上反省，只会一味责怪、惩处他人。记得读大学的时候，有个中年女教师教课，现在都记不清她是教我们什么课的，只记得她的课很烂，没法听，但是她是唯一反复使用惩罚手段的人。第一次听她的课，连着两节，听得人直想死。于是大伙中途休息时就赶紧开溜，再开讲剩下寥寥几个人。于是她顿时气急败坏，立即打考勤，并宣布规矩：她的课每节课两次考勤，如果有三次未请假而缺席的，本门课就不及格；考勤与考试成绩各占百分之五十的分值。在她的高压淫威下，大伙不再敢溜号，只好像死一般在枯燥乏味无序的课堂上沉沦。

虽然很多年过去了，每想到那段时间上那么无耻的课，就有点肉痛心凉的味道。可是那老师一直显得趾高气扬的样子，也许她从没有反思过为何大伙要逃她的课，竟然用考勤来压抑年轻求知的生命。那时常泛起的是鲁迅的那句话："耽误别人的时间，就是谋财害命。"大学里求学的都是成年人，并非是不懂事的未成年人，教授不反思自己课上得糟，不努力改进自己，却靠打考勤来控制学生，这做法实在是表明她黔驴技穷。就像有些家长，孩子犯错了，孩子学习出问题了，他不反省自己的家庭教育问题，却用大棒来打孩子，道理是一样的。正如有位名人所说的："无论是个人还是单位，如果需要靠权力来控制别人的时候，说明他已经无能为力了。"

（2）

自知之明为何可贵？就是因为人很难反省自己。

眼睛生在前面，天生就只看别人，很难看清自己，也许是生理决定人的局限吧。遇事就找别人的过错，很少懂得反省自己的人，实在太普遍。

有个朋友在公司上班，一日气呼呼告诉阿南，说他单位开会就是领导训斥员工这没做好那没尽力，责怪员工缺乏主人翁精神，没有将单位的事当作自己的事来做。朋友说每次开会他都要崩溃了，只听到领导没完没了的骂人，惩罚，就没听到说怎么奖励他们。因不知道他们的具体情况不好评价。如果只是极个别员工消极怠工，做一天和尚撞一天钟，肯定是这个员工素质太差。如果像他领导骂的那样是很多员工都让人不满意，管理者就得考虑问题可能是出在他的管理上。要想员工具有主人翁精神，你就得将员工当作主人看待。

上世纪末阿南曾到在深圳某重点中学上班的好友处游玩。好友告诉他，他们学校是自己打卡上班的，上午只要没有早读、第一节课和第四节课，上午打卡坐班的时间是九点到十一点，下午是三点到五点。但是上午没早读的老师也基本在八点半之前会到校，中午大多数人会在学校周围买盒饭吃，不会回家。晚上尽管是五点下班，但是到晚上八点办公室还会灯火通明，很多老师在校园里加班。那年代这所学校是没有晚自习的。阿南很奇怪为何这里的老师给他自由却不要。朋友告诉他，学校福利条件很好，进这所学校不容易，很多老师既是普通老师，又是某个领域的专家、学者，比如他的搭档纪老师是个物理老师，同时又是一个有名的科普作家；班上的体育老师是获得过国际游泳比赛冠军的人。学校人才济济，大家都在加班加点忙事业。朋友还说，单位有人年纪轻轻，体检发现有很严重的病，领导说是大家平日锻炼太少，伏案太多。于是班组开会讨论后学校给工会拨一笔款用来奖励每个员工的锻炼，下令老师每天上午要做课间操，下午四点后要在操场集体锻炼半小时。锻炼时间严格考勤，和锻炼奖挂钩，锻炼一次给多少钱。员工积极性都很高，学校的决定基本上都是支持的，因为老师觉得领导是真心关心他们，觉得在这所学校有奔头。

其实单位不够富有，如果采用人性化的管理，也是能收买人心的。在澳门松山的半腰有一所学校，这是一所私立学校，生源严重不足，自然教工工价比较低，与当地福利好的学校比，差不多只有别人的二分之一。可是那里的老师很尽职。阿南很是奇怪这些老师为何不跳槽，老师们说，他们虽然工价低点，但是老板对他们真心是好，所以大家做事也非常尽力。比如老板每周会煮两次汤给大家喝，从不会解聘员工，老板知道生源差，只要老师尽力了，也从不苛求老师。

孔子说："君子躬自厚而薄责于人。"又说："君子求诸己，小人求诸人。"如果遇事一味责怪别人不尽力，却不知反省自己是否将别人当人的人，行事风格和人品肯定是有问题的。

大人的言行举止影响孩子，领导的做派风格决定员工的价值取向。别人是你的一面镜子，你的好坏就在别人的镜面上折射出来。凡事有因果，反省从自己开始。

说话是门艺术

　　俗话说："一句话说得使人笑，一句话说得使人跳。"与人打交道，谈得对路可能萍水相逢的人几句话成了知心朋友，也可能一句话没说好，使得多年亲朋成陌路，甚至闹得大打出手。说话是一门艺术，能不能说得让人觉得顺耳，让人爱听，实在是大有学问。以前我们总听人说："忠言逆耳利于行。"其实，考察人性，哪个人不喜欢听好话？社会进步了，人际关系也复杂了，就是忠言也要让它顺耳，才会让人喜听乐听，才能达到你的说话目的。

　　历史上有名的说话艺术案例，莫过于朱元璋与他的儿时伙伴的故事了。朱元璋做了皇帝以后，空闲时也很想见见从前一起玩耍的伙伴，消息传出，就有儿时伙伴进京求见。有一天，朱皇帝的一个儿时的伙伴来到皇宫外求见，通报后，朱元璋陷入了矛盾，一方面很想见见这位老朋友，另一方面又担心他口无遮拦讲出以前一些不大光彩的事情，因为朱皇帝出身极为卑微。犹豫再三，还是让传了进来。那人一进大殿就大礼下拜，高呼万岁，说："我主万岁，当年微臣随驾扫荡庐州府，打破罐州城。汤元帅在逃，拿住豆将军，红孩儿当道，多亏蔡将军相助。"左右随从听得极为仰慕，觉得朱皇帝当年就这么了不起，真是出身不凡。朱元璋听完发小的这番话非常高兴，觉得既叙了旧，又给他戴了高帽子，给足了脸，一高兴就重重地封赏了这位老朋友。

　　消息传出，另一个当年一块放牛的伙伴也找上门来了，见到朱元璋，激动万分，指手画脚地在金銮殿上说道："万岁，你不记得吗？那时候咱俩都给人放牛，有一次，我们在芦苇荡里，把偷来的豆子放在瓦罐里煮着吃，还没等煮熟，大家就抢着吃，把罐子都打破了，撒下一地的豆子，汤也泼在泥地里，你只顾从地下抓豆子吃，结果红草根卡在喉咙里，还是我的主意，叫你用一把青菜吞下，才把那红草根带进肚子里。"当着文武百官的面，这番描述让朱元璋龙威扫地，因为古代皇帝都喜欢抬高自己的出身，认为自己是真龙天子，是天之骄子，而这个熟悉底细的朋友，当众直白回顾当年故事，使得朱元璋又气又恼，立即喝令左右把这个胡说八道的儿时伙伴推出门斩了，让他永远闭口。

虽然朱元璋赏友、杀友的故事，不乏虚构成分，但至少提示我们，说话不能口无遮拦，直来直去。更不能犯忌，不能往别人的伤口撒盐。细心观察一下，生活中的许多纠纷，其实都是由话没说好引起的。2014年11月11日上海华东政法大学发生的一起"大学生因点名不到挨批用热水泼老师脸"的故意伤害案，其实就与说话不中听有关。根据各大网站新闻报道：11月11日，因点名不到遭老师批评，华东政法大学一名女学生向老师泼热水，造成后者面部烫伤。伤者为该校法律学院的一名男教师，年约五十岁，在该校执教多年。伤人者则为一名大四女生。多个消息源透露，11日上午，该老师给大四学生上课，课时共有四节。第一节课上课后，老师开始点名，有一名女生直到第二节课才到教室。知情者透露，"这个女生向老师解释，她在教学楼的楼上复习考研，忘了有这节课。老师随后说的大意是，这样考得上研究生吗"。还有知情者透露，"这位老师他在学校里对学生还是不错的，不是太严厉的老师。"课间休息时，这名女生主动拿老师的杯子去饮水机接热水。"老师本来想，这个女孩气量还蛮大的，还说了句谢谢。"岂料这名女生后来端起接满热水的杯子，直接泼向老师的面部。老师试图闪躲，但仍至少有半边脸被烫伤。"那女生泼完后说了自己的理由：老师诅咒她考不上研，她让老师看不见明天的阳光。"仔细分析此案的发生，恐怕与老师批评学生时语言不当有很大的关系，考研在即，中国人的普遍心理是做什么大事前，希望听到预祝吉祥的话，而不是消极甚至不祥的话，中国人对心理暗示是很起作用的。老师可以就事论事批评该同学旷到，却不该说她"考不起研"的话。一件小事引发成刑事案件，女孩触犯了法律受到制裁是咎由自取，但老师因言语不当受到伤害所付出的代价，也是巨大的。遇事冷静，不说刻薄话，不说过头话，不用言语激发矛盾，不仅是对自己的保护，也是对对方的保护。

不会说话，引起的纠纷真是比比皆是，因言语不当造成顾客流失的事例更是举不胜举。一日亲睹发生在某国有大银行的一幕，就是一个很好的反面教材。有位衣着体面的女子到银行柜台取钱，要求取十万现金急用，银行要求出示身份证，顾客很有礼貌拿出自己的证件对柜台说："我的身份证因损坏正在换新，现将户口本，公安局的更换身份证的证明，以及护照都带来了。"柜台员工一口拒绝，客服经理过来把证件看了看，对顾客说："不能取，你的都是无效证件。"顾客一听就火了，"我的证件都是公安局发的，怎么是无效证件？"于是就展开了一场大争吵，而且顾客还报警，顾客当即说永远不会再与该银行发生关系。看到银行员工服务质量如此差，我当即也转移了业务，因为我不想某天也与他们争吵。

如果客服经理善于说话，善于沟通，只需对顾客说："为了保障您的财产安全，我们银行规定一次存、取五万元的都要用身份证，其他证件不能代替，如果您实在急用，建议您到户籍所在地的派出所开一个身份证明来。"顾客也会通情达理甚至感激你的善意。

怎样培养你的说话能力呢？

首先要学习语言表达的技巧，学会用语准确、得体，将一个意思尽量用最得体最准确的方式来表达。比如，禁止吸烟的场合，你对吸烟的人说"禁止吸烟，违者罚款"就显得很生硬，换一个说法，"为了您和他人的健康，请别在室内吸烟"就让人感到亲切。有个笑话，说的是国王做梦梦见自己的一口牙齿都掉了，国王请大臣们来解梦，大臣说："陛下，这个梦说的是您的家人都要比您先死。"国王一听，愤怒地杀掉了大臣。阿凡提帮国王解梦："陛下，这个梦说的是您比您的家人都高寿。"国王一听很高兴，立即奖赏阿凡提。其实阿凡提的回答与大臣的回答意思一样，只是换了一个说法而已，结果就完全不一样。语言交际能力很能体现你的服务素质，你能用顾客爱听的话语跟顾客交谈，即使这单生意做不成，也会给顾客留下一个美好的回忆，给自己留下一个机会。

第二，要学点心理学知识，要了解中国民俗心理。做到"到什么山上唱什么歌"，不犯人忌讳，不哪壶不开提哪壶，不伤人自尊，不给他人不好的预示。比如，逢年过节，中国人特别希冀别人对自己说些吉祥、祝福的话语，新年是希望的开始，你对你的服务对象就要多给他美好的祝福。看过这么个故事，有个人出门去学开车，准备考驾照，一切手续都已办好，临出门时，他的同事说："你就不要去做马路杀手！"此人一听，还没开始就被同事开这么恶毒的玩笑，不禁怒从心头起，恶从胆边生，走过去就对着多嘴同事一个嘴巴，然后他就不去学开车了。虽然此君打人不对，但他的同事这种玩笑就开得很不恰当，没有顾忌到风俗和忌讳。

第三，用积极的语言，欣赏的语言与人交谈。用积极的语言与人交谈，会让对方感到亲近，会减少不必要的矛盾，能更好地达到你的目的。比如一个老师，看到学生正企图舞弊，如果该老师用积极的语言"请你独立完成"，绝对比"你不要偷看"要来得有效果。对你的服务对象正在企图做违反规则的事时，你用积极的语言去制止就比用消极的语言要有效。目睹过这么个案例，在一个大型商场，有顾客正准备违规将包装好的商品拆开来看，这时售货员走来很有礼貌对顾客说："您好，您是想买这款商品吗？商品质量不错，如果您看中了一定要买，可以拆开看，这款没有质量问题的话，拆开后您就买这款。因为这些商品都是厂家包装好的，拆开后我们没法还原，顾客看到包装被拆就不会买它，感谢您的理解与支持！"该顾客并不是真想买，就赶紧停止拆开包装。售货员如果直接说："您是不是要买？不买就不要拆！拆了没法包装会卖不掉。"恐怕喜欢纠缠的顾客就会与售货员较上劲。

第四，充分熟悉自己所从事工作部门处理事务的具体规定，学会从对方需要的角度说话。说话之前，揣摩一下对方的心理，将自己当作是服务对象，想想自己遇到此事希望听到对方怎样的解答才满意，既能按规定办事，又给人感到有人情味。有这么个案例，同在一家公司工作的推销员，对同一件事的处理却大不相同，结果也完全不一样。

有个小商人与人合作经营一家小公司的时候，在他的公司附近有一家大保险公司，负责他们社区的经纪人一个是卡尔，一个是约翰。有天早上，卡尔路过这个小商人的公司，提到他们公司专为公司主管人员新设立了一项人寿保险，卡尔说："可能你们会感兴趣，所以我先告诉你们一声，等我搜集到更多资料后再过来详细说明。"就在同一天，该社区另一经纪人约翰看到这位小老板和几个人走在人行道上，就跑过来热情地叫道："嗨，鲁克，有个好消息要告诉你们。"他兴奋地说他们公司新开了一项专为公司主管设计的人寿保险（正是卡尔说的那款产品）。他给了对方一些重要资料，并且说："这项保险是新开的，我要请总公司明天派人来详细说明。我们先在申请单上签上名送上去，好让他们抓紧办理。"约翰的热情，以完全是为了顾客的需要为出发点，让顾客不知不觉上了钩。而卡尔因为没有站在顾客需要的角度考虑问题，没能引起顾客的注意，却将本该到手的业务错失了。

美国著名的商业领袖欧文·杨说："能设身处地为他人着想，了解别人心里想些什么的人，永远不用担心未来。"

　　沟通从说话开始，说话是门艺术。如果你说话有技巧，得体有分寸，凭三寸不烂之舌，可驰骋天下，一路绿灯，春风荡漾；如果你不会说话，即使才高八斗，貌若天仙，走到哪你就在哪与人树起高墙，亲者离友者叛。好话说得三冬暖，恶语使人六月寒。做个让人舒服的人，先从学会说话开始。

视野决定人生

视野决定你的人生。你的视野有多大，你的事业就有多大。

记得读《庄子》，就被那个卖防冻疮的故事深深吸引。有人祖传一个防冻秘方，于是世代就用来开一家洗漂房，一家人就靠帮人洗衣服赚钱谋生，辛辛苦苦，仅仅填饱肚子而已。有个客商知道这个事情后，他用一百金买断了这个专利。于是客商就拿着专利去找吴王，正逢越人发难，吴王就叫客商带兵与越人作战，正值冬季，水上作战越军手足皲裂，而涂了防冻药的吴军越战越勇，大败越军。此客商因此受到吴王裂地封侯之赏。防冻药的主人世代都没有发财，而客商却花一百金买下后就能大发横财，这就是视野的原因。视野开阔见多识广的客商，他的思维自然就会从大用的角度去考虑问题。而长期居在穷乡僻巷的药的主人，他的视野自然就囿于洗染之事，所以就不可能物尽其才，也无法达到脱贫致富的目的。

又有人说，做人的格局决定你的人生，其实也是说做人的视野与眼界的问题。街边的乞丐，整天在街上乞讨，对路上衣着光鲜的人毫无感觉，却嫉妒比自己乞讨得多的乞丐，这人估计一直就是个乞丐了。一个人的格局决定他未来的发展空间有多大，甚至直接影响到他的成败。有这样一句谚语：再大的烙饼也大不过烙它的锅。这句话的哲理是：你可以烙出大饼来，但是你烙出的饼再大，它也得受烙它的那口锅的限制。我们所希望的未来就好像这张大饼一样，是否能烙出满意的"大饼"，完全取决于烙它的那口"锅"。这就是你的视野有多开阔，你的前途就有多远大的道理。

怎么开拓自己的视野呢？

首先是多学习，多阅读优秀著作，从书本和网络中获取资讯。大量阅读能增长我们的见识，见识广了就不会被一些问题所迷惑，所难倒。在书本中没有找到答案的，可以通过网络获取答案。百度，顾名思义，很多问题都可以从百度中寻找到答案。再说，读书读多了，书中大量优秀人物的事迹，对我们的成长有很好的指导作用。其实许多坚强的人他们也不是天生坚强，也是在优秀文化的滋润下慢慢变得坚强的。史铁生，在最狂妄的年龄二十一岁时因风湿病引起下肢瘫痪，他多次想自杀，后来他在文学作品中找到活下去的勇气，于是他在《我与地坛》中说："死是一件不必急于求成的事。"

在澳门遇到一个学贯东西的博士，他对各种书籍都广泛涉猎，而且既有北师大求学的背景，又有在加拿大留学深造的经历，他精通几国语言，能够同声翻译英语，而且每到假期他就到世界各地旅游，足迹遍布世界各地。他因视野极开阔，考虑问题、处理问题的能力总是让我惊慕。记得他讲过一个赚钱的故事，就让我佩服得五体投地。他说以前他对QQ是什么都不明白，后来因为他负责内地教师到澳门工作指导的计划，从内师（对内地教师简称）那儿了解了QQ。平时工作中，他看到几个年近五十的内地女教师总是很慷慨花十元八元的买虚拟衣服装饰自己的QQ空间，他就开始研究腾讯。博士认为，既然连年近五十的妇女都对QQ迷恋，那么腾讯企业一定做得不错，于是腾讯在美国上市时，他果断买入。他告诉我时，他的股票已经翻了十多倍，他说当初买入价是24美元，而今涨到265美元。中国内地多少人在玩QQ，可有几人不是把它当作聊天工具的呢？为什么一个对QQ一无所知的人，一接触就会用另一种思维来对待它呢？这就是个眼界的问题。

其次，多走出去。古人说："读万卷书，行万里路。"说的就是要多看世界，多接触外界，到不同地方就可以开拓自己的视野。有条件可以有计划去旅游，这是开拓自己的视野的好途径。《庄子·秋水》中的河神——河伯，他一直以为自己是天下最美的，可当他走出黄河到达大海，他发现河并不是最大的，而海才真是无边无际的。只有走出去，才不会故步自封。只有见识开阔，视野宽广，才不会遇到一点事就耿耿于怀。见识广了，你的自信心都会增强。记得鲁迅的小说《阿Q正传》中那个阿Q，他在未庄总是被人瞧不起，自从他进了一趟城，回到未庄，他给没见识的未庄男女讲故事时，眉飞色舞，而听的人都毕恭毕敬。再如高晓声的《陈焕生进城》中的陈焕生，他在村子里老实巴交，木讷寡言，别人讲故事他只有听的份。可是自从他进城卖油绳，伤风感冒巧遇县委吴书记，花高价住了一宿县委招待所，还坐了县委书记的吉普车，回到村里，连公社农机站的采购员都对他刮目相看，他从此也敢和别人一样侃大山，而且别人听他讲故事时满怀羡慕。由此可见，多见识会增强自信心，而自信心强大了，抗压能力自然增强。

再就是多与优秀的人交往，在交往中开拓自己的眼界。和优秀的人交往，可达到"听君一席话，胜读十年书"的效果。2000年，有个工薪阶层的人将所有的积蓄拿去炒股，一夜之间巨亏八万，几乎亏光了多年的血汗钱，他感觉从此天地都黑暗了。于是他到深圳打工，遇到一个开厂的小老板，两人投缘经常往来。当时小老板的工厂运作了两三个月，产品却还没生产出来，据小老板说他的投资款十五万元全是借的。可小老板该喝酒时喝酒，该吃肉时吃肉，每天还是谈笑风生的。这个炒股失败的人很不解小老板怎么这么镇定，就问小老板，"产品至今生产不出来，万一亏了怎么办？"小老板说："如果亏了，就当我打牌玩掉了，我再去打工赚钱还给人家。我不尝试哪知道我办厂能否成功呢？我吃好喝好才会身体好，身体好了才能赚钱。"此人被小老板一番话，说得豁然开朗。从此不再为那些亏损的钱而后悔烦恼不已。后来他振作起来工作，很快将亏损的钱全赚回来了。

经历的事情多了，见识的事情广了，你就会发现，曾经认为很了不起的事，原来都不是什么大不了的事；原来以为扛不住的困难，其实都是可以扛住的。

出问题的人，很多是见识比较短浅的人。有个很少接触外界的中年人，他全身感到不舒服，到镇上医院去检查，医生建议到市里专科医院检查，怀疑他得了直肠癌。在没有确诊的情况下，他就想癌症肯定要很多钱治疗，而且家里不宽裕，孩子都未成家，千万不能拖累家庭，于是他就选择了轻生。因抢救及时捡回一条命，本来不富裕的家庭又搭上一大笔抢救费。后来儿子带他到大医院检查，他只不过是长了个息肉而已。不是发现及时，他差点送了一条命。

人生就像是一局棋。

下棋，要有全盘的考虑，要有战略眼光，不要局限于一子的得失。人生又何尝不是如此？大眼光大格局，活出大生活！

柔软的智慧

海滩上，到处都是光滑圆润的鹅卵石。这些石子想必它曾经也是棱角分明的，柔软的海水每时每刻都在轻揉着它，于是，将坚硬锋利的石头改造成圆润光滑的鹅蛋般的美丽的石头。

一滴水，是多么柔软，可是它最终将千年磐石滴穿成孔。柔软不仅是一种内功，更是一种智慧。

据《淮南子·缪称训》记载：老子求学于商容，有一次商容生病的时候，老子去探望顺便求教。商容静默良久，见老子确实有心求学，便问他："人是先有牙齿，还是先有舌头？"老子回答说："先有舌头，因为人一出生就有舌头了，牙齿是后来长出来的。"这时候商容张开嘴巴，问："你看我的牙齿还在吗？"老子说："已经掉光了。"又问："舌头呢？"老子说："还在。"商容说："你知道为什么牙齿晚生而早落吗？因为它过于刚强。而舌头为什么得以长存呢？因为它柔软。这个道理不仅对牙齿如此，天下万物万事也都如此啊！"这就是老子常对弟子们说的"满齿不存，舌头犹在"的故事。

秦灭亡后，刘邦、项羽都想称霸。当时项羽拥兵四十万，在新丰鸿门。刘邦只有兵力十万，驻扎在霸上。因刘邦抢先入咸阳，有称帝之意，惹怒项羽。项羽准备率兵攻打刘邦。这一年，刘邦四十八岁，项羽二十四岁，他们年龄相差悬殊，刘邦是项羽的长辈了。可是当刘邦获悉项羽要灭掉自己时，第二天一早他带上礼品来向项羽谢罪。刘邦口口声声称年轻的项羽为将军，称自己为臣，"今者有小人言，令将军与臣有隙。"项羽终于被刘邦的表面谦恭所感动，放弃杀刘邦的念头。刘邦也就是因为劣势时的表面顺从，为自己赢得了生的机会。最后，刘邦力量壮大后，反而将项羽逼得自刎乌江。俗话说："在别人的屋檐下过，不得不低头。"又有说法："大丈夫能屈能伸。"在危急的关头，我们就得做真大丈夫，暂时屈是为了保全自己尽可能少受伤害，才能最后达到真正的伸展。

有个女人虽然无天生丽质，也没特别出众的地方，但是她懂得男人在外打拼的不易，每当男人下班回来，她总是温柔如水般接着男人，笑盈盈的，说些轻松的话题。她就像个观测员，看到男人的脸色晴和，她就娇滴滴的像个孩子般又笑又闹，缠着他；看到男人回来阴郁着脸，她一下又变成了一个智多星，为男人出谋划策。很多人都说女人配不上她丈夫，可是男人却一直很珍爱她。真男人都是棵硬树，他喜欢软来藤的缠绕。这女人就是凭着柔软的智慧，赢得自己的安定幸福。

兰芝聪慧无双，美貌盖世，仗着有焦仲卿的呵护与挚爱，撒点小性子，在婆婆面前显得不卑不亢的，坚决自遣回娘家。衣服细软一应放到焦家，嘴上说要送给焦仲卿后来的妻子，实际是考验焦仲卿对自己的态度。兰芝其实是很自信的，她认为自己一定还会回到焦家的，因为焦仲卿离不开自己。因此，她也就没打算要在婆婆面前弯腰，始终刚强自信。可最终却没能让婆婆回心转意。两个强硬的女人碰到一起，后果很严重。刘兰芝、焦仲卿最后走上殉情自杀的路，演绎出孔雀东南飞的悲剧，其实是兰芝与婆婆交往中缺少了点柔软的智慧。

大雪压青山时，刚强挺直的竹子往往容易折断；而杨柳藤蔓柔软坚忍，迎风起舞，傲雪斗霜，生命凭借柔软的韧性，愈加坚强。

柔软，是一种大智慧，它能在险恶的环境中免灾远祸，保全生命。世上还有什么比生命更珍贵的呢？每当读到食指的《热爱生命》，就会热泪盈眶，诗人说："也许我瘦弱的身躯像攀附的葛藤，把握不住自己命运的前程，那请在凄风苦雨中听我的声音，仍在反复地低语：热爱生命。"生命，是大自然给人类去雕饰的宝物，如果我们将生命的姿势调得更加柔软些，柔和些，无论是经历风雨的洗礼，还是酷暑严寒的磨砺，生命之石依然能光彩夺目，人生之花依然能开得璀璨耀眼。

生命，又好比是单程旅行，从来没有回程的站点。短暂的人生中，无论身处何地，无论处境优劣，如果把自己练成一根柳条般柔软，何往而不胜？生命，不是选择如何去死，而是选择如何活着；生活，不是选择如何去斗争，而是选择如何过得平安幸福。在匆匆的生命旅途上，我就做一棵柔软的藤蔓，在高高低低的地势上，活出自己的坚韧！

信念，是生命的脊梁

信念，是人生的动力，如果努力奋斗，就会使人创造出生活的精彩；信念，是人生的阶梯，如果执着追求，就会引领人们走向成功的殿堂；信念，是生命的脊梁，如果努力坚持，就会带给人生存的希望。心中有美好的信念，丑陋的树桩，也会变成美丽的天使。

记得曾读过这样一个故事：美国前国务卿赖斯·康蒂，小的时候跟母亲到伯明翰买衣服，因她是黑人，被白人店员阻止进试衣间试衣，并因她摸了帽子而遭到店员的训斥。面对这些歧视和不公，康蒂的母亲对她说："孩子，要改变自己低下的地位，就要做得比白人更好，你才会有机会。"后来这位出生在亚拉巴马伯明翰种族隔离区的黑人，终于成了美国国务卿，并荣登《福布斯》杂志"全世界最有权势的女人"的宝座。赖斯，之所以活出了人生的精彩，是因为她在成长过程中，始终把母亲的"努力就可以改变自己低下的社会地位"的教诲作为她人生的信条，并一直为之努力奋斗着。

信念，有时就像谎言，却激励你走向成功。罗杰·罗尔斯是纽约第五十三任州长，也是纽约历史上第一位黑人州长。他出生在声名狼藉的大沙头贫民窟。在这儿出生的孩子，长大后很少有人获得较体面的职业。然而，罗杰·罗尔斯是个例外，他不仅考入了大学，而且成了州长。小时候的罗尔斯与其他黑人穷孩子一样，打架、斗殴、逃学，当罗尔斯从窗台上跳下，新来的小学校长皮尔·保罗握着他的小手说："我看你修长的小拇指就知道，将来你是纽约州的州长。"罗尔斯大吃一惊，并记下了这句话。从此，纽约州州长就像一面旗帜，在以后的四十年间，时时提醒他按州长的身份要求自己。五十一岁那年，他真的成为了州长。假如皮尔先生没有给罗尔斯幼小的心灵种下信念的种子，假如罗尔斯没把校长的"谎言"当作信念去奋斗，他怎么能走向成功的殿堂？也许他至今仍在那个贫民窟生活着。

信念，有时竟是我们活下去的动力。纽约有个年轻的警察，是个高大威猛、目光炯炯有神的英俊小伙。可是在一次追捕中，被歹徒射中左眼和右腿，从此他成了一个拐脚瞎眼的残疾人。在受表彰时，记者问他将如何面对自己遭遇的厄运，他说："我一定要亲手抓住歹徒。"多年他就这么活着，后来终于在他的努力下，抓获了歹徒。在媒体大肆报道他的坚强时，他却意外自杀了。他的遗书说："我活着的信念就是抓获歹徒，现在歹徒抓获了，我这么残疾以后怎么活？"因为有信念，瞎一只眼，断一条腿，都没动摇他活着的勇气；又因为抓获歹徒后，失去了活着的信念和生活的目标，使得他失去了生存的脊梁！

　　在这个世界上，信念这种东西任何人都可以免费获得，所有成功者最初都是从一个小小的信念开始的。信念是所有奇迹的萌发点。因为信念，即使身处逆境，也能让你鼓起前进的航帆；因为信念，即使遇到艰难险阻，也能唤起你生活的勇气；因为信念，即使遭遇不幸，也能促使你永远保持崇高的心灵。可以说，信念，就是人生的脊梁！

无用乃人生大用

人生若旅行，背上的行囊里，有的东西可能直接给你眼前带来用途，有的却似乎无用。可无用却常是我们人生的大用。正如周作人说的："我们于日用必需的东西以外，必须还有一点无用的游戏与享乐，生活才觉得有意思。我们看夕阳，看秋河，看花，听雨，闻香，喝不求解渴的酒，吃不求饱的点心，都是生活上必要的——虽然是无用的装点，而且是愈精炼愈好。"这无用的风花雪月，却让我们的人生充满趣味。

何为有用，何为无用，恐怕没谁比庄子更透彻。他说，站在大地上，人所用的只是立足之地而已。但是，如果把立足之地以外的地方都挖掘到黄泉，你还敢面对四周的万丈深渊而立足于有用之地吗？连智慧的惠子，也心悦诚服接受庄生的教诲：没有无用，无法成全有用！正如骑自行车，车道只需一寸，但是如果没有一米的心理宽度，你还敢在这一寸的悬崖边骑车么？当然，杂技表演是例外。

人不是独立于这个世界的，看似无用的甚至与你无关的东西，却又无时无刻不在影响着你的生活。有个中国学霸申请到美国一所常青藤大学读建筑设计专业的硕士，连续三次申请，每次面试后被拒绝。此生不服气，责问原因。该设计学院的院长亲自回复他：你学设计的，设计的房子是给人住的，可是问你人类学的问题你不知道，你不了解人类学，你设计的房子能让人满意吗？我们问你心理学的知识，你说没学过。学建筑设计你不懂客人的心理，你设计的是客人需要的吗？人是生活在社会中的，我们考查你社会学知识，你一概不通，你这设计能在社会上立足吗？建筑也是一门艺术，我们问你艺术方面的问题，你不知道。不懂艺术，你设计的房子能让人有赏心悦目的艺术享受吗？你的知识太片面，你不可能成为一个好的设计师。该学生的失败，就败在他只关注有用的知识，而没有关注"无用"的知识上。

有个小伙子，大学毕业后在政府要害部门任职，三十多岁就提升为副处级了，事业上可谓风生水起，可是他的同学大多结婚生子了，在事业、金钱、人脉上占有极大优势的他，却至今孑然一身。同学、朋友不知给他介绍了多少女朋友，可每个女孩和他交往一段时间后都逃之夭夭。有好事者问女生为何不愿嫁给条件如此好的男孩，女孩的回答竟然是：他条件虽好，但是没有情趣，爱不起来。相对于金钱、地位而言，这情趣和爱情是不能当饭吃的"无用"的东西，可女孩们要托付自己的一生时，还是要选择看似无用的爱情和情趣。因为爱情，能让人生走向美好，激发人的创造力。正如英国著名的哲学大师罗素在回答"为何而生"时所说："对爱情的渴望，对知识的追求，对人类苦难不可遏制的同情，是支配我一生的单纯而强烈的三种感情。"爱情和同情，这些"无用"的东西竟是罗素活的动力。

人皆知有用之用，却不知无用乃为大用也。在我们有限的生命中，关注一些"无用"的东西，也许生命会发生奇妙的变化。正如作家梁文道所言："读一些无用的书，做一些无用的事，花一些无用的时间，都是为了在一切已知之外，保留一个超越自己的机会，人生中一些很了不起的变化，就是来自这种时刻。"

诗家之心

古今中外，最能打动人心的艺术，一是诗，一是歌，合起来就叫诗歌吧。因为古时，诗是用来歌唱的，二者本来就是绝配姻缘，唇齿相依的关系。

中国的古典诗歌，讲究精致的押韵，篇幅往往短小，内容高度浓缩，吟诵起来朗朗上口，而且意蕴无穷，不管你懂不懂，不管你年龄几何，你就是信口开河般读着，唱着，也能陶醉其中。三岁娃娃，都会在大人的引诱下，咿咿呀呀吟着，乐此不疲。看来，不用说写诗，单是读读，也能感受到无穷的乐趣。

记得鲁迅先生在回忆幼时上私塾的情景，一向方正严肃的寿镜吾老先生，坐在讲台上吟诗时，会乐陶陶将椅子随着诗的韵律节奏拗过去拗过来的，摇摇晃晃，旁若无人，这大概是读到入境的绝妙写照吧？

我喜欢一切上乘的好诗，她们总撩拨得我神魂颠倒，有时让我超然尘世，冰清玉洁；有时让我陷入深渊，不能自拔；有时让我放浪形骸，豪饮长啸；有时让我迷茫无助，灵魂不知所依。"洛阳亲友如相问，一片冰心在玉壶"，有着玉壶冰心的王昌龄，该是多么高洁的灵魂！"日暮乡关何处是，烟波江上使人愁"，崔颢的迷茫，人生的无奈，又凄迷了多少在自己的家园故土中却找不到故乡的流浪者！"我寄愁心与明月，随风直到夜郎西"，李白的豪情世界里，亦有柔软的儿女情长，有这样的朋友，即使是西伯利亚的朔风寒流，也无法摧毁远渡人内心的温暖。"昨夜闲潭梦落花，可怜春半不还家"，张若虚的情感世界里，充溢着多少柔情蜜意！即是分离和思念，也美得让人窒息！"曾经沧海难为水，除却巫山不是云"，对爱情的追忆，化作汹涌海涛，翻卷云浪，人世间还有什么比遇到相知相惜又能相守的人更美的事呢？"林花谢了春红，无奈朝来寒雨晚来风""昨夜西风凋碧树，独上高楼，望尽天涯路""夜来风雨声，花落知多少"读着这些一尘不染的干净诗句，仿佛看见一双双清澈的眼睛，一颗颗涤洗得纯洁无瑕的心！

曾经读北岛、顾城们，既感受到"一切都是命运，一切都是烟云，一切都是没有结局的开始，一切都是稍纵即逝的追寻"的人生错位的苦闷，无力回天的悲催；也从"黑夜给了我黑色的眼睛，我却用它来寻找光明"中看到了微茫的希望。记得当年北岛先生要到澳门岛来参加诗会时，为了一睹他的尊容，下工后我和台湾同事飞一般从松山冲下来，赶到疯堂抢坐第一排的位子，年过六旬的梁生也跟着我一样癫狂，她放弃了回家打理一家晚餐的时间，和我一样空着肚子满怀激情坐等北岛先生的到来。那种火热的激情，是不老的青春，是诗人鼓噪起来的春心，是人世间最美的诗情！

诗的魔力如此之大，跨越时空的隧道，让无数读者心旌摇曳，共鸣不已，那些创作者理应是非同凡响之人。诗人的眼睛清澈明亮，纤尘不染，能从世间杂乱纷繁的事物中看见美的精灵；诗人的眼睛又是黑黢黢的如一口深不见底的井，他能将一切神奇或腐朽都化作浓缩的精华。诗人的心敏感若惊鸿，能在倏忽之间体察人情冷暖，能从一叶凋零中幻出整个秋天的风韵。诗人的心纯洁如山间的清泉，坚贞如傲雪挺霜的松竹，举世皆浊，他依然内心如莲，出于淤泥之中却不沾染半点污垢；天下皆怖惧，严寒冰雪，风刀霜剑严相逼，依然翠绿不减，傲人不屈，不畏于权势，不迎合于庸俗，他有独立的君子人格，他深知一切权势都是过眼烟云，一切寒冬的淫威都会在春的苏动中化得无影无踪。

诗人的心，该是明媚如春花之艳丽，热烈如夏日之奔放，平和如秋天之静穆，沉静如冬天之内藏。诗人是上帝遣到人间的天使，他心地宽厚，柔软多情，悲天悯地，总是用一双温润如美玉的眼睛，激情书写天地美景，悲悯关注众生苦难，勃然鄙视为非作歹之强权。春花秋月，蝉唱虫鸣，悲欢离合，在诗人的神笔之下，都化作亘古不衰的跫音，激荡在一个个或踟蹰或暗淡的灵魂深处，催化的是苌弘化碧、沧海月明般的旷世传奇。

诗是这般的美好，一个爱写诗的人，一个爱读诗的人，内心理应均是美好、善良、正直、仗义、柔软、激情的，一个内心充满美好、激情的人，他自然是青春永驻，永不衰老的。

世界很长很长，人生很短很短，功名，富贵，权势，不过是子虚大梦，一觉都会醒，过眼成烟云。许多曾经炙手可热的人物，转眼间他们就从舞台上谢幕了，曾经下属争着与他合影的精彩照片也一张张被曾经景仰他的下属从墙上剥下。昨日还是威风耍尽，今朝却进牢笼。这样的案例也是多得不可数计，这或许就是世长势短，人生无常？

　　在喧嚣短暂的生命里，唯有拥有一颗诗心，独立于滚滚红尘中，不屈于强权，不馁于低位，闲坐春风，惯看秋月，不求百世流芳，至少不会虽活犹死，未灭已臭！

　　诗人，是上帝之子；诗心，是慈悲之心！

为人当学陶朱公

　　人生最难的是为人处世。而生命又是一个怪圈，有人被为恶者损害，可转个身自己又充当为恶者。对忘恩负义者，大多数人都会口诛笔伐，可换个时间地点，许多人自己也是忘恩负义的角色。在一个特定的社会，人人都可能成为受害者或者施害者。如真有大智慧，学得陶朱公的本领，那不管和什么人相处，都能远祸全身。

　　陶朱公何许人也？春秋时期越国大夫范蠡是也。范蠡本为楚国布衣，因不满楚之黑暗，遁逃到越国辅佐越王勾践。勾践在范蠡的帮助下，一洗会稽之耻。可是范蠡在功成名就之际，急流勇退，以致被世人称赞为"忠以为国，智以保身；商以致富，成名天下"的大智大勇之人。

　　传说勾践灭吴后，范蠡立即离开越国，不顾越王的恳切挽留，让越王感到彻底的安全，以达到免祸全身的目的。对人世的清醒认识到此，不能不说范蠡是最智慧的人了。伴君如伴虎，这是历史早已证明的真理。人与人之间，不论贵贱，同患难易，共富贵难，这也是被历史几万万次证明了的放之四海而皆准的真理。有了对世间众生相的清醒，所以范蠡到了齐国后，立即写信给仍贪恋官位守在越王身边效忠的大夫文种说："飞鸟尽，良弓藏；狡兔死，走狗烹。越王为人长颈鸟喙，可与共患难，不可与共乐。子何不去？"文种见信，称病不再上朝，却被人诬告说他想要作乱。于是得势的越王赐剑给文种说："子教寡人伐吴七术，寡人用其三而败吴，其四在子，子为我从先王试之。"文种只好自杀。文种如果得到范蠡的信后立即逃离越国，最坏亦可以保全性命。

　　文种的悲惨结局，更让我佩服范蠡之高妙。当为越王半生浴血奋斗的老臣们，在国家安定后一个个被杀时，范蠡可以化名鸱夷子皮，载美酒携良姬游于七十二峰之间，饱览风景之美，尽享人间之福。

　　历史从来就是循环的，往来古今兴亡成败都一个样板，王侯将相凡夫俗子们，千百年来上演的都是一个套路的蹩脚戏。几百年后，刘邦打天下时，凡是帮他出生入死打天下的人，他都尊称为兄弟，视为知己。可是当国家一到手，登上了皇帝宝座后，刘邦立即找各种理由对功臣们大开杀戒，韩信这样的功勋卓绝的大将亦不能幸免。所以，太史公是看透了刘氏的极端卑劣手段的，他在《淮阴侯列传》中，愤怒地喊出了"'狡兔死，良狗烹；高鸟尽，良弓藏；敌国破，谋臣亡。'天下已定，我固当烹！"

是人性使人吧，赵匡胤在争夺天下的时候对并肩作战的兄弟也是挺友善的，可是一旦黄袍加身，他立即采取杯酒释兵权的办法将那些走狗们赶出朝廷，为赵家独霸天下铲除危险。后世的帝王们，残酷无义的做派大体差不多，没有最坏，只有更坏！明朝对开国功臣是怎样一个个灭掉的，恐怕民间多少有些流传。刘基、徐达、李文忠一个个被毒死，身为太子老师的宋濂被流放……在摆平了这些功臣后，充当投毒的御医胡惟庸亦被清算。明朝，亦列入历史上极端黑暗的一朝。那些专制的统治者，从来就没有过要与曾为他效命打江山的功臣们结朋友之缘，他们时刻想的是，等利用完了就如同处理垃圾一般将这些人斩草除根。

刘基号称人中智慧神，据说可与诸葛亮的智慧相媲美，可是也没有躲过一劫。如果刘基等人，能学学范蠡，也许历史就不会留下那么多叹息。

你以为这种刻薄寡恩，恩将仇报的事，只是发生在帝王与臣属之间？那就大错特错了。日常生活中，这样的故事简直太司空见惯了。曾看过这么个故事，有个叫新诚的员工在他的老总落难时，他竭力营救，领导对他说："以后你有什么需要兄弟帮一把的，兄弟一定全力以赴支持你！"新诚把这话藏在心里，很认真地珍惜着这份来之不易的友情。在度过危难后，老总迅速崛起，同事们一天到晚追在老总身边唱赞歌，对老总的话言听计从，也因此分到不少好处。可是一向不愿刻意巴结人讨好人的新诚，把自己当作公司的一份子，兢兢业业，但就是从不主动去给老总庆生讨好，重新得势的老总在工作中第一个对付的就是新诚。

患难易处。一个人处于劣势时好比落难的凤凰不如鸡，墙倒会有众人推，这时如果有人给予他牵手，在黑暗和寒冷中，他自然对这稀缺的温暖和光明特别敏感特别感激。一旦平安顺心时，好了伤疤忘了痛，甚至忘恩负义践踏曾经最有力的帮手，也是许多人的人性本质。

阿芳在一个酒会上偶然结识阿军，一见就彼此友善，因工作关系彼此见面多，相见彼此很客气，也互为敬重。阿军在一家上市公司上班，做着公司副总，因着能力强，平日做事雷厉风行但也偏于强势，自然得罪不少人，集团里权力斗争异常残酷。孤军奋斗的阿军，常常是感到心力交瘁。阿芳知悉后，总是奋力相助，出谋献策。阿芳是学会计的，对财务管理业务精熟，凡涉及财务方面的事她总是提醒阿军坚守纪律，不要钻到别人的圈套里了。在最黑暗的日子里，阿芳成了阿军的生活支柱。有一天阿军对阿芳吐露爱慕之情，纸捅破了，恋情就像早八百年就发生过一样，大有我要找的就是你。在无助的时候，男人也像个孩子。阿军的生活似乎一刻也离不开阿芳，最失意的时候，如果有红巾翠袖揾英雄泪，自然也是人生的一大安慰。患难之中，友情也好，爱情也好，都是多么坚固牢靠。

后来阿军做了该上市公司的老总，生活进入了一个新的高度，似乎没有了外患，阿军在幸福亢奋中，也不再像之前那样依赖阿芳了。他有时间就锻炼，交新的朋友，有时竟一周都不会主动给阿芳打电话。有一天阿芳病倒了，送往医院，同事和小姐妹们三三两两去看阿芳，可是就是见不到阿军的影子。生性倔强的阿芳念及曾经善良热情的阿军的种种好处，主动电话告知阿军自己病了，可阿军却并没有表示立即来看望她。当然，故事也就没有了后来。

飞鸟尽，良弓灭。过河拆桥者也数见不鲜。人与人相处，共患难易，同享欢乐难。既然这是一种通病，做人当学学范蠡，不要陷得太深，看懂世事，超然自得，就不会到头来独自悲伤。人生无常，做人当学陶朱公。

包里春秋

　　世上最复杂的是人，要认识一个人很不容易，可古人对此却自信。"管中窥豹，略见一斑""窥一斑而知全豹"，只要一个细管子，一只眼睛对着管子看豹子，就对豹子有个大略了解。如果看见豹子的一个斑纹，就能知道全豹。对自己的洞察力如此自信，实在有点霸气侧漏。

　　远古的人没有这个心理学哪个什么主义之说，但在实践中却能将心理学知识用得烂熟。这个"窥一斑而知全豹"，就是从细节上来认识一个人。每个人的心里秘密、个性喜好等其实都是被自己外在的附庸所出卖，衣服、帽子、包包、发型等，都是物质的你和精神的你的写照。

　　教师资格证考试，本人被安排看守所有考生的包包，从清早七点考生一到警戒线前开始交包起，到晚上最后一个考生领走他的包包为止，一天十几个小时就是盯着满地大大小小五颜六色型款各异的上千个包们，不得离开一步。望着满地的包，有硬挺挺立在地上的，有软哒哒趴着的；有双肩的背包，有单带的斜挎包，有手提包……无聊中就开始遐想：古人也有包吗？这些包都配一个怎样的主人呢？

　　据说早在甲骨文时代就出现了"包"字，但这个"包"是不是今天的包包，就很难说。《诗经·大雅》曰："乃裹糇粮，于橐于囊。"说明像包一样的袋子，最初是叫"囊"的。贾谊在《过秦论》中就有"包举宇内，囊括四海"之说。以前人们出门，要携带随身用物，没有袋子时往往会用一块大的四方巾，将两对对角对着打结，就形成了一个包裹，"包举宇内"是不是将天下犹如放在一个大方巾中，然后四个角一卷，就可以一手提着之意？这秦王也太牛气冲天野心勃勃了。

　　包出生得比较早，先秦时代无论是用材还是制作工艺都很讲究了。据考古学家讲，上世纪在新疆就出土了三只先秦时代的包，他们的制作技术精良，而且材质都是用的牛皮，可见今人用牛皮、羊皮做包是跟古人学的。古人其实是很有情趣很新潮的，凡事都区分得一清二楚，对这包的叫法也会因大小功用不同，有不同名称。汉代学者毛亨说包按大小不同，有不同名称，"小曰橐，大曰囊"。古代男人背的包一般叫"佩囊"，大多佩在腰间。古代的女人不像今天这样抛头露面的机会多，她们一般会带什么样的包呢？从出土的汉代、唐代、宋代的文物来看，女性比较青睐的包是"香囊"，没有香水的年代，身上挂个小袋子，里面装有香料，女人走过，一阵香风一个回眸一声软语，那是很有吸引力的。汉代乐府民歌《孔雀东南飞》中有"红罗复斗帐，四角垂香囊"。可见香囊还可以挂在床的四角。恩爱夫妻睡在香气馥郁的床上，自是增添爱意勃发激情。

自古以来，包也和衣服一样，不同材质、品牌、规格、款式，不仅是个人爱好、品位、个性的写照，也是主人身份的象征，就像唐有"紫荷"、"金鱼袋"等高级包，今有"爱马仕""路易威登""香奈儿"等一样。

成功人士，他们一般用的是材质较好、型款简约大气、规格较大的包，不仅显示主人的稳重高贵的身份，也彰显主人的财力和权力。

活泼好动的人，往往会背一个双肩背包或斜挎式包，双手空着，双脚自由，跋山涉水，快步奔跑，都是自由自在，可见主人是崇尚运动、简捷的人。

提手提包的人，一只手提着包，行动起来就不是那么自如，这人十有八九是个稳重且有内藏的人。董明珠式的女强人，一般都会手提着一个型款硕大，高端且大气的包包。很多做一把手的女人，她们大多是用型号偏大的手提包，很少见过她们平日用背包或挎包的，做领导的男人就更不用说。女人做一把手的，大多是铁娘子的形象，她们走路都是风风火火，气势压倒一切，那包也是特显威力。试想撒切尔夫人那样的能干且铁腕的女人，如果斜挎个包，怎和她的铁腕强势的气质搭配呢？

包也是讲究气质的。无论材质、规格还是型款、颜色，每个包也讲究与主人的财力、气质、身架子大小相配，好比什么马就配什么鞍。淑女给人的印象比较娇弱，如果提个大包，就显得包压人势，大而无当；捏一个玲珑的小包，迈着纤纤细步，给人一种娇滴滴的妩媚之态，让男人尽生怜爱之情。高大威猛的男人，搂扶着一个体形瘦小手里捏着一个精致小包的女人，尤能反映出小鸟依人之态，男人的雄风得以尽情展示。如果小个子背大包，人被包压；大块头挎个小包，显得小气促局：都有点不伦不类。包不仅是装东西用，也是衬托主人气质的。

这满地的包，有材质好、做工考究、型款不错很显豪气的千元以上的包，也有仅为存放东西，用料粗劣、品相不佳的包。包的主人们绝大部分是年轻人，不少是在校大学生。领包的时候，发现那些衣冠楚楚的人，无论男女，他们的包一般都很考究，估计他们背后有很强的经济支撑。地上许多小巧玲珑的袖珍包，估计比古代仕女的香囊也大不了几个尺码，来领它们的主人，还真是千篇一律的苗条。那些口子大身子大的帆布做的袋子，那是万能袋，可用来上街买菜购物，也可以装着钱粮细软，领这包的主人，大多是衣着随意看上去很朴实的人。当然他们不一定是家里没钱的人，估计有的是经济使然，有的却是穿着打扮不太讲究的人。

　　包从远古一路走来，不断翻新，活力四射。今人出门没几个不带个包的，千奇百怪的包，也彰显着主人千奇百样的人生。一花一世界，一包一人生。一个包包，不仅透露着主人的身价底细，也藏着主人个性人生。真可谓包里有春秋！

送礼漫谈

"今年我家不收礼，收礼只收脑白金。"以前电视一打开，以本山大叔的尊容为原型的动漫人物，配着本山大叔的特别口音唱出，银屏上那动感滑稽喜庆的画面，至少让两代儿童一听到声音顿时停下手中正玩的活，顿时目不转睛盯着屏幕。

话说这广告至少让我们忆起曾经送礼还主要是送点实物罢了。当然，如果人际往来就送点脑白金让对方补补脑，让脑子不进水，不猪头猪脑，不死脑筋，不满脑子邪念，不满脑子贪欲，不一脑瓜子的歪水，不让屁股指挥脑袋，不人云亦云，不指鹿为马，送点脑白金那也功德无量的事。

人与人相交，少不了送礼之事，这是古已有之。《诗经·卫风·木瓜》："投我以木瓜，报之以琼琚。匪报与，永以为好也。"不知道古人所说的木瓜是何物，是不是今天吃的木瓜？接受木瓜方回报对方"琼琚"，琼琚是美玉，可见这个"我"是一个既富且豪爽无比的人。"人敬我一尺，我敬人一丈。"豪侠懂义的人，大多是这样交朋友的，他们的特点就是一个"豪"字！

古人是真正生活在大地上的，送礼也大多与植物有关。诸侯给天子进贡，也是"厥贡苞茅橘柚"（《尚书》）。男女私会，交定情物也是送植物，那个静女，约心仪的男子在城墙根相会，见面送的礼物就是白茅"荑"，男子接受这荑草异常兴奋，"自牧归荑，洵美且异。匪女之为美，美人之贻。"你看这"洵美且异"的赞赏，可见其心里乐开了花，证据是"匪女之为美，美人之贻。"（《静女 邶风》）当然，除了送草，也有送花的，像"涉江采芙蓉，兰泽多芳草。采之欲予谁，所思在远道"（《古诗十九首 涉江采芙蓉》）就是明证。

"君子之交淡如水。"农业文明的古代，君子之风盛行，人际交往重道，不像今人重算计，古人凡事讲原则，送礼亦不例外。据说古人送礼至少体现这三个原则：一是礼物的道德隐喻原则。士与士初次见面，要送"雉"。雉是野鸡，此鸟的特性是一旦遇到危险难逃，就自杀，意思是彼此要像雉一样"守节死义"。古人说："士可杀，不可辱。"可见不是挂在嘴上的，在生活中处处以此为勉励的。

二是轻财重礼的原则。无论是诸侯之间，还是亲朋之间，隔久了未见，就派人到对方领土或家里拜访，带上礼物联络感情。一般会将对方送的礼物收下后，再原封不动还给对方。《礼记聘义》就有"以圭璋聘，重礼也。已聘而还圭璋，此轻财而重礼之义也。诸侯相厉以轻财重礼，则民作让矣"的记载，意思是说，以圭璋为国家礼品，是对聘礼的重视。

据说在没饭吃的年代，湖口农村家家都有一只木鸡，客人来了，主人会把一只木鸡放在锅里煮，放上油盐，然后将整只木鸡端给客人，以示对客人的重视。客人喝点木鸡汤再下席，以示对主人的敬意。木鸡不能吃，但代表主人是以整只鸡来敬重你的，其实也是轻财重礼的表现。

三是礼尚往来的原则。《礼记·曲礼》说："礼尚往来，来而不往，非礼也；往而不来，亦非礼也。"

农业社会，人们生活相对悠闲，心里多少存有点浪漫情调，就是送礼也有专门的礼仪著作，一部《仪礼》就将士人往来、平民婚嫁、诸侯礼仪都进行了详细的规范，《士相见礼》《士昏礼》《聘礼》等篇的礼仪记载，真是富有人生情趣。

工业社会人人都成了机器，金钱已填充了大脑的每个细胞，人际交往不排除有友情往来，但更多的原则是利益相交。送礼很多的时候是为了谋私利，重财轻义者比比皆是。无论是亲人之间，还是上下级之间，送点包茅橘柚这朴实而含义高大上的东西是万万行不通的，就是送能吃的雉也会遭人唾弃，谁与你"守节死义呢"？拜金主义日益盛行的今天，结婚彩礼非真金实银赤裸裸的钱不可，就是送购物卡都已过时，更别说一般实物了。

说起这送礼之事，笑话自然不少。记得很多年前，有个朋友说他们领导在大会上批评单位有个职工提些吃的喝的到他家送礼求他办事，领导说："都什么年代了，提一大包洋垃圾跑到我家，难看得要死，又不值两个钱，谁稀罕你这点东西！"说完还气咻咻的。私下有人解读：这是提醒大伙送礼要送隐秘的看不见的，那就是购物卡呀，现金呀之类了。

还有个有趣的笑话是，亲耳听某重点小学的校长说她闺蜜的故事。她说很多年前有人送了一个LV包给她的好闺蜜，闺蜜不识货，心里特别气愤，对她说："这么不懂经的人，什么不好送，送个这么大的丑得要死的买菜包给我。"校长的闺蜜是做领导的，从不下厨，更不会去买菜，看到那个包就来气，于是把包包送给了她老娘买菜专用。一日老太太拿着包在菜场将萝卜、青菜一股脑往包里塞的时候，有经过的人对老太说："老人家您是干什么工作的？真有钱！"老人说："我退休老太，哪有什么钱！"陌生人说："用世界名牌LV包买菜，不是高官就是富商！"老太回到家赶紧告诉做领导的女儿："人家说这是世界名牌LV包！"女儿拿到店铺一问，果真是价格不菲的大牌包。像我们这小城，那时的女领导见识不广，闹这笑话也不奇怪，关键是送礼的人没有说清楚，没说清楚的直接后果是，马屁拍到马腿上去了，后果可想而知！

江山代有好物出，各领风骚三五年。而今打开电视，不再有"我家今年不收礼，收礼只收脑白金"的广告了。本山大叔的消息也很少听到，一向对娱乐圈很少留意的我，对这长江后浪推前浪，前浪死在沙滩上的规律还是懂的：赵叔老了。年关时节，也是各种礼数要表的时节，满脑子都塞满铜元素的国人，别说脑白金，就是脑黄金又能给浸满污水的大脑注进一点浪漫温馨的情愫么？

在无士的时代里，又哪有为节而走，为义而呼的人？更别想在一个礼物中彰显情怀，寄托节操。所以，今人在快捷的生活里，也来得干脆，送礼送什么？很多人恐怕会异口同声说：钱！

写在年上

　　每当爆竹在天地间炸响，一阵高过一阵，哔剥之声绵延不绝时，知道年真的又到了。不知从哪朝开始有过年的习俗，但对年俗的记载，至少可以上溯到周朝，甚至更远。《诗经七月》就记载了过年的习俗："朋酒斯飨，曰杀羔羊。跻彼公堂，称彼兕觥，万寿无疆。"可见过年在远古就是大吃大喝欢天喜地互相庆贺的一个节日。

　　远古时代，生产力极为低下，吃饱饭不是一个容易的问题，更多的时候因天灾人祸，百姓处于饥寒交迫中，凶年常常是"途有饿莩"（饿死的人）。因此，吃饱穿暖一直是远古人们追求的王政理想，孟子曾描述过："黎民不饥不寒，然而不王者，未之有也"的理想画面。虽然和远古相距遥远，现在的人在过年时仍是豪吃海喝，也许饥饿的历史延续得太久，记忆的烙印太深刻，就是现今三十多岁的人，不少都经历过食不果腹，衣不蔽体的日子，因此，过年仍是吃为先。可见饥饿对一个民族的影响乃至创伤之深，不然哪会见面就问人家吃没，而且逢年就要豪吃呢？远古的人，一年到头辛苦，年关了自然要庆贺苦难的日子熬到头了，终于可以有新的一年开始。旧年过去，新年就意味着希望，在这辞旧迎新中，酒肉与爆竹自然是不可少的。

　　不过古人放爆竹，作用与今人应该有很大差别。古人把一年的不顺都归结为冥冥中有一种神奇的鬼怪在作祟，因此，在新年与旧年交界时分，古人用震天的响声来吓唬异怪，希冀本年的晦气不会沿到下年，估计中国的爆竹就是在这种心理需求中被发明出来的。什么时候开始放爆竹，应该也是有很悠久历史的，《荆楚岁时记》载："正月一日，鸡鸣而起，先于庭前爆竹，以避山臊恶鬼。"这段记载就明确了爆竹在古代是一种驱瘟逐邪的工具。王安石的《元日》"爆竹声中一岁除，春风送暖入屠苏。千门万户曈曈日，总把新桃换旧符。"也说明了过年放爆竹是驱邪这一习俗的延续。今人放爆竹，更多的是喜庆，当然也有反正一直以来都是放的，咱也跟着放，延续一种习俗而已的心理。

旧年的翻篇，许多的不顺终于可以过去，大多数人自是对新年满怀期望。不过也并非每个人在过年时会因满怀希望而兴奋，其实过年对踏上中年之路的人，更多的是惶恐，是对岁月倏忽时光流逝的恐惧，对盛年不再来的伤感。白居易贬官之时，遇到除夜，就与挚友元微之感慨时光流逝，功业未成，"鬓毛不觉白髭髭，一事无成百不堪""老校于君合先退，明年半百又加三"（《除夜寄微之》）。白居易每逢过年好像都很恐惧，过了几年后又逢除夕，他又在《除夕》一诗中写道："病眼少眠非守岁，老心多感又临春。火销灯尽天明后，便是平头六十人。"本来过完年就临春，人逢春天精神爽，可是一想到过完年就进入六十，实在也是有点恐惧，岁月的尘土已掩掉了他大半截身子，自然临年就叹息了。

小孩盼长大，长大了有自己做主的自由。可真的大了，人就不想前进。老了，怕死的心理更怯。前几日看中一款玉挂件，一直觉得太贵未下手，心里却惦记着，估计是有缘。据说玉是跟有缘的人的，于是就下决心去买着。进到店铺，有个老太太在买银项链，听她说已经八十岁了。心里正惊叹，一个穿着极为朴素的老太，一看就是干粗活的，她也要买首饰装饰自己，爱美之心真是人皆有之。可是老人自个儿说开了："我只是三十晚上戴一下，人家说了，三十晚上戴着，魂魄就不会走散，人的魂最容易在大年三十走散。"原来，老人是对时光流逝的恐惧，对生命的眷恋。售货员与老人是邻居，老人走后售货员说老人家里几个病人都是老人照顾，日子过得非常辛苦，可是在辛苦中八十岁的老人仍希望自己能再多活些日子。

昨晚同学聚餐，尽管大伙嘻嘻哈哈，但桌上好几个是儿女成了家，即将当爷爷奶奶的人了，说着说着，免不了为一晃即逝的年华伤感。儿时过年的情景，在大伙的回忆中，又浮现在眼前：家家户户杀过年猪，打过年豆腐，除夕晚上成群结队出门拜年接果子，还有守岁烤大火听长者讲古。往事历历在目，可而今曾为我们讲古的人基本都老了，过了。曾经接果子的儿童，对着镜子却找不到当初的星点稚嫩之色，脸上深深刻画着年的印记。怪不得过年要驱逐叫"年岁"的怪兽，因为每只年兽时刻在人的脸上刻下了一道道衰老的印记。假如赶跑了年兽，每个人不就可以青春常驻？！

"听烧爆竹童心在，看换桃符老兴偏。"又是一个年节时，老夫聊发少年狂，点着烟花听爆响；也可提个风筝在晴明的天空放飞，像儿童一样追逐；亦可邀上儿时的小伙伴，悟言一室之内，把盏忆旧，在内心畅想着青涩的年光，让即将干涸的心田因畅想而激情四溢。

　　过年了，无论如何哀叹，也无法留住时光的脚步，该老的自然要老，黄叶纷飞处，来年又是春。但那翠绿的新叶，永远不是曾经凋零的那片黄叶，万物如此，又有什么年兽可惧？吃好，喝好，玩好，修整好疲乏的身心，向着明朝的春天进发，纵使白发苍苍，只要童心不老，过年的滋味就是甜的。

永远保留的精神气

不是花开得不旺盛，是突来的暴风骤雨，使得枝折叶落残花满地；不是树长得不高大，是突来的刀砍斧削，使得他无法长成栋梁之材；不是你不够优秀，是制定规则的人首先刻意要将你排除在外……这或许就是人生的挫折。很多的时候，命运确实不是个人自己能掌控的，正所谓"天要下雨，娘要嫁人"，谁能左右天气和为上者？

面对外界强加的挫折，人非草木，孰能无动于心？可是困顿失意，悲苦号啕，始终不会扭转乾坤，唯独白白伤害了自己，让自己在萧条落寞中耗尽精神，到头来只会落得亲者痛仇者快的悲剧下场，白白便宜了对手，实在是愚蠢之至。失败，已经叫人灰头灰脸了，如果自己再整天一副苦瓜脸，在失败面前，你把那所谓的功名利禄认真当回事，你就真的输了。

洛克菲勒，美国超级资本家，美孚石油的创始人，在他创业的路上，做的第一单生意是倒卖大豆，当他签订供大豆的合同后，预计能大赚一笔。突然的天气变故将他的大豆毁掉一半，偏偏祸不单行，供货商在豆中掺假，使得眼看要成功的生意毁于一旦。可是洛克菲勒并没有长坐嗟叹，而是积极想办法做广告，开辟新的生意之路，终于在失败中奋起。当他的儿子为赔进一百万垂头丧气时，老洛克菲勒谆谆告诫他说："人始终要保持活力，保持坚强，不论遭遇怎样的失败与挫折，这是我唯一能做的事情。"洛克菲克名闻世界，他成功的秘诀也许最重要的是"始终保持活力"。

战乱的东汉，能生存下来不易；如果侥幸有一份爱情，那是无上的幸福。可是幸福有时候忽即逝，当殷勤女子将夫君送到南浦，从此孤蓬万里征，男子一去杳无音信。苦苦守候的乡村女子，虽然知道"思君令人老"，可生活是那么无依无靠，每日因思念而肝肠寸断，但她还能清醒认识到，假如自己因忧郁而老，即使等回了心爱的情郎，又能再赢得当初的那种感情么？情郎一看眼前堪比腌菜的沧桑女，审美定会大打折扣。因此，尽管忧伤不已，苦苦追思，但是女子还是坚强地叮咛自己："弃捐勿复道，努力加餐饭。"每读《行行重行行》，就仿佛看见那个风中迎候张望的女子，在夜幕降临，失落转身的一刹那，她一捧长发，抹去眼泪，强作振奋进房做饭，然后大快朵颐的情状，在微明的烛光中，她又精神抖擞哼着歌，过着该过的日子。

动乱无序的时代，一个独守空房的女子，生存境况的艰难可想而知，可是在等不到靠不了的绝境中，女人一声"努力加餐饭"，那种精神气流传千古，她成了古今文学殿堂中熠熠生辉可敬可爱永葆青春永垂不朽的美丽形象！

阿南是北朝的一名公职人员，他常年如一日兢兢业业一心做工作，做学问，取得了许多骄人的成绩。到了按序迁升的日子，业界一直看好阿南先生，认为他是当之无愧要被提拔的，可是他所生活的那个半岛，和他一同竞争的有侯爵、有公卿，尽管北朝政府一再声明唯才是举，可是在定选拔规则时，完全是给公卿侯爵量身定制的。晋升之路，对普通士子而言，是多么艰难，悲愤不已的阿南先生，短短一个多月就憔悴得形销骨立，落难的凤凰不如鸡。痛定思痛后，阿南不再沉沦，他转而著书立说，行吟山水，每天将自己妆饰得精精神神，吃饱睡足，精神气十足，后来他不仅著作等身，而且健康长寿。那些当年与他竞选官位的公卿侯爵早已墓上古木参天时，阿南先生还能在山间原野健步如飞看风景，与朋友吟诗对酌，儿孙满堂承欢膝下，日子过得陶陶然。正所谓"功名利禄如长久，渭水亦应西北流"。

争什么？王公大人爱争权夺利让他争去，争到了还要他有命消受。秦王一统中国，自以为"子孙帝王万世之业"，可是他自己早死，传到第二代就身死国灭，血脉亲缘被斩草除根，秦王后人而今安在哉？佛说："德不配位，抢夺了他人的，必加倍奉还。"

最让人遗憾的人，莫过于李贺。因奸人以避父忌断绝他科举晋升之路，满怀才情的李贺就日日生活在悲愤中，以眼泪洗面，终日长吁短叹，本应光彩夺目的生命，却在自我残害中过早夭折，据说李贺死时年仅二十七岁。如果李贺豁达点，每天高高兴兴的过日子，承欢母亲膝下，携手红粉佳人，写诗吟对，访名山胜迹，强身健体，皇帝老儿命都不长，留得青山在不愁没柴烧，也许李贺还有东山再起的时候。

人生谁没有磨难？普通百姓稍想做点有关理想的事，就要付出十二万分精力。失败又不是你一个人的专利，既然功成名就永远只是少数人的游戏，你不能做大树，你就做好一株小草，在你的春天里尽情展示你的风姿，你的人生不也会很精彩？海明威说："生活总是让我们遍体鳞伤，但到后来，那些受伤的地方一定会变成我们最强壮的地方。"也许有一天我们的肉体会被消灭，如果我们有不屈的思想，有永不垂丧的精神气，我们的灵魂就会永生。

　　无论经历了什么，永远保持自己的精神气！

第六辑

读书总悟

苦闷心灵的突围

——也说苏轼的《赤壁怀古》

　　每读苏轼的《念奴娇·赤壁怀古》，总为他身陷万劫不复的深渊，却能在苦苦挣扎后，从容突围的雍容大气而震撼不已。

　　《念奴娇·赤壁怀古》写于神宗元丰五年（1082年）七月，是苏轼因"乌台诗案"贬居黄州时游黄州城外的赤壁矶时所作。"乌台诗案"发生于元丰二年（1079年）。元丰二年三月，苏轼由徐州调任太湖滨的湖州，他例行公事作《湖州谢上表》。表中先略叙自己为臣过去无政绩可言，再叙皇恩浩荡，最后为表明自己不给皇帝生事，附上"陛下知其愚不适时，难以追陪新进；察其老不生事，或能牧养小民"几句话。可是，御史何正臣上表弹劾苏轼，奏苏轼移知湖州到任后谢恩的上表中，用语暗藏讥刺朝政，何大正摘引表中"新进"、"生事"等语上奏，给苏轼扣上"愚弄朝廷，妄自尊大"的帽子。

　　监察御史台里行舒亶经过四月潜心"钻研"，找了几首苏轼的诗，就上奏弹劾说："至于包藏祸心，怨望其上，讪渎谩骂，而无复人臣之节者，未有如轼也。盖陛下发钱（指青苗钱）以本业贫民，则曰'赢得儿童语音好，一年强半在城中'；陛下明法以课试郡吏，则曰'读书万卷不读律，致君尧舜知无术'；陛下兴水利，则曰'东海若知明主意，应教斥卤（盐碱地）变桑田'；陛下谨盐禁，则曰'岂是闻韶解忘味，尔来三月食无盐'；其他触物即事，应口所言，无一不以讥谤为主。"

　　国子博士李宜之、御史中丞李定他们紧跟着历数苏轼的罪行，声称必须因其无礼于朝廷而斩首。李定举了四项理由说明为什么应当处苏轼极刑。苏轼就这样因言获罪，被押入死牢。乌台，即御史台。据《汉书·朱博传》记载，御史台中有柏树，乌鸦数千栖居其上，故称御史台为"乌台"，亦称"柏台"。苏轼这个案子就被称为"乌台诗案。"

　　"乌台诗案"后，死里逃生的苏轼被贬到黄州做团练副使。这是一个虚职，无权无钱，保住性命虽值得庆幸，但满腹经纶，旷世才华的苏轼，先被打入死牢，继而被皇帝抛弃在黄州这个僻远穷乡之地，已经四十多岁的人想东山再起一展鸿鹄之志，在当时看来几乎不可能，内心的不甘、愤懑、绝望时时噬咬着词人柔软的内心。生命不甘沉沦，那么如何摆脱眼前的困境呢？满怀愤懑又向谁申诉呢？诗人祸起诗词，但诗词又是他最好宣泄情感的对象。

　　身处黄州，苦难的词人，是如何在苦苦挣扎中找到心灵的突破口，引领灵魂的突围呢？在《念奴娇·赤壁怀古》中，词人一开篇，劈空写出"大江东去，浪淘尽，千古风流人物"。站在赤壁水边，面对滚滚滔滔的东逝长江水，诗人想到的不仅是眼前一去不复返的浩瀚长江，更是"逝者如斯"的时间长河，她湮没了世间多少英雄豪杰。开篇设置一个极为广阔而悠久的空间、时间背景，在这浩瀚无边的大江面前，诗人倍觉生命的短暂，个体的渺小，为全文定下感情基调。

　　永恒的长江，曾有多少英雄与之相关联，其中最著名的就是赤壁之战的英雄。当时三国英雄云集赤壁，展开了一场生死鏖战。作者一生想建功立业，对三国英雄特别是周瑜景仰无限，自然会借他们来说事。尽管作者所在的赤鼻矶，并非三国赤壁，但借古说事的需要，作者将三国赤壁战场巧妙地移到赤鼻矶，并在前面冠上"人道是"三个字，将故事与常识区分开来。有了这个移位，作者马上满怀深情喊出："三国周郎赤壁！"为什么要把"赤壁"说成是三国周郎的赤壁呢？一是因为赤壁之战，周瑜任孙刘联军总指挥，并且在周瑜的指挥下，孙刘联军彻底打败号称八十万水军的强大曹操，确定了三国鼎立的局面，史有"周郎妙计安天下"之说，周瑜在赤壁一战中是个决定历史走向的关键人，赤壁就是他展示绝世才华的最好平台；二是表现作者对周瑜的极度景仰之情；三是与当下自己形成对照。周瑜那么战功赫赫，而自己却只是一个被贬黄州的团练副使，不禁为自己的遭际感到悲愤不已。

　　英雄人物活动的舞台，定是非同寻常的，接着作者就给周瑜设置了一个雄伟壮丽奇险峻峭的如诗如画的险要环境："乱石穿空，惊涛拍岸，卷起千堆雪。"在这陡峭的山崖散乱地高插云霄，汹涌的骇浪猛烈搏击着江岸，滔滔的江流卷起千万堆澎湃的雪浪的水流湍急险峻地势作战，方显胜者的英雄本色。作者用形神兼备的手法描写赤壁惊心动魄的奇伟景观，实际是为了映衬周瑜的非凡气概，并为众多英雄人物的出场渲染气氛。也体现作者对周瑜的景仰之情。

下阙用"遥想公瑾当年"一句领起，按理应接着写周瑜，可是作者却很突兀一转："小乔初嫁了"。其实这里并非作者走题，恰恰是作者赞周瑜的巧妙手法，他这是采取侧面烘托的手法来突出周瑜的了不得！"小乔初嫁了"，意味着周瑜刚结婚，说明周瑜指挥赤壁之战时非常年轻，以此来显示周瑜的盖世才华，卓越功勋，年轻有为。美人配英雄，是自古以来的公理，而小乔这样的美人只有周瑜这样的英雄才有资格匹配。小乔是当时倾国倾城的美人，据说当年曹操挥师江南，就是因垂涎二乔美色，杜牧有诗作证："东风不与周郎便，铜雀春深锁二乔。"赤壁之战时，周瑜的真实年纪几何？据史载，建安三年，东吴孙策亲自迎请二十四岁的周瑜，授予他"建威中郎将"的职衔，并同他一起攻取皖城。周瑜娶小乔，是在皖城战役胜利之时，也就是二十四岁的时候。赤壁之战，发生在周瑜婚后十年，此时周瑜已经三十四岁。为何作者要将十年后的事浓缩到十年前呢？其实，作者是用夸张的手法，缩小时间差，极力夸赞周瑜的丰姿潇洒、韶华似锦、年轻有为！极显作者对周瑜的羡慕不已，景仰不已。再就是，作者极言周瑜的年轻有为，目的是与作者自己形成强烈的对比：周瑜刚结婚，二十多岁，就建立盖世功勋，而自己年龄已四十多，进入垂暮之时，却空有壮志，英雄无用武之地，明赞周瑜，暗为伤己。

在用美人为英雄刷色后，作者进一步来刻画周瑜的英雄形象："羽扇纶巾"，刻画出一代儒将之风范；"谈笑间"一方面说明时间极短，一方面说明周瑜的谈笑自若，指挥如此重大的战役，却能举重若轻，足见他大智大勇，指挥若定。接着写战争场面，古往今来写战争都会重点描写双方交战的血肉厮杀，突显现场的血腥惨象，如屈原的《国殇》写交战是"天时怼兮威灵怒，严杀尽兮弃原野"，可是苏轼却开启了刀不刃血却取得绝对胜利的战争描写笔法，他用"谈笑间，樯橹飞灰湮灭"就将周瑜的儒雅气质，高超的指挥才干，大智大勇的真英雄本色，刻画得淋漓尽致！

在层层渲染烘托周瑜的英雄本色之后，作者对周瑜的羡慕之情，景仰之情也从字里行间流露出来。极力渲染周瑜的非凡若神，实际是与自己形成对比，借周瑜来伤己，周瑜年轻有才，也有明君重用他，人生路上巧得东风，生活处处春风得意，而自己却是刚从死牢逃出，被皇帝遗弃山野的散人，偏自己又是满腹经纶，满怀建功立业之理想，却英雄无用武之地，只能老死江湖，一对照，不禁悲从中来，伤感不已，愤懑不已！

　　痛定思痛，面对滔滔江水，作者突悟：周瑜这样的盖世英雄，不是也被时间长河的浪花涤荡殆尽，不见踪影吗！"方其破荆州，下江陵，顺流而东也，舳舻千里，旌旗蔽空，酾酒临江，横槊赋诗，盖一世之雄也"的曹操，又而今安在哉？历史上所有的盖世英雄，最后都被时间洗刷淘尽，成为一抔黄土，正如雨果所说的："死亡是伟大的平等！"既如此，我苏轼神游故国，倍觉人生短暂，一事无成，犹如一场虚梦的话，那些被浪花淘尽的英雄，他们又何尝不是如梦人生？既然英雄最终也不能永恒，人类所有的命运是，英雄也会和平凡人物一样被浪花淘尽，那我又何必为自己没有建立功业，不受重用而伤感愤懑呢？在永恒的长江面前，谁都是微不足道的！诗人思及此，顿觉豁然开朗，贬官黄州也没什么值得伤感的，于是心情也就晴朗起来，于是就痛快地喝起来。江水滔滔，明月多情，诗人举杯祭江月，为自己寻找到灵魂的突围，而举酒庆贺！

　　一曲《赤壁怀古》，诗人内心的苦苦挣扎，通过与历史上的风流人物的关照，面对千江有情千江月，在说古谈今中，诗人拨开了眼前的迷雾，消解自己的郁闷。在面对永恒的长江和短暂的人生的思考中，终于找到了心灵的突破口，在江水月影中，一杯浊酒，诗人苦闷的灵魂得以突围。可以说，《赤壁怀古》带给我们的不仅是江山如画、奇伟雄壮的景色和对深邃无比的历史的沉思，更是唤起我们对人生的无限感慨和思索，启迪我们在逆境甚至绝境中，如何以强大的内心来寻求灵魂的突围，获得精神的重生！

亡国之音哀以思

　　——读李煜的《虞美人》

　　《虞美人》是李煜的一首感怀故国的名作，也是他生命的绝唱。据史料记载，宋开宝七年（974年）十月，宋兵南下攻金陵，第二年十月城破，后主肉袒出降，被俘到汴京，封违命侯。太平兴国三年（978年）七夕，后主四十二岁生日，在赐第"命故伎作乐闻于外，太宗怒，又传'小楼昨夜又东风'及'一江春水向东流'之句，并坐之"。太宗赐牵机药毒死了他，这首词也就成了李煜的绝笔。

　　一个无意于君王，不通政治，只留恋花前月下吟词弹曲，向往隐居的人，历史偏和他开了一个巨大的玩笑，把他推上了君王宝座。在南唐王朝皇帝的继承人中，当时的中主李璟在烈祖李昇灵位前发过誓言"兄终弟及"，即把皇位传给其弟景遂，但因为李煜的哥哥弘翼即李璟的长子当时立下了战功，就立弘翼为太子。弘翼为人果断刚毅，权力欲极强，他担心父亲遵照誓言将皇位传给叔父，便秘密地将自己的叔父景遂杀害了。可一门心思想做皇帝的李弘翼居然在叔父死后没几个月也死了，李煜就顺应大局接下了这个南唐的烂摊子做起了皇帝。命运弄人，偏又将李煜从九五之尊的皇帝一朝变为阶下囚，人生的巨大逆转，国破家亡之恨，人生际遇的感慨，倾注在《虞美人》这首词里，那和着血泪的呼喊和诘问，荡气回肠，哀婉不绝。

　　春花秋月，可以勾起人们多少美好的向往，可词人却悖乎常情，开篇劈空喊出"春花秋月何时了"的诘问，为什么呢？眼前的春花秋月，不正是曾经身为帝王的李煜无数次浅斟低唱、寻欢作乐、流连不已的对象么？可如今身为阶下囚，被软禁在这高墙深院中，人生哪还有春天和希望！因此，再见到曾经给他带来过无限欢乐的春花秋月时，只会勾起他无尽的烦恼和伤痛，引发他更深的感慨和惆怅：往昔花前月下低吟浅唱，欢歌笑语，觥筹交错，侍从如云，威风无限；如今身处高墙之内，孤独一人，漫漫长夜，经年屈辱，何时才是尽头？对人生的厌弃之情油然而生。明艳的乐景对应内心无边的悲愁，更显词人心如死灰、万念俱灭的人生绝望之态。

自然永恒，人生变幻无常，昨夜囚楼"又东风"，春天如期而至，归宋又是一年！夜阑人静，痛彻心扉，独倚危楼，望着那轮明月，词人思绪联翩，恍惚回到久违的故国。曾经明月照耀下的故国，宫中朝歌夜弦，他游乐御苑，凤舆鸾驾，宝马香车，宫女如云，随从列队，前呼后拥，多么繁华，多么威严！人生忽如春梦一觉，如今往事已成空，国破家亡，李煜从人生的巅峰跌入谷底，失去的不仅是尊严、地位，更有自由和生命的安全！过去的虚幻和眼前的现实交织，巨大的反差，无限的屈辱，强烈的感慨，引得他不禁放笔号啕："故国不堪回首月明中"！

不堪回首，却又忍不住回首。明月之下，词人又忍不住纵情想象：旧日南唐的宫殿应该还在，可自己离开故国多年，宫女们可能青春已逝，苍老憔悴，红颜不再了吧！词人在此用的是曲笔，"朱颜"只是故国的一份子，一个"改"字，蕴涵了作者深广的思想感情：江山改姓，故宫易主，如今是物是人非事事休！想到这竟是发生在自己身上的家国巨变，这就不能不引起他的悔恨，他的追思，他对国家和自己一生变化的痛苦的回味！他曾优柔寡断，犯下许多政治错误——该杀的不杀，不该杀的杀了，以致断送了江山社稷、故国家园。一个"改"字，点出了全词的题旨：词人悲恨的根源。

"生于深宫之中，长于妇人之手"的李煜，"性宽恕"，"好生戒杀"，但在战火纷飞、杀戮成性的五代，深味佛学内涵的他，实在是显得过于柔弱。去国之思、失国之悲、亡国之恨、家破之痛真是"剪不断，理还乱"。词人最后只好泣着血泪将这种种难以说明的哀思全部融入一个"愁"字，将满腔幽愤化作一江冲出峡谷的滔滔江水，不顾一切地奔涌而出，将全词的感情推向高潮，满怀悲怆地对人生发出彻骨的诘问："问君能有几多愁？恰似一江春水向东流。""愁"本无形，可词人以"一江春水"为喻，勾起了读者无限的联想。

"国家不幸诗家幸，赋到沧桑句便工。"李煜正是由于经历了亡国去家的大悲苦、大灾难，练就了大手笔，究诘人生宇宙，字字血泪真情，他的《虞美人》才写得如此有深度和力度，大有负荷全人类之悲哀的气概，成为千古绝唱！一首《虞美人》葬送了一代伟大的词人，但同时也造就了这个悲剧词帝的万古流传。

住在纳兰的心里

　　中国诗坛上，四大著名的情郎：元稹、苏轼、纳兰性德、仓央嘉措。他们有很多相似点：都为心爱的女人留下世间绝美的诗句，都为爱情呕心沥血；他们不仅饱读诗书，才情横溢，而且都是人中精英，上流社会的达官贵人。区别唯有前三人生活在俗世红尘中，后者被禁锢在寺院。

　　"曾经沧海难为水，除却巫山不是云"已被人世间用来对旧情难忘、无可取代的替代语。单就诗句看，被怀念的人真是幸福无比，尽管怀念者因失去至爱心如死灰，满目萧然，却给人种下世间无比经久的爱情种子，让人如痴如醉于曾经沧海中。"十年生死两茫茫"，怀念的情愫却没有因时间的流逝而淡漠，反而与明月山冈同老去，苏学士对亡妻的深情厚意，确实不比元稹逊色。元、苏都是身边女人一堆的人，他们对早亡的前妻的怀念，总给人感觉是将后人与前人比之后，有点"新人不如故"的哀怨成分吧。

　　"好多年了，你一直在我的伤口中幽居，我放下过天地，却从未放下过你。"你看这么缠绵悱恻的心语，纵是无情木，也会被雪域高原的王——六世达赖喇嘛仓央嘉措的柔情所撼动；纵是千年的冰川，也会被情歌王子的赤诚所融化。仓央嘉措，这个俊朗多情的雪域歌者，他每个细胞都凝着诗的元素，可命运却将至尊的宗教王位安在他的臀下。他不能爱，却疯狂地想自由地爱。于是，诗情好比春江水，一泻汪洋，无可遏阻，以致追问：我为什么要遇见你？我为什么要爱上你？假如"不相见，如此便可不相恋。最好不相知，如此便可不相思"。这种追索，苍天动容。虽然仓央嘉措的执着于爱，让人倍觉凄婉倍觉迷惘，有时想，如果仓央嘉措不是出世的王，而是樊笼中的俗王，他与挚爱的青梅竹马能够结合的话，他也能妻妾成群的话，他还会这么像杜鹃般夜夜啼出血泪织成的情歌么？

　　于是，我想起了那个北方的情歌王子——纳兰性德，他出身高贵，做着康熙皇帝的贴身侍从，是皇帝特别赏识的大臣，年纪轻轻就身居要职，享不尽的荣华富贵，多少人拼足几代也无已企及的高位，可是，他却视之若草芥，偏要在情字里头安生。妻子卢氏，婚后三年去世，纳兰的天空从此没有了太阳。尽管卢氏过世后，他续玄，娶侧室，娶小妾，然而，却真是除了卢氏对其他女人是"走过花丛懒回顾"了。据说小妾沈氏诗词情怀不在夫君纳兰之下，可纳兰眼底心窝，只住着一个卢氏。醒里梦里，唯有前妻的音容笑貌。"若似月轮终皎洁，不辞冰雪为卿热。"如果爱情能够像圆月那样美满，富贵公子愿意不辞冰雪为她热身，任何代价在所不惜，富贵公子为了爱竟然能如此不顾惜自己，实在可叹！

"燕子依然，软踏帘钩说。唱罢秋坟愁未歇，春丛认取双栖蝶。"看旧时燕子成双成对，呢喃亲密，想妻子人去楼空，不禁悲不自胜，眼底成空，竟要随妻子而去双双化蝶。卢氏平素不擅长作诗，可是诗人却能与她诗意地生活，"赌书泼茶"最寻常。三年光阴，终生怀念。每日沉浸在往昔的幸福生活中，"露下庭柯蝉响歇，沙碧如烟、烟里玲珑月。并着香肩无可说，樱桃暗吐丁香结。笑卷轻衫鱼子缬，试扑流萤，惊起双栖蝶……"默默相守，是一种永恒的静穆之美；追蝶扑萤，嬉闹欢歌，是一种纯朴无瑕的童趣。和卢氏依偎在一起，庸常的生活，在纳兰的眼里都是诗情画意；卢氏的离去，纳兰的天空里再也没有了太阳的光辉。

于是，每日以泪洗面，一切富贵，一切荣华，在他眼里恍如蛛网轻薄。唯有那生死相依的爱情，是他人生的全部。身边有才貌双全、能诗能对的女子，可纳兰心无旁骛，他没去懂她，亦不在乎她是否懂自己，只是固执地追随着前妻卢氏，诗意的化作秋来双栖蝶。

仕途得意，出身显贵，才情横溢，得天独厚的纳兰，天地无双；然而，抛却红尘一切，只为用自己的身躯去暖和冰雪的妻子，只要能相守，不惜一切代价，以致生命，这又是世间独有。在纳兰面前，才知情为何物，才知道什么叫相思以枯骨，才知道什么叫滴滴为血泪。住在纳兰心里的女人，真是好幸福。

何以遣怀

　　阴雨，秋风，甚是肃杀。苦雨敲落的黄叶，无可奈何飘零在四野，甚至尘泥中。满目萧然中，路上走过一个个表情漠然的人，打着伞，穿着厚厚的衣服，一若这毫无生机的天色般阴郁。

　　落寞的人，得遣怀。何以遣怀？得看自己的能量。

　　有钱的如石崇，可筑金谷园，在风和日丽、桃花灼灼、柳丝飘飘、蜂蝶起舞的阳春三月，呼朋引伴，豪饮达旦，一醉方休，不知人间还有愁字，有钱任性得很。不过，树大招风，过分任性的人结局都不会好，石崇后遭孙秀陷害被处死。

　　石崇虽成古人，后人还是对他的金谷园蛮惦念的，王勃就感慨过"兰亭已矣，梓泽丘墟"。这梓泽就是指金谷园。《晋书·石苞传》载："崇有别馆在河阳之金谷，一名梓泽。"李白在《春夜宴从弟桃花源序》也说到，"赋诗不成，罚依金谷园酒数"，可见李白也是很艳羡当年老石的风流阔绰生活的。据说当年石崇在金谷园的排场"送者倾都，帐饮于此焉"。石崇除了摆富显阔，醉生梦死地喝酒是不是也有遣怀的成分？

　　李白那么有才，却没有参加科举考试，真是性格不适合参加科举？这肯定是后人浅薄之见。恐怕这真实的原因，是他的商人出身当时政府限制他报考，唐代的商人地位之低下，连一个年老色衰的娼妓都以嫁给商人是一种委屈，"老大嫁作商人妇"这口气就知其中几多无奈。今天的商人与唐时的比，真是天上人间。李白时代商人或商人的孩子是没政治地位的，连参加科举考试都是受限制的。不然，李白干吗要那么苦心学道？他七岁就被父亲送到山中跟道士赵蕤学道，倒不是要他出家，而恰恰是希望他通过学道进入官场，曲线救国。因为唐代统治者信奉道教，想成仙不老，永据江山，对有名的道士皇帝会直接起用，不需科考。李白的老师吴筠就是因修道出名被皇帝召进宫的，老师之后就将自己的高足李白也推荐给了皇帝，就有了李白"仰天大笑出门去，我辈岂是蓬蒿人"的张狂与自信。长安对面的终南山就是假道士真官迷们进入官场的捷径，即世人所说的"终南捷径"。

李白在长安并不顺利，三年（可能更短）御用文人，最后被赐金放还。人生再也没有了出路，苦闷无比的诗仙，胸中块垒无法驱遣，唯有以酒为伴，以月为侣，"举杯邀明月，对饮成三人"。"只要美酒能醉客，直把他乡作故乡"其实隐含的是，只要能让我的灵魂麻醉，让我对这肮脏龌龊的世界忘却，哪里是故乡又有何干系？"五花马，千金裘，呼儿将出换美酒"，只求买一醉，醉销万古愁。

酒里遣怀，终不得解怀，只是在醉醺醺中想捞取人生那一轮虚幻的月亮，最后竟葬送江底，月影碎了，诗仙李白也终于从那个无聊透顶的世界消失了。

商人之后的李白，出身就决定了他再有才情也无法在他的本家李唐王朝中分到一杯羹，李唐王朝没有废掉他姓李的资格，还算是一点度量吧。

出身名门望族也不见得能得到祖先的恩庇。杜牧，宰相杜佑之孙。可是他年轻时却没能沾上家族门楣之光。26岁中进士，据说是因性格刚直，屡遭排挤，人生最艳丽的十年却只能做人幕僚，混口饭吃，就是自己看中的心爱女子，都无法履约迎娶，以致再见时，只能叹息"自恨寻芳到已迟，往年曾见未开时。如今风摆花狼藉，绿叶成阴子满枝"。没有地位没有金钱的时候，爱情也是一种幻想。百无聊赖的日子，总得寻找一个宣泄口，让肉身在乱糟糟的世界生存下来，于是，杜郎只好将热血贲张的青春年华，消磨在扬州青楼酒肆中。"落魄江湖载酒行，楚腰纤细掌中轻。十年一觉扬州梦，赢得青楼薄倖名。"

也许，青楼女子的纤纤细腰，浅吟低唱，才能为满腹才华无处使用的杜郎，暂销满心愁绪。红巾翠袖，给漂泊游子，落魄士人多少慰藉！据心理学家分析，性，可舒缓心里的郁结。西方有部名著，女主人公在孩子暴病死亡之夜，悲痛欲绝，却做出了一个极为反常的举动，她连夜跑到情人处，疯狂一夜。这就是绝望处靠性减压的典型例证。

杜牧的十年蹉跎，每天都见不到太阳升起，只看见阴沉的天空和枯槁的大地，人生毫无奔头的时候，唯有香艳的女子，能给他短暂的感官刺激。十年，多么漫长，在漫长的苟且偷生中，唯青楼梦好。

辛弃疾南渡，本以为能大展宏图。他是中国难得的文武兼修的真才子真猛士，但是才华卓著的人，统治者一般不会用，这是历史规律，宋王朝的赵家老儿的人才观也不例外。越有才越不用，宁可用奴才也不用人才，这种逆淘汰规则一直是中国变态皇帝们用人的法宝。再加上辛弃疾的祖父在金朝做官，宋皇帝更不会相信他。手拿吴戈，力能扛鼎，文能安邦，但却毫无施展手脚的寸土之地，于是，飒爽英姿的辛弃疾也只能怅西风，老死江湖，一任红巾翠袖揾英雄泪。

鲁迅先生曾说过有所铁屋子，有的人熟睡，有的人是醒的，睡的人很酣畅，可醒的人拼命砸打铁屋子，却无济于事，最后大家都闷死在里面。很多的时候，我是羡慕那些睡着的人，醉生梦死吧，不知道痛而痛，于个体也可谓是幸福。

人生识字忧患始，古人就是透彻！古来圣贤皆寂寞，最大的哀痛还是他们都醒了。

阿Q们也是有烦恼的，但是他们的消解就简单得多，有酒就醉，有觉就睡。

阿Q被赵太爷追打，因为他不配姓赵，可他确确实实姓赵。阿Q有点迷茫，但他没法想得更多，除了果腹的粗食和蔽体的破衣。"吴妈，我想与你困觉！"这直铲铲的表白，不是爱情，是生理的需要。阿Q的全部思想，都在这本能的需要上。极尽饥饿又极尽无聊的阿Q，只好到尼姑院里偷萝卜充饥，顺带亵玩一下尼姑，以满足生理的快感。

"覆水置平地，各自东西南北流。人生亦有命，安能行坐复长叹。"鲍照的千年之叹，就像永不衰竭的天籁之音，在一代代醒着的人的耳边响起。命运从来不是以实力和德行来安排他的子民，历史书写的不一定是真正的英雄，不然，何来陈子昂的千年一叹，"前不见古人，后不见来者"，旷世之悲，无以消解！

在这样一个金钱、权势经营着一切的世界里，普通如我之草根，就是想望在零落的秋风中，有红粉佳人，为我揾泪，也是不可能的，佳人都慕富贵，清贫唯倚西风。

何以遣怀？杜牧能十年青楼，扬州有梦。面对秋日漠漠，我却只能一杯浊酒，独对江月。

酒不醉人，人亦未醉。有时很是羡慕那株栎树，百无一用，也不参与世人的名利游戏，管你规则偏向楠木还是杂木，自己玩自己的，反而能成就天年。可人不是树，在混乱的规则里，我却醒着。

秋风惨烈，万木凋零，今人不见古时秋，秋风依旧同古时！睡着，醉着，真好！

崔颢：黄鹤楼上万古愁

黄鹤楼

崔　颢

昔人已乘黄鹤去，此地空余黄鹤楼。

黄鹤一去不复返，白云千载空悠悠。

晴川历历汉阳树，芳草萋萋鹦鹉洲。

日暮乡关何处是？烟波江上使人愁。

崔颢，穿越千年我来做你的知音！

相见不如怀念！梦里百转千回的人事，因我们的思念太深，往往将一切杂质过滤，留在自己印象中的是唯美至纯的情愫，对风景亦不例外。但往往希冀越多，期望越大，失落亦越大。

开元繁荣气象，士人漫游已成风气，温饱思淫欲，风景名胜又正好是文人墨客的精神恋人，对名山胜迹的向往就成了士子们的一种集体渴慕，崔颢的喜好亦不例外。黄鹤楼，屹立于滚滚滔滔的武昌之上，据说有个叫费祎的道士在此楼乘鹤登仙。楼不在高，有仙则名。唐人对道教的钟情，几乎从帝王到平民百姓，而文人墨客更是推波助澜之人。现实常常很逼仄，如果能羽化登仙，离开这个红尘之地，做一个云游四海的神仙，亦是人生的好归宿，而黄鹤楼就是成仙的好地方。于是，仕途颠簸的崔颢，满怀对黄鹤楼的美好憧憬慕名前来，可眼前不过是一座寻常可见的江楼。望着空空的小楼，无踪的黄鹤，诗人感慨不已："昔人已乘黄鹤去，此地空余黄鹤楼。"无限的渴望，相见却是极度的失望：远途的劳顿，经年的倦怠，想到昔人已远，黄鹤西去，空空如也的现境，不觉怅然无限。

白云在头顶的天空悠悠飘着，天高旷远其色苍苍，脚下的长江奔腾咆哮一去不返。江天相接一碧千里，黄鹤楼影倒映水中，摇曳生姿。落日楼头诗人仰天长啸，回音重重经久不绝，可是却始终未见黄鹤闻声飞回，只有这远古的江楼静静地守在奔流不息的长江边。仙人已去，黄鹤不再，物是人非，岁月悠悠，这江上的白云也飘了千年？它在等谁？多少从天涯浪迹到此的游子，曾登斯楼想一跃成仙？昔人从何而始？从何而终？江上的时间是如此悠远，江上的天空是如此亘古不衰，可为什么黄鹤一去不复返呢？为什么我的青春亦随黄鹤一去不复返？一切逝去的美丽，何时能再现？空楼无言，江水无言，飘忽的白云，亦无言。

晴明的夜空，汉阳江岸，月华的光辉洒满嘉树。隔江相望，苍翠的树木仍历历在目。鹦鹉洲上芳草萋萋一片葱翠，汉黄祖担任江夏太守时，曾在此大宴宾客，有人给他献上伶牙俐齿的鹦鹉，太守一时酒兴赐名此地鹦鹉洲。鹦鹉早已飞走，也是随着黄鹤一起成仙？黄祖而今安在？绿树荫里，只有夜莺在寂寞的歌唱，不见当年的觥筹交错。

暮色苍茫，月涌大江，举目远眺，望断关山，不知何处是故乡。江上的雾霭一片迷蒙，千年长江波涛依旧，眼底心头云遮雾罩，前路在哪里？归宿在何方？疲倦的灵魂该安歇在哪？问乡乡不语，思乡不见乡，唯见长江送流水，万古悲愁无人知。日暮乡关何处是？烟波江上愁更愁！

最是无情等子衿

郑风·子衿

青青子衿，悠悠我心。纵我不往，子宁不嗣音？

青青子佩，悠悠我思。纵我不往，子宁不来？

挑兮达兮，在城阙兮。一日不见，如三月兮。

西风，从远古的漠北吹来，吹枯了蛮荒的秋草，吹落了乌桕树上的红果，吹乱了女子的长发，吹皱了女子的心。

长亭之外，孤城之上，一抹余晖眷着西楼，恋恋不舍。断鸿声里，不见旧时相识。女人倚在城楼上怅然远望，多少回幻化出青山青处隐约走近的青青子衿。青色的长衫，青色的佩带，清秀的脸庞，俊朗的外形，脉脉含情的眼睛，微微颔首就让女人神魂颠倒。你说在秋光里的黄金树下等我，你说你会采来萱草和包茅，你说你要编织一顶美丽的花环，戴在我的头上……女人站在城楼的风中，仙袂飘飘，全身笼罩着一层金辉，不断回味着男子早先的每一句话。她清早出门，心似飞箭，走过竹林小径，来到河边，如果坐上小船，很快就可以见到心爱的人儿。可是，当她到达时，河水滔滔，不见扁舟，苦苦期盼，未见踪迹，情急之中只好登上城楼远望。姑娘想，我来不了，你应该不会傻等，你会向我走来，我在高处，只要你一出现，我就能看见你青青的衣裳。

可是望穿秋水，不见影儿，姑娘浓浓的爱意在无聊寂寞的等待中消耗殆尽，惆怅与幽怨油然而生：纵然我没有去找你，你为何就不能捎个音信？纵然我没有去找你，你为何就不能主动前来？倒叙的手法，责问的语气，将姑娘念念不忘，相思萦怀之情刻画得活灵活现。姑娘在城楼上盼呀等呀，心烦意乱，于是来来回回走个不停，犹如困兽想挣破牢笼。太阳都要下山了，看来今天是无望了，姑娘独自嘀咕："唉，一日不见，如隔三月，时间真是太漫长！"我不能来，你为何不来找我？你为何不给我带个口信呢？姑娘任性地埋怨着男子，可一任西风漫卷，无人能解姑娘心忧。

夜幕降临，空气微凉，鸟儿双双归巢，姑娘满腹哀怨满目凄然走下城楼，踽踽独行在古道荒原，寸寸相思寸寸灰……

月上柳梢，男子在书案前抬起蒙眬的眼睛，伸着懒腰，今天的功课温习得差不多了，我可以到庭院看天阶玉露，黄花绽放。今儿约她见面，可是半天她都未到，西风萧瑟，青衫不应虚度日，男儿苦读在四方，何愁天涯无芳草，不见亦好。

千年的风霜犹在，陌上红尘中的啜泣声仍在，青青子衿，也许是最早让痴情女子绝望的中国文人。

洛阳风光更添愁

菩萨蛮·洛阳城里春光好

韦　庄

　　洛阳城里春光好，洛阳才子他乡老。柳暗魏王堤，此时心转迷。桃花春水绿，水上鸳鸯浴。凝恨对残晖，忆君君不知。

　　人生之悲，莫过于有点小才却无用之地，只能老死江湖。每读韦庄的《菩萨蛮·洛阳城里春光好》，就有一种于我心有戚戚焉之压抑。

　　韦庄，京城长安杜陵人，出生于官宦之家，是著名诗人韦应物的四世孙，祖上是名门，他自当是虎子，作为花间词派的代表，堪称一代才子。可才子一般命途多舛，韦庄亦未逃出这个劫数。年轻时，怀抱着美好的理想，可生不逢时，韦庄避乱洛阳，此时正是国家多事之秋，战乱频仍，民不聊生；浪迹他乡只为苟全性命，欲施抱负却报国无门。本词就是在唐僖宗中和年间避乱洛阳所作。

　　词的开篇劈空写景，"洛阳城里春光好"，就给人一种满城牡丹花开，春意盎然，风光无限的美感；可下句却陡然一转："洛阳才子他乡老"。避乱洛阳的才子何其多，可能在洛阳一展拳脚实现自己抱负的才子又是何其少！花柳洛阳，春光明媚，却没有给游子们一丝心灵的慰藉，徒徒在大好风光中更添几分愁绪，因为春光再好，才子也只能老死他乡！在明艳绚烂的景色里，惆怅老去，直到客死他乡，这是人生的何其不幸！而这种哀伤又是许多怀才不遇的读书人的共性心理，以致明代戏剧家汤显祖读到这句都说"可怜可怜，使我心恻"（汤显祖评本《花间集》卷一）。青春蹉跎，只有"他乡老"，这既是生于末世的韦庄一类晚唐士人的慨叹，也是历代失意士人胸中共有的块垒，就算而今，亦会引起许多有才却不得出，只能被困死于某一隅的走错门或选错行的下层士子的共鸣！

　　他乡风光再好，与我又有何干？别人的金窝银窝不如待在自己的草窝！魏王堤上，杨柳依依，浓荫茂密，太宗皇帝贞观年间赐给魏王李泰的池子依旧清波荡漾，可主人魏王何在？明君太宗何处寻？贞观年间的和平安定安在哉？曾经游人如织的魏王堤，而今却只有我这个他乡游子在此徘徊，盛唐的山水仍在，可唐的盛世一去不复返。看到烟柳笼罩的魏王堤，作者着一"暗"字，不仅暗淡了盛唐的气势，暗淡了历史的荣光，暗淡了洛阳的烟景，更暗淡了游子的前程，满眼烟柳迷茫，人生归宿何方？此情此景，韦庄不禁低叹："此时心转迷！"烟雨迷茫的春天，本已惹发人的闲愁，更何况避乱他乡的游子，眼见这春光缭乱、烟柳迷茫之景，更触发了胸中怀才不遇、心志凄迷之情。命运掌控在别人的手中时，身处底层的文士，面对人生的不幸，既没有揭竿而起的勇气，也没有玉石俱焚的胆识，唯有情迷意乱独自忧伤。此时的韦庄，也只有嗟叹伤感的分了，正所谓"魏王堤畔柳如烟，有客伤时独扣舷"（《中渡晚眺》）。

末世，总是妖魔鬼怪横行，奸邪恶政频出的时代。韦庄早年屡试不第，直到乾宁元年（894年）年近六十时方考取进士。内心的美好都在追求功名的路上消耗殆尽，见到明媚的春光，不仅感受不到些许安慰，反而更添人生短暂，韶华易逝之叹。就在这愁肠百结之时，只见堤上"桃花春水绿，水上鸳鸯浴"。这是个过片，呼应着开头"洛阳城里春光好"，具体写出洛阳城里的春光好在哪。桃花嫣红，春水碧绿，烟笼柳堤，水浴鸳鸯，春天的气息是多么浓郁！可成双成对的水鸟在如诗如画的魏王池嬉戏徜徉，更勾起游子思归的心情：自己孤零零漂泊异乡，饱尝人间冷暖世态炎凉，没有亲人的慰藉，没有朋友的怜惜，更伤感的是男儿读书为求功名，可饱读诗书却与功名无缘，只能任由生命的春花肆意在无人欣赏的世界开放然后凋零，以致终老他乡无人问津，这是何等悲惨，何等伤感无奈的事！思及此，怎不叫游子柔肠寸断郁悒终天呢！

"凝恨对残晖，忆君君不知"。词人面对残晖，自是更加伤痛，恨意郁结，家国振兴无望，身世飘零之悲，都化成经年遗恨凝结心头。一个"凝"字，极其沉重，仿佛所有愁绪都结成化解不开的铁石。面对残阳，词人又追忆不已，往昔家国之盛，亲友相聚之乐，而今都如烟似梦，无处追寻，就是思念最亲的人，她也不知自己此时此地之悲，真像西谚所说的："你幸福时，全世界在为你笑；你痛苦时，就一个人向隅而泣吧！"

社会动荡时，个人的怀才不遇是一种普遍的社会现象，每个朝代的更替前夕，都有一大批才子佳人将生命蹉跎在无望的乱世中，这也是无可奈何的事。而怀才不遇又是历朝历代许多抱玉之人的共同命运，韦庄的千年之叹，至今仍在我们的耳际响起。人生是多么短暂，春天去了有再来的时候，杨柳枯了有再绿的时候后，唯独青春年华过了不会再复回，人不得尽其才，硬被外力囿于牢笼之中，青天大道独不得出时，白白望着生命的河流在无聊的人事中流逝，岂不痛哉？

魏王堤上的风景再美，与漂泊无依的游子何干？韦庄的叹息，不是历史的开始，亦不是故事的结束，天地悠悠，哀伤无绝。

归心无敌

卫风·河广

谁谓河广？一苇杭之。谁谓宋远？跂予望之。

谁谓河广？曾不容刀。谁谓宋远？曾不崇朝。

思乡，是一个永不衰竭的话题。交通不便，信息不通，游子漂泊在外，家人音信全无，经年离别，思乡情切，是古代一种普遍的社会心理。农业社会，人的灵魂寄托在乡土，离开故乡，就成了孤魂野鬼，无根浮萍。无论是落魄的游子，还是幻游四方的官员，思乡之情竟是相通的。西风渐起，久居洛阳的张翰，竟然以思念家乡的鲈鱼莼羹为借口，挂印辞官，回归江南故里。在古人眼里，虽说读书就是为了做官，做官就是为了光耀门楣，但骨子里做官也没有家乡重要。于是，乡愁就成就了文学。

黄河，在古代一直是人们出行的天堑，秦统一后以河为池，作为防御外敌入侵的有力依靠，认为凭此可以自此子孙万代为王。可在这个漂泊在卫国的游子眼里，黄河算什么？我已坚定了回家的决心，划个小船，一顿饭我就可以渡过黄河回到故乡。

春秋时期，卫国与宋国有许多瓜葛，联姻是当时重要的政治外交手段。《毛诗序》说，卫国的卫文公之妹嫁到宋国做国君夫人，即宋襄公的母亲。后来卫夫人回到卫国，对儿子宋襄公思念不已，却不能违礼相见，只好幻想自己魂游黄河，飞奔见子的情形。不过仔细辨读，本诗不像是母亲写给儿子的，故后世也不采信毛诗的说法。如果说是一位旅居卫国的宋国商人，急于回到宋国，与父母妻儿团聚的思乡之作，反而更合情理。

情真意切，自是逸兴遄飞。卫国与宋国之间，尽管横亘着壮阔无涯的黄河，可在思归急切的诗人眼里，距离不是问题，所以开篇即从对黄河的奇特设问发端——"谁谓河广？一苇杭之！"

　　"三万里河东入海"，发源于"昆仑"的万里大河，在古人心目中本是上应天汉，下接大海的壮浪奇川！"黄河之水天上来"，当它从青天之上一泻而下，如雷奔行，直闯中原大地时，更有"览百川之弘壮"、"纷鸿踊而腾鹜"之势。自古黄河为天堑，可是诗人却质问："谁谓河广"？并且信心坚定不容置疑地作出了傲视旷古的回答："一苇杭之！"也就是说他要驾着一支苇筏，横渡这广阔无垠的黄河。黄河是那么辽阔，而"一苇"是那么狭小，两相对照，反差极为强烈，"一苇"就将这横无际涯的大河飞越，可见思乡的坚决无以抵挡。此处诗人想象之大胆，夸张之大尺码，恐怕把当时人都惊呆了，而这石破天惊之夸张的前提，就是思家之情不可逆转不可阻止的强烈反映。

　　凡有奇特夸张之处，必有超乎寻常的强烈情感为之凭借。黄河再广也阻止不了沸腾的思乡之心，谁能抑制一个人对家国的强烈思念之情呢？接着的"谁谓宋远？跂予望之"，诗人在他急不可耐的思乡奇情中，又推涌出超越常人思维的石破天惊的奇思。遥远宋国，还隔着滔滔滚滚的黄河，可诗人竟突发奇想居然在踮脚企颈中即可"望"见，这种夸张似乎像痴人说梦，恰恰是主人公急切的归国之心，已无任何障碍可阻隔的反映。强烈的思乡之情，既然以超乎寻常的想象力，缩小了卫、宋之间的客观空间距离，则眼前的小小黄河，就可以靠一苇之筏超越。

　　有了前一章的超乎寻常的想象，当诗之第二章以"谁谓河广，曾不容刀"的夸张复迭时，我们就不再感到离谱了，就像李白的"白发三千丈"一样，觉得出现得合乎情理。强烈的感情催生奇异的构思，也催发了读者的大胆想象：荒谬的夸张变形，客观逻辑随着诗人的主观逻辑所转移，物随心转，情感逻辑取代了客观现实，一切的荒谬都被情感之认同所消解。有了这种丰富的想象后，孤独飘零异国已久的游子竟然能在一顿饭的工夫，划着一叶小船飞渡到故乡，与家人一起吃早餐了。世界上最遥远的距离，不是生死，不是空间地域，只要思慕的感情强烈，万水千山只等闲，黄河天堑可为沟。

　　突兀的设问起笔，奇特夸张的回答而终，以此来抒写客旅他国的游子不可遏制的思乡之情，世界上还有哪种艺术手法能表达游子此刻强烈的思归之情呢？否定式的发问，问得如一泻汪洋，使得黄河怒浪也逆折；石破天惊的夸张，应答得如砥柱中流，使得峰峦皆耸峙。一问一答中所激荡着的，便是人类所共有的最深切最广阔的思乡之情，它不能不令千古读者为之而动容。

在《诗》的河畔等你

　　《诗经》春天的河畔，姹紫嫣红，生机勃勃。两岸绿草茵茵，杨柳依依，桃花灼灼，梨花带露，蜂飞蝶舞，郁郁葱葱。地上的荇菜油油的，参差不齐。河水清澈见底，河面上波光粼粼。锦鳞游泳，雎鸠关关。一叶扁舟，随波自流，一声"哎哟欸"的渔歌子，清脆嘹亮，划破长空。

　　清晨的阳光，照在垂柳上火红一片，黄鹂鸟在歌唱。我在《诗经》的河边，搭了座芳香的小楼等你。小楼面对河水，启窗开轩，东风从河上吹来，微微湿润，夹着水草的清香。我站在窗前，看你从《诗经》里款款走来，你提着小竹篮，绿色的罗裙，火红的围巾，轻快地走在《诗经》的河畔。你蹲下，纤纤玉指小心翼翼采摘着柔嫩的荇菜，罗裙拖在地上，像一片圆圆的荷叶，你就成了荷叶中的花仙。我屏气凝神远远望着你，看你伸出霜雪般的玉腕，采个不停。

　　我在春天的河边等你，我要采摘刚开的桃花，用新长的柳条为你编一顶花环，亲手戴在你的头上。坐在春天的河边，我掬一把清水为你洗涤双足；汲一壶清泉泡一壶山茶，在《诗经》河畔的石头上，与你慢慢品味。一阵风过，花瓣满身，空气中透着馥郁芬芳，我撑一支长篙，带着你向《诗》的春深处进发，搭着春阳，搭着黄鹂，搭着春天柳绿花红的梦。

　　《诗经》夏天的河畔，水草丰茂，淇水汤汤，我在绿杨荫里搭座小竹楼等你。清晨，我们在河畔采薇，在水中捕鱼；夜里，我们在河边乘凉，在竹楼对歌。看如水的月光洒在河上，我为你捞取满河散碎的银光。南风吹过《诗》的河岸，我陪你听清风鸣蝉，闻五谷飘香，观萤火虫在水上跳舞。流星划过河面，惊弱了满野蛙声。

　　西风萧瑟，洪波涌起。《诗经》秋天的河畔，黄叶飘零，柳瘦水寒，蒹葭苍苍，落日熔金，整个河畔一片静穆。我搭个小木屋，倚在窗前等你。沏一壶红茶，掇两把躺椅，我们在夕阳的余晖中，或躺或坐，品着暖茶，沐着金辉，听你讲秋天的故事，等候着静女的归来。

　　白雪满山，冰封大河。《诗经》冬天的河岸，百草凋零，雨雪霏霏。我在风雪的河岸等你。为你砌一座小屋，烧一个旺旺的火炉，热腾腾的米酒滚烫烫的茶，我们围着火炉数雪花。

　　在《诗》的河畔等你，当白雪爬满我们的头顶，当北风吹落满树花红，当河水凝滞满川坚冰，我们蹒跚走在《诗经》的河畔，血液里仍流淌着青春年少的梦。

　　在《诗》的河畔等你，红尘滚滚，我们依然怀揣着冰清玉洁的梦。

　　一任黄沙遮满天，一任风雨侵小楼，在《诗》的河畔等你千年，一如初心。

一见倾心

遇见一本好书，犹如遇见好的伴侣，悟言一室之内，终身得其滋润。

少年懵懂糊涂乐，长大才知世事艰。一个特立独行惯了的人，踽踽独行在人生的山路上，自是斗折蛇行，磕磕绊绊。自从遇见了《庄子》你，纵是浮云蔽日，阴风怒号，浊浪翻滚，心空却满天星斗，晴明万里，一路鲜花一路歌。

一、初遇的美好

"我一见你就笑，你那翩翩风采太美妙，和你在一起，永远没烦恼。"这歌词，是我初遇你的心情写照。在大学的图书馆第一次与你相遇就深深爱上了你，这或许就是传说中的一见钟情？

那年，我十六岁。炎热的夏季，知了在树上声嘶力竭的哀鸣，我人生的大检阅就定在这个闷热的暑天。7月7日，一考定终身的高考拉开了我人生的序幕。俗话说，七上八下，"七"意味着高升，意味着顺利；也有说，"七不出，八不归，九日回家笑眯眯"，这"七"外出不吉。也许是应验了"七不出"的古老魔咒吧，我就栽在7月7日的高考上。人生刚张翅即遭折羽。

当年的高考，可谓十年寒窗无人问，一举成名天下知。一旦考取大学，就能吃上商品粮，无论丰年灾荒按月定点发口粮，不必再担心凶年仓空；国家统一分配工作，端着铁饭碗，旱涝保收每月按时领着固定工资：那风光绝不逊于范进中举！初升高时，我是全区十个乡几千考生中几个分数超过中专录取线的人之一，百里挑一，应是名副其实。少年学习得志，加之一直发愤图强，高中三年各科成绩均很冒尖，特别是语、数、英、历史这几科，每次考试都扣不了几分，预考总成绩在一中农村班里名列前茅，老师眼里我是顺理成章能进全国一流好大学的人，有的老师甚至在公开场合说这个女孩进复旦应没问题。

命途多舛，第一天考历史，监考老师竟神使鬼差少发了我一张试卷，临近考试结束前十分钟才将第二张三十分论述题的试卷给我。十年磨一剑，就在这节骨眼上我的武功被监考老师废了，少做三十分，高考自然没有得到预期的结果。加之牵一发而动全身，后面几科的考试亦受到不同程度的影响。

当年的高考成绩出来后，我刚刚过本科线，如果像今天透明录取，我是可以进个一般本科。可是年少轻狂的我，一想到最拿手的历史科却因监考老师的缘故，将我拖进绝望的深渊，对不良老师的厌恶油然而生，填报志愿时竟意气用事在志愿表上每栏写上"当老师的专业和师范院校不服从分配"，同样的话足足写了二十句。结果可想而知，所有的院校拒绝录取我，理由是：一看这二十句话就知道是个不尊敬老师的人。那时的老师，那尊严堪比君王，他们可以随意裁定学生前途。

我的"不当老师"的话引起录取老师的公愤，在录取临近结束时，招生办的卢主任了解实情后，为我拼力奔走，终于补录到一所师专就读。本来就有点沉默的我，更是默默寡言了，大多同学为进入师专学习兴奋不已，而我却自认为虎啸深山鹰击长空那才是我应有的姿态，落入师专除了深深的隐痛，哪有兴奋与激情可言？对同学们的志得意满简直无法理喻，相处自然有点敬而远之。下午基本无课，无所事事的我常独自在校园对面的小山上徘徊问天，或者在图书馆选个角落，看着闲书打发无聊的时光。那时我迷茫无助，不知道人生的路在哪，甚至对生命都失去了激情和敬意。

十月的第一个周末，是我入校后最美的一天。清晨阳光就特别灿烂，蓝天高远一尘不染，空气清新凉爽极了。当室友们像雀儿一样呼朋引伴外出游玩时，我提着几个油饼准备做中餐来到图书馆，打算在那待上一整天。周末的图书馆门可罗雀，没有人与我争抢座位，没有人在书架前滞留抵挡，我可以在书架上尽情翻阅，寻找我心仪的书。记得是在一个暗暗的角落，落满灰尘的书架上，赫然发现书架最上格，你就安静待在那里。起初只是出于好奇，将你取下，拭去你满面的灰尘，发黄的纸页一如你的父亲黄须槁项的容颜。有人说，一篇好文章就像是自己生的儿子。按此理，庄子，自然是《庄子》的父亲。翻开，第一篇《逍遥游》，就被作者的奇思妙想所震撼，大鹏鸟一飞冲天，在九万里的高空鸟瞰众生，还有谁能羁绊它？"知效一官，行比一乡，德合一君而征一国者"，这是世人追慕终生的目标，可宋荣子犹然笑之。"举世誉之而不加劝，举世非之而不加沮。定乎内外之分，辨乎荣辱之境。"可在庄子看来，即使做到这样，还是未摆脱名利的羁绊。这是何等的境界！读着读着，就爱不释手。

山中那棵树，枝叶繁茂，可是伐木者不取。问其故则曰："无所可用。"智慧的庄子立即悟出大道："此木以不材得终其天年。"朋友有两只鹅，一只会叫，一只不会叫，可为款待庄子，主人将不会叫的杀了。当弟子困惑一因无才全身，一因无才害身，庄子告诉弟子，要"介于有材和无材之间"。读到此，不禁拍案叫绝，这不是教我生存的智慧么？大专，不正是介于有才无才之间么？上有本科，下有中专。在庄子的开导下，久积心头的阴霾顿时一扫而空，心空顿时云淡风轻。暮色苍茫时分，离开图书馆时我已豁然开朗。

大学的三年，因着《庄子》相伴，不再苦苦为那张漏发的历史卷纠结，也不再耿耿于打翻的奶而哭泣，顺应上苍的安排，读书、交友、吃饭、睡觉，心甘情愿接受自己介于材与不材的现实，内心平静了，脸色红润了，夜夜梦到天明。

二、重逢的相知

离开了大学这座象牙塔，一进入社会，走上工作的舞台，每天就像进入一个角斗场，比班级管理，比教学成绩，披星戴月，早出晚归，已成了庸常的生活方式。读书，做梦，在星光灿烂的晚上与精神尺码相同的人谈诗喝茶，和同道中人华山论剑，这些简单的日常愿景工作后都成了遥远而陌生的桃源理想。真可谓"雾失楼台，月迷津渡，桃源望断无寻路"。

每天清晨，太阳还未露脸，我们就急匆匆向学校飞奔，常常是衣冠未来得及整即跑进教室；不少学生瞌睡懵懂坐在课桌前，心口不一地反复盯着一页教材念。老师的眼睛睁得牛眼大，紧盯着学生，像个警察在满教室巡视，观其行听其声，看学生是否在认真早读。学校检查的人，一波接一波端着个记事本，挨班检查评比。检查结束，公告栏中就赫然列出各班早读的得分情况。

每天张开眼睛，我们就在为名利拼搏。每个月一次月考，月考之后就是班级、学科的排名，公榜，全校大会的点名表扬与批评，领导找未考好老师的训诫。每学期还有期中、期末大考，成绩更是和金钱名利挂钩，考得好的班级，老师有奖励，受表彰；考得不好的科目，老师要挨批评，还要被罚款。日复一日，年复一年，所有的人生目标似乎就是为了学生的分数，为了学生考上好大学，为了自己的加薪，晋级，评先评优。工作，已很难享受到劳动的乐趣，只感受到竞争的血腥，与血腥竞争之后带来的冷漠与戾气。学生被逼着要分数，机械的题型训练，很难享受到读书的乐趣。成长的烦恼，学习的压力，厌学的人转而对老师充满怨气甚至仇恨；同行为了竞争，为了排名，为了保住奖金挣得名誉，彼此间消耗了惺惺相惜的友好和关爱，明争暗斗已成风气。

　　自从教育成为产业，社会把升学率作为评判办学成功的标准后，学校就成了古罗马的竞技场，在竞技场上生活的人，谁人不累？

　　社会对成功的评价标准：当大官发大财。学而优则仕，就成了几千年来国人追求的理想。新闻媒体很少将视角对准普通人士，他们过度关注、大事渲染的所谓成功人士，不是做了高官就是发了横财抑或各行各业事业上的佼佼者。可资源和机遇又是何其少，能成功成名的人也是寥落晨星，像我等芸芸众生的幸福是什么呢？很长时间我在彷徨，更在追寻，却一直未找到满意的答案。

　　当外界尘嚣四起，苦苦追索人生的真谛而不解，满怀疲惫，撞倒南墙，头破血流，甚至万念俱灰时，彷徨中我又一次想起久违的《庄子》，犹如茫茫的黑夜看见了远方的灯塔。于是找一静僻处坐下，掬一把清泉，洗净浮尘，用洁净的双手捧着一本发黄的《庄子》细细品读。带着学生跟着《庄子》一起沿着曲曲的古道，追寻时间的足迹，探讨庄子的尊生，去掉一切功利，引导学生用无为之态来学习，在起早摸黑的读书生活中享受生命的阳光雨露，无为而为。一段时间后，教室里曾经那一张张老气横秋的苦瓜脸竟然慢慢涂抹上了阳光，课堂上小伙伴们个个变成了一朵朵怒开的小野花。

　　唯有心底纯净如莲的人，看人都像莲花；唯有心底充满自由快乐的人，看万物都是自由快乐的。看见条鱼翱翔在濠梁的清流中嬉戏，庄生领会到它的快乐自在。世人眼里，天下是最尊贵的，可至人却不愿用生命来交换它。一个宰相的位子，在世俗眼里，也是金满山银满山的宝座，唯独庄子濮水边垂竿不顾，把这个万众景仰的尊位叱之为"腐烂的死老鼠肉"，不愿留骨而贵，宁可做拖着尾巴在泥里自由钻来钻去的乌龟。庄子就是这样高扬生命本真的旗帜，将人活着的本质意义形象地昭示给我，让我在沸沸扬扬的世界里找到归路。"天下熙熙，皆为利来；天下攘攘，皆为利往。"无论世界多么沉沦，可庄子却坚定地守住做人的底线，"非练实不食，非醴泉不饮，非梧桐不栖"，庄子就像一轮孤独的月亮高挂长空，照亮迷途困顿的我，给我以清凉的慰藉，让我心甘情愿地守住三尺讲台的清贫与平淡。

在时间的长河里，我们的生命不过是不知春秋的蟪蛄般短暂；在宇宙的广袤里，我们个人不过是沧海一粟，个体何其渺小，一生何其匆匆！威震四海的秦始皇，早已化作护花的春泥，秦氏后人而今安在哉？六朝豪奢，亦随江流洗净，踪迹杳无！可今天却偏有许多凡夫俗子，为了蝇头微利，不惜相互残杀；为了得到升迁，不惜把自己不多的空闲时光用在揣摩上司所好中。当他得到自己所追求的东西时，青春不再，健康毁坏，内心再也难得当初的纯情本真，看世界已是混沌得很。

每当知其不可想强为之时，失意困顿油然而生，满怀愁绪，以为陷于绝境。捧着《庄子》，抬头间，猛看见那轮清凉的明月，正悠闲地俯瞰众生，突悟该放下永无止境的名利包袱，享受生命本该有的洒脱、轻松。《庄子》，重逢你时，你已经成了我人生的知音，成了我无路可走时的精神月亮！

品读《庄子》，行走在旷远的古道上，聆听黄须槁项老人的教导，沐着田园的清风，踩着脚下的窸窣作响的叶子，看万物自由生长，安时处顺，内心被清泉涤洗得纤尘不染。一片冰心，一把玉壶，一叶翠绿的生命之舟，在清流中翱翔，带着泥土的味儿，伴着花草的清香，这或许就是生命的本源吧。在短暂的旅途中，做好该做的工作，无愧于学生，无愧于他人，安享生活的苦乐，还有什么割舍不了的呢？！

一本好书，开启的不仅是智慧，更为我曾经逼仄的人生打开了另一条蹊径。《庄子》，前行路上的精神月亮。

阅读，是对自我的赎救

有人说：野菊花也有春天。如果热爱阅读，我们每个普通老师也会有四季的芬芳。因为阅读，是对苦难的灵魂的自我赎救。维克多·雨果说："书籍是改造灵魂的工具。人类所需要的，是富有启发性的养料。而阅读，则正是这种养料。"阅读，不仅可以娱情悦性，还可以改善我们的现实境遇，甚至能使我们摆脱人生的困境，为我们的灵魂超度。

C.C.科尔顿说："有些人为思想而读书——罕见；有些人为写作而读书——常见；有些人为搜集谈资而读书，这些人占读书人的大多数。"我的阅读，有为尊严地走在教育的丛林中而读，有为苦闷的灵魂寻找栖息之所而读。

一、阅读，让自己的羽翼丰盈

大学刚毕业那年，特别流行的一首歌是费翔唱的《故乡的云》，那时每当听到"我曾经豪情万丈，归来却空空行囊"，我就会热泪盈眶，曾经总以为大学毕业了，就可以在社会上一展拳脚，干一番惊天动地的大事，可现实将理想击得粉碎。每天面对一大群十多岁的孩子唠叨不休，批改着一堆堆没什么智力含量的作业，每天重复着昨日的故事，课堂上就分解着陈旧的课文，工作的单调乏味，灵魂的漂泊无依，精神上我成了一个流浪者。校园其实是一个很势利的地方，那时评职称很难。有中级职称有教学经验的老师，特别受宠，而像我等初出茅庐的嫩青，往往被人从门缝里瞧。最直接的反映是，我教得好好的班，要进入毕业班时，校长直接宣布把我拿下，让有中级职称的人接替我。我生性倔强，那时正在读海明威的《老人与海》，其中那句"一个人可以被消灭，可你就是打不败他"一下激起了我的斗志，为了保住我的两个班，一方面我软磨硬泡信誓旦旦对校长说："给我一个机会，你派个特级教师来我也不会输给他。"因为我对那两个班投入很多，而且带出了成绩；另一方面我跑到大学图书馆找我的朋友借了一堆的书，他是图书管理员。其实也主要是些分析、解读教材的书和教案设计，也有一些课文作者的著作，像朱自清的散文集及一两本教育学、心理学的书。抱回这些书后每晚我如饥似渴的研读，从书案抬头，常常是凌晨……读完了我又会趁还书的时候借一堆书。书读多了，不经意间，我竟也能在讲台上挥洒自如，作家掌故、历史背景我能穿插在课文的讲解中，课堂上学生时不时会发出开怀的大笑。当年的中考，我的两个班的语文平均分竟超那个与我一起教平行班的有中级职称的教师的两个班7分多，高出全市平均分十多分。

看到我两个班遥遥领先的成绩，学校朝野一片哗然，突然都对我刮目相看，我也不再担心他们瞧不起我。一个当初并不被领导信任的小年轻，因为阅读，在困境中奋起，彻底改变了自己的境遇。我对教材有了自己的见解，上课内容丰富了，学生喜欢我的课了，站在讲台上也就能挥洒自如了。后来我被学校选拔参加市优质课大赛荣获一等奖。这年底，我被市中心的一所学校引进，告别了离家较远的郊区学校。如果不是读出了点小成绩，在当时调动工作是非常艰难的。阅读，不仅改善了我的境遇，也改变了我的工作环境。

二、阅读，让自己有尊严地教书

教育界是一座残酷的丛林，中小学是庙小鬼大等级森严，引进一个新人，往往是领导热切期望，恨不得你有点铁成金之术；同事挑剔盘算，看你作为人才到底有哪些招；家长和学生冷眼观望，因为我是中途接班的。要想站稳脚跟，唯有把自己炼成教育丛林中的狮子。记得程红兵老师对我说过：你只有飞到别人的射程之外，他们就不再射杀你！新的环境，为了工作得有尊严，业余我就大量阅读。大约花了五年的时间，系统研读了一系列教育学、心理学、文学方面的书，从《论语》到《理想国》，从陶行知、夏丏尊到苏霍姆林斯基、杜威，从对古今中外的文学名著的涉猎到对历史、哲学著作的研读。这时我开始了在阅读之余的教学论文的写作，教学上我已初步形成了自己的特色：旁征博引，幽默风趣，轻松自如。那时业余我基本是手不离书的状态，从那时起我坚持给每个班订两份期刊，学生在我的感染下，也热爱阅读和写作，我调入新单位教的第一届高中生，尽管是个普通班，大部分学生有作文获奖或文章发表的经历。高考时，我这个普通班的语文平均分超省均分十多分。

学生成功了，我就成功了。那些精致的挑剔的眼光不再对我吹毛求疵，工作中难以言说的种种问题都不成为了问题，站在讲台上学生对我评价很高，之后学校领导、同事的孩子争着往我班上送，很多家长点名要我教他孩子班的语文，真正感受到了工作的尊严。正所谓："金杯银杯，不如学生的口碑！"平日喜欢静处，对领导和同仁充满尊重和敬意，但却从不谄媚。市首届学科带头人评选要求教学成绩突出，有文章发表，有课题等，当时我符合条件，我不是与领导靠得最近的人，但却自然当选。我和学生的成绩都是读出来的。

三、阅读，让人生的境界得以提升

2003年，我从报上读到深圳育才中学曹衍清校长48岁考研的事迹，一下鼓舞了我。于是我立即买复习资料进行考研准备，2004年我考到江西师范大学读硕士，在大学教授的指引下，更系统研读了教育教学方面的理论著作，认识了许多有教育思想的人。忙里偷闲我继续爱我的老庄和《红楼梦》，有空就徜徉在诗经的古道，沐浴唐诗宋词的清风明月，写作也得到了突破，我的教学论文开始登上全国核心期刊《语文教学通讯》《中学语文教学参考》等杂志。

因为阅读，而今教学我不再停留在技术层面，而是研究学生的学习心理，研究教学的艺术和生成，每堂课我追求的是要有趣、有度、有法，要让学生学得高效得法。

因为热爱阅读与写作，我的学生能跟随我旁逸斜出，课堂生机勃勃。因为阅读，我在教学、教研上终于炼成了一个"阿香婆"。直接的收获是，2011年8月，教育部在江西选拔高中语文老师赴澳门进行教学改革，要求比较高，要有学位，平时教学、教研成绩显著，看发表文章，出版校本教材，指导学生和青年教师获奖，主持课题等硬件，正好我具备了这些条件，在众多的竞争对手中，我守株待兔般得到了被选派到澳门工作的机会。

更重要的是，面对外界尘嚣四起，物化的世界在堕落时，因为阅读，我不会患得患失，而且在并不特别豁朗的现实中我不仅具有活下去的勇气，还力争要活出一种独立的人格精神。

世界很大很大，我只要小小一隅，一把躺椅，一杯清茶，一本心仪的书，读着，吟着，偃仰啸歌，驾着一叶生命的绿舟，荡漾在明月清风的书海之上，哪管外界风雨喧嚣……

教书，是一个特别容易让我们故步自封、心灵迟钝、蒙灰结茧的职业，作为语文教师，要想自己的心窗不被尘封，心泉常年清水长流，站在三尺讲台上，熠熠生辉，可爱可敬，充满魅力，就得记住苏霍姆林斯基的这句名言："要天天看书，终生以书籍为友，这是一天也不断流的潺潺小溪，它充实着思想的河流。"

第七辑

境外听风

岗顶听风

"荷风送香气，竹露滴清响。"黄昏的岗顶，幽静异常，没有车水马龙的嘈杂，没有人声鼎沸的喧嚣，得闲在那棵古老的榕树下坐着，听风，听树，听鸟的呢喃，听远古的足音，荷香涟涟，竹露清响，亦是风情万种。

议事厅前地，永远是人流成河，摩肩接踵之态。无论白天还是黑夜，总有大群大群精神亢奋的人，本土的，外来的，在那儿唱呀，跳呀，喊呀，说呀，拍照的拍照，张望的张望，拥挤、喧哗，印象中议事厅前地就像发情季节的猫，从无安静的时刻。

很难想象，在这个热闹纷扰的广场附近，竟然还隐藏着一个安安静静灵秀无比的世外洞府。

议事厅对面是世遗建筑民政总署，沿着总署旁边的逼仄的东方斜巷往上走，爬过一个长长的陡坡，爬到山顶，豁然开朗处就是岗顶前地。

岗顶古称磨盘山，曾经的山顶早已夷为平地，叫岗顶前地。米黄色的小石子铺砌着广场路面，中间夹杂着海洋动植物的黑色石子图案，走着走着，那些图案似在脚下飘动，恍如置身于海洋之中。沿着脚底飘动扭曲的石子路，蒲风蒲韵就从遥远的南欧徐徐吹来。广场面积不算太大，古树参天，浓荫茂密，周围的几栋颜色鲜艳的建筑，分别是米黄色墙体、墨绿色窗户的圣奥斯定教堂，米黄色外墙的耶稣会会址，墨绿色的伯多禄五世剧院(岗顶戏院)和圣若瑟修院，以及米黄与墨绿相间的何东图书馆，他们围成一个不规则的圆，但又相互独立，建筑物旁都是藤萝缠绕，古木高耸。阳光不能肆意朗照，一缕缕光线，透过疏密有致的树叶、藤萝洒在这些建筑上，也洒在岗顶的小广场上，斑斑驳驳的日影，更添几分清幽的风味。

环抱岗顶的这些古老建筑，他们都已进入世遗名录，每栋建筑在日光下显得古色古香。广场周边摆放着墨绿色的长椅，中央位置是一颗华盖遮天，年轮久远的古老榕树，他有好几百年了，三五人难以合抱，树上筑有鸟巢，群鸟栖息于此。黄昏来临，鸟儿归巢，斜靠在墨绿的长椅上，听树叶沙沙，一阵高似一阵，那是风在摇着树，叶子在月下跳着舞，风里带着海水的咸味，也带着树叶的清香味，潮潮的，润润的，吹在脸上，吹在心里，柔柔和和，异常安详。

当风的细语呢喃像小夜曲一样响起时，小鸟小虫也不甘沉默，唧唧，吱吱，滴嘟嘟，各种悦耳的叫声，一会儿轻，一会儿重，一会儿小，一会儿大，像合唱，又像独奏，大自然的音乐会开始了。树的躯干硕大无比，树枝四处延伸，遮天遮地，细点的枝条就舞动腰肢摇摆弄姿。叶子轻轻翻卷着，一会向东倒，一会向西倒，叶与叶互相搂抱互相温存，在相互抚慰中发出自己的妙音清声。树下那个独坐的旅人，此时亦被感染，陶陶然闭目养神，脸上疲乏的神情慢慢清朗起来，精神起来，与岗顶一同融入静穆中。

夕阳的金辉，斜照在这些冷色调的特色建筑物上，分外柔和，尖顶的哥特建筑是教堂，显得庄重典雅；河东图书馆和岗顶剧院显得古色古香，宛如大家闺秀。静静地坐在榕树下的藤条椅上，望着剧院的背影，跫音从远古的历史中悠悠传来。

岗顶剧院葡文叫伯多禄五世剧院，是为纪念葡萄牙国王伯多禄五世而兴建的。中世纪的时候，葡萄牙人远涉重洋，在澳门岛登陆，聚居于此。享乐惯了的蒲人，将欧洲的剧院复制于此，在异域他乡继续享受着他们的纸醉金迷的生活。月亮爬上高高的山岗，蒲风蒲韵在这里荡漾。如水的月光，肆意洒在岗顶，望着这个澳门唯一的、南中国最古老的娴静的欧式剧院，笙箫响处，脑中就会幻出当年的繁华：中世纪葡萄牙贵族们的高大马车，就在前面停下，优雅的年轻贵族小心翼翼地扶着盛装的名媛淑女从马车上下来，款款深情迈进剧院看戏，葡腔葡韵悠扬婉转，许多浪漫激情的故事曾在这里上演……

岗顶，这个昔日土生葡人聚集地，确实是一个充满传奇和想象的地方。

做澳门人，真是幸福

前不久，澳门特区行政长官崔世安先生对媒体发布新年惠民措施，称2012年将对每个持澳门居民身份证的居民发七千元澳门币，作为来自内地的外劳（外地劳工），一看到这则新闻，我真对澳门居民艳羡不已，本来就很富足的澳门人，不仅按人头能直接领到政府发放的现金，还能不停地享受到来自特区政府的种种恩惠：民用电费每户每月政府补助一百八十元，一般家庭几乎自己不需要付电费；医保普及；每个月固定的住房补贴和家庭津贴(公职人员每人每月住房补贴1500澳门元，家庭成员未达到规定收入的每人每月补助360澳门元)；幼儿每月有奶粉补贴；满65岁的长者每月享有固定的2000元社会养老金，每年6000元的敬老金和6000元的中央津贴等；居民进修学艺有5000元的学费补助，直接打入个人账户等等，进修津贴的文件从教青局的网上可以直接看到这样醒目的文字："为鼓励澳门居民终身学习，提升个人素养和技能，特区政府于本年7月推出'持续进修发展计划'，为每个年满15岁的澳门居民提供5000元的进修资助，居民可使用进修资助参加本地及外地的高等教育课程、持续教育课程及证照考试。"凡此种种的好处，不是我一个外乡人能完全列举出来的。

其实澳门居民享受的好处还远不止于此，澳门是多元文化交汇融合的都市，世界级的各种体育、艺术活动常在这里举行，世界级的展会也特钟情在澳门展览，澳门市民只要有雅兴，就可以在自家门前而一饱眼福，大开眼界，因为很多活动市民是免费的。以2011年下半年为例，"山水正宗——故宫、上博珍藏王时敏、王原祁及娄东派绘画精品展"9月开始在澳门艺术博物馆为期两个月的展出，那是在内地一般人难得一见的稀罕绘画精品！2011年10月28日—30日，"中国澳门国际汽车展览会暨中国澳门国际游艇进出口博览会"在澳门威尼斯人金光会展举行，这是澳门史上的第一届专业性博览会在澳门举行，名车名模云集小岛；11月17日至20日"2011澳门国际格兰披治小型赛车锦标赛"也在澳门举行。平时各种演唱会、音乐会更是接踵而至，精彩纷呈，像崔健等在黑沙海滩举行的摇滚乐演出时，市民不仅可以免费观赏，政府还给市民提供接送看演出的专线车；郑家大屋的中国民族器乐演奏，让你免费欣赏到在内地很多小城市就是花钱都不一定看得到的大师们的精彩演奏，一饱耳福，余音绕梁，真是三月不知肉味。疯堂几乎每周甚至每天都有艺术活动，真的叫人为之疯狂！12月开始故宫收藏的宋代瓷器珍品"玉貌清明——故宫珍藏两宋瓷器精品展"在澳门展出。只要翻翻"文康网"及相关网站，每天澳门有多少值得你观看的活动！只要你想高雅，只要你想了解文艺，只要你想放眼望世界，就有免费的精品文艺盛宴！不仅如此，来自世界各地的大师们的文化知识讲座活动也是多得数不胜数，回归后的澳门人实在太幸福了！

　　在眼热澳门人的幸福时，发现现在的澳门学生更是幸福无比，简直生活在天堂！政府提供给他们的免费教育不说，政府提供给他们的免费活动，就叫我感慨万千。特区政府在教育方面推进全能教育，提法实际和内地的素质教育是一回事，但澳门的全能教育是真正落在实处的，澳门人少钱多，有钱好办事，这是关键。每学期，教青局有计划有系统地资助非高等教育的学生参加各种开阔眼界、陶冶性情、发展身心健康的有益活动。像每年教青局举办艺术节、音乐节，邀请内地和国外著名的艺术团体来澳演出，组织学生免费观看精彩的艺术表演，而且艺术欣赏是各年级不同，在学生的学习阶段连贯成一个艺术欣赏的整体。比如初一学生免费欣赏木偶戏，初二欣赏话剧，初三欣赏中国音乐，高一欣赏西方音乐，高二欣赏舞蹈，高三欣赏戏曲等，学生从初一读到高三，对音乐、戏曲艺术就有了完整而系统的了解。而且教青局并非让学生看完一项表演了事，而是将寓教于乐演绎得淋漓尽致的。学生一进场，每个席位上都放有一本该演出艺术介绍的小册子，让学生对该艺术有一个充分的了解。在表演开始之前，会由艺术家对该艺术的门派、特点等相关知识给学生做点介绍，演完一个片段，又有相关知识讲解，还有艺术家与学生互动，让学生参与到舞台演出中，并且还给上台的学生发点奖品，表演完毕，给每个学生发一张工作纸，完成和观看的表演有关的有奖知识问答题，在规定的时间由学校负责统一将答案回收到教青局。看完表演，学生对该艺术的了解也就比较清楚了。并且这些音乐艺术演出都是由在国际上享有盛誉的艺术大师表演的，学生可以近距离亲近艺术和艺术大师。11月22日，本人就随同慈幼中学初一年级的学生到澳门文化中心享受了广东省木偶戏剧团的精彩木偶戏演出，第一次近距离看到精彩的木偶戏，这是以前一直生活在内地小城市的我曾经想都不敢想的事，我是在不再青春的时候才第一次目睹木偶戏，而且是名角演出。可澳门的学生欣赏世界一流的艺术表演，竟是他们学习生活的一部分，平常得很，小小年纪，就可以尽情享受天下最美的艺术熏陶，真是幸福得无与伦比啊！

　　像澳门初一年级的学生12月初正在接受"飞鹰计划"，相当于内地的军训，但学生吃、住、活动均在基地，只要参与，不需自己出一分钱，教青局实行"三包"。据说高中生是到广州黄埔军校原址活动。教青局每年还会组织学生参加国外的交流计划和组织学生到内地参观旅游。每个学校的高三生还有毕业旅游，到欧美或内地，这些费用也主要是由政府负责。像我这样年纪的人未出过国，在内地是绝大多数，就连对祖国内地的很多名胜绝大多数内地老师也只是知道一个地名而已。可澳门的学生，眼界极为开阔，足迹遍及祖国的名山大川，远涉海外的繁华之邦，饱览艺术奇珍，几乎没有什么文体活动是他们感到陌生的。我在赞叹特区政府对大眼界人才的培养计划的完美时，由衷地感到澳门学生真是生活在蜜罐中，太幸福了！

　　有澳门的老师对我说，澳门学生看起来不是很努力，但参加一些大型比赛表现还是不错的。我非常相信这话！全国机器人大赛，澳门慈幼中学的学生夺得冠军；2010年全国中学生作文大赛，特等奖的桂冠也是被澳门学生摘取！要探究澳门学生有才情的根本原因，还是和特区政府对全能教育理念的实施和扶助分不开的，澳门学生在学校和社区能随处分享到各种知识的盛宴，澳门的图书馆到处都是，只要你愿意读书，不愁没好书读！澳门的学生可谓见多识广，特区政府不仅着眼学生在科学、艺术、体育等方面的眼界开阔，而且连重大的政治活动也是让市民参与、分享的，市民参政议政意识也比较强烈。一年一度的特区政府总部开放日，市民可以进到以前的总督府现今的特区政府里面参观，很多家长带着自己的小小孩到特区政府里面去了解这座总督府的历史演变，去揭开这座富丽堂皇的西式建筑里面的神秘面纱。眼界开阔了，眼光自然会远大些！

　　作为外地劳工，生活在澳门的这些日子，我也领受了特区政府给予的许多恩惠，周末我也常有幸观看各种艺术表演，像在圣玫瑰教堂免费观看世界著名的华人指挥吕嘉指挥的"金色魔笛"音乐会，耳闻目睹了当今誉满全球的音乐家、长笛演奏家伊曼纽埃尔·帕胡德的长笛演奏，观赏了澳门乐团行家里手的精湛表演。连家乡的市政府都没进过的人，在澳门我也参观了特区政府总部，还和政府工作人员在蓝厅合影留念。

在羡慕澳门人的幸福时，其实在澳门的每一天我也在享受着澳门带给我的幸福！富足，繁荣，宽厚，祥和，充满生机的澳门，愿你永远幸福吉祥！

吃在澳门

民以食为天，来到澳门不说说澳门的吃，好像有点对不住那些璀若群星、各显风味的美食。享受过那些令人馋涎欲滴的美味佳肴之后，细细回味口齿之际的余香，更是不忍独享这口福，"独乐乐，不如与众乐乐!"于是，更想与人分享澳门品种繁多的美食佳品。

很多未来过澳门的人，以为澳门的风景全在赌场，其实除赌场这道风景，在吃的方面，澳门也是风光无限，可称得上是美食的天堂。比如"澳门手信"就是美食中的一道亮丽风景。来澳旅游的人，离开时几乎没有哪个不是大包大袋的提着手信回家的。"手信"即特色点心，意即信手拿着吃的各种小点心。"手信"一词在我国周代时就有，澳门人一直把它保留至今，看来澳门的小点心也带有悠久的文化、浓浓的历史风味。手信中的杏仁饼、蛋卷、凤凰卷、牛肉干、猪肉干、猪油糕、蛋卷仔、酥饼、姜糖、花生糖、甜老婆饼、咸切酥、牛耳仔、咸老公饼、鸡仔饼、合桃酥、姜汁肉松米通、芝麻饼等，光听听这些名字，就让你满口生津，涎水直流，忍不住一个劲吞口水!

每种手信，风味独特，有的甜而不腻，有的辛而不辣，有的酥脆有度，唯亲自品赏，才知个中美味。澳门到处都有卖手信的，但以著名旅游景点议事厅前地附近最为集中，各大品牌的手信店一家挨着一家，钜记、咀香园、凤城老饼家、礼记等名牌店铺毗邻而立，形成了手信一条街，但尤以钜记、咀香园的手信突出。

除了迷人的手信，颇具澳门特色的小美食还有义顺双皮奶，位于繁华热闹的新马路上的义顺双皮奶店，门脸小小的，可制作的双皮奶、姜汁撞奶、杏仁鲜奶糊、木瓜蒸奶等散发的奶香味馋得游客排着长队也要耐心等着能喝上一碗。

葡挞即葡式蛋挞，是澳门小吃中极为有名的一种，一般店铺七元一个。它的原料简单，但烘焙技巧要求很高，葡挞底托为香酥的蛋酥层，其上层是松软的蛋黄层，酥软兼备，香甜可口，所以深得食客的青睐。安德鲁葡挞和玛嘉烈葡挞是澳门最有名的葡挞，他们的葡挞是澳门正宗葡挞的典范。据说，澳门葡挞的始祖是英国人安德鲁，传说安德鲁曾经在葡萄牙里斯本附近吃过一种叫Pasteis de Nata的传统点心，总让他难以忘怀。在澳门一酒店做餐厅经理的安德鲁总想尝试自己做老板的滋味，于是1989年在路环开设一家饼店，并仔细琢磨葡萄牙的那种小点心后掺入自己研究的配方，开始制作一种全新的葡式蛋挞，即今天风靡世界的安德鲁葡挞。

也有版本说澳门葡挞是玛嘉烈的创意。玛嘉烈是地道的澳门人，极具美食天赋，总能很有创意地制作出一些美食，朋友们特喜欢到她家聚餐一饱口福。传说1988年的一个秋季黄昏，平日喜欢做美食的玛嘉烈女士刚从澳督府大厨那得到一个做点心的私人秘方，正好有好友造访，玛嘉烈女士就用这个秘方做试验来款待朋友，竟烘制出一款色味俱佳的葡挞，深受朋友赞赏，于是她受此启发萌生了开一家葡挞屋的主意。葡挞屋一开张就受到澳门当地居民的热爱，并且很快风靡港澳。经营中玛嘉烈女士不断改进配方，使得葡挞的外皮更酥，奶香味更浓，从此，更是深得食客的喜爱，成了澳门一道著名的小吃。经营有术的肯德基餐厅也眼热葡挞的热销，打起了玛嘉烈葡挞的主意，内地肯德基餐厅的葡挞，就是通过购买玛嘉烈女士的配方制作的。不过，安德鲁与玛嘉烈本是一对夫妻，也许葡式蛋挞在澳门诞生，本来就是他们夫妻共同智慧的杰作，只不过葡式蛋挞真正风行起来却源于他们的婚变，他们离婚后各自开着自己的饼屋，经营着自己的葡式蛋挞。无论是安德鲁葡挞还是玛嘉烈葡挞，应该是同出一宗的，当然俱为葡挞典范。

有趣的是，一种葡式小点心，不仅好吃，背后还有这么悠远深广的故事，在吃着香喷喷的葡挞时，又咀嚼着发明者的人生故事，是不是别具一番情韵？

猪扒包，也是澳门富有代表性的小食，来澳门没吃上正宗的猪扒包，就留下点遗憾。猪扒包外形有点像汉堡包，但猪扒包区别于汉堡的是里面夹的猪扒，湿润带着汁液。正宗有名的猪扒包在大利来记，不过要排长队等候，有时还不一定能买到，面包中夹一块大猪肉，吃了是很经饱的。

澳门街边的甜品店也像雨后春笋般多，特别是氹仔官也街的甜品店非常有名，像"莫义记"（店名）的木糠布丁、榴莲雪糕、大菜糕等，挺诱人胃口的。

上面说了半天，分享的都是些零食小吃等，其实我是想把好戏放在后头，下面就来说说澳门的菜肴。小小的澳门真可谓是美食天堂，中餐、西餐各领风骚，菜系以粤菜和葡国菜两大菜系为主，兼有法国、意大利、日本、泰国、印尼、印度等国的名菜。三十来平方公里的澳门，拥有西餐厅逾百家，中餐酒楼二百多家，咖啡厅、快餐店、中西饼店、风味小吃、街头大排档数以百计，可见"吃"在澳门所占的分量。澳门既有享誉中外的中餐中菜，从帝王享用的宫廷大宴到海鲜野味应有尽有，还有只有澳门才有的菜谱；更有以葡萄酒及海鲜为主的葡萄牙菜，以及其他各国名菜。可以说澳门名菜迎四方游客，合大众口味。

澳门的中式菜像鱼翅汤、烧鸡、蒸鱼、烧乳猪等风味醇厚，实在不能错过。另外，像陶香居的鱼翅煲汤，据说是取自中山市五桂山泉水来煲制的，浓香味醇。还有永利轩的野参猪展炖乌鸡，也是一道特色菜。

澳门的西式菜如烟肉虾卷、烤乳猪、马介休、葡国鸡、葡国青菜汤、红豆猪手、菜沙律、啤酒牛肉、蟹煲等是深受人们追捧的大名鼎鼎的西式菜肴。

烟肉虾卷据说是前澳门总督最爱吃的下酒菜。烟肉虾卷与威士忌美酒搭配在一起品尝简直是"郎才女貌，天作之合"，当口中还遗留着烟肉甘甘咸咸的味道时，立刻喝上一口浓郁的美酒，回味无穷，荡气回肠，这种美味吃法简直是绝配。

烤乳猪，整个外相是金黄的色泽，油亮的脆皮，光看这外相你就会被吸引住。橙黄薄脆的皮，夹着滑嫩的乳猪肉，散发着浓郁的烧烤香味，酥脆油滑的口感，简直是充满艺术的美味。如果配一小碟腌橄榄与洋葱，吃一口乳猪肉，再来一筷子洋葱或腌橄榄，嘴里、喉咙里的腻味顿时全解，令人胃口大开。据说在澳门婚宴或其他正式宴席，第一道菜必是烧乳猪或烤乳猪，以示对客人的尊重，如果婚宴上没有烤乳猪，是会被人看贬的。

来澳门，马介休也是不能不吃的，它是澳门吃文化的符号。马介休，来自葡语Bacalhau，就是经腌制的咸鳕鱼，是葡萄牙人最喜欢吃的一种咸鱼。它的来历也有故事，曾经的葡萄牙人在远洋捕鱼，路途太远，战利品运回家就会坏，于是只好用盐腌制，没想到腌过的鳕鱼味道更佳，用煎、烧、烤、煮等不同的方法烹调都能做出不同美味。据说在葡萄牙，人们用马介休这种材料可以做出上千种不同的菜，可见葡国人对这种咸鱼的喜好之甚。马介休在葡萄牙真正是"咸鱼翻身"，大受追捧。说来也怪，马介休一经葡国大厨之手，无论用什么方法烹调，吃起来都会令人齿颊留香，回味无穷。不过一般的葡式餐厅习惯将咸鱼打磨成肉末，使得肉质更加鲜美，细腻。球状的马介休的菜品让人食欲大增，因此多数主厨都将油炸后的马介休球作为口感香酥的头等菜肴。

葡国鸡是澳门葡式美食中的主要元素之一，它是全套葡国菜的主菜。这是葡国人从非洲及印度食品中学来的一道名菜，葡萄牙人在美食制作中很有扬弃精神，这是个很懂得生活享受，很有品位的民族。葡国鸡的制作工艺是将整鸡配马铃薯、洋葱、鸡蛋和番红花，用咖喱盐制做而成。其特点是香味浓郁、鸡肉鲜嫩可口。一般与佐餐酒配合则风味更佳。

葡国青菜汤是用马铃薯蓉、葡国腊肠、生菜、橄榄油（葡国菜、食品必备配料）一起熬制而成的，风味独特，是一道很有特色的葡国菜。

澳门不仅菜好，而且酒好。澳门的葡萄酒都是货真价实的美酒。这里有法国、澳大利亚、葡萄牙等著名产葡萄酒国酿制的地道的葡萄酒，但葡萄牙产的葡萄酒特受当地人喜爱。据内行人介绍，同等价位的法国葡萄酒和葡萄牙葡萄酒，后者比前者质量要好很多，葡萄牙葡萄酒质量好且价位不高，是普通百姓喝的酒。据常与葡萄酒打交道的男士说，澳门一瓶八九十元的葡国葡萄酒能顶内地两三百元一瓶的葡萄酒，此言不知真假，因本人不喝酒不懂得酒就不敢造次谬传，但澳门的进口酒正宗且免税，肯定同等价位的红葡萄酒要比内地的品质好很多，这是毫无疑问的。"葡萄美酒夜光杯"，试想夜幕降临，散工后打开酒柜，斟上一杯葡萄酒，放点悠扬的音乐，靠在沙发上喝着浓浓果香味的葡萄酒，吃着小点心，一天的劳累疲乏顿时全解，小日子过得是多么惬意！

澳门的自助餐也是非常有名的，像新葡京的自助餐，火爆得需提前一两天预订才吃得到，上百米的食品摊位，琳琅满目的美食，实在叫人眼花缭乱。所以有经验的人士开玩笑建议吃新葡京的自助餐至少先空腹三餐，进到里面吃时要悠着点，不要一上去就拼命装满一盘子，狼吞虎咽，结果一下子就吃饱了，后面的许多美味佳肴你就没法一一品尝了，新葡京加上服务费后合三百多元一位的自助餐，你总要吃出点风味来才合算。

澳门的美食实在太多，但要想尝遍，还得兜里鼓鼓，孔方兄多多，一顿名菜一个人起码要好几百至上千元，也是要点实力的。

为什么澳门对吃如此重视？究其原因，澳门是葡萄牙几百年的殖民地，葡萄牙民族是个比较悠闲、重视享乐的民族，他们对美食的追求，对生活享受的重视，几百年来在澳门也深深扎下了根，澳门人几百年受葡人影响，生活习性与葡人产生了交融，潜移默化中澳门人也形成了悠缓的慢性子，习惯细细咀嚼生活的美滋味，澳门人的口头禅就是"慢慢来"。优雅地享受生活，享受美食，推动着澳门美食在融合世界美食的基础上，迅速发展，成就了澳门美食的天堂。

住在澳门

穿行在澳门半岛的小巷中，有一种特别熟悉的感觉，那狭窄的街道，两旁小小的门店经营着服饰、小吃，房屋破旧不整，有的墙壁上还长满青苔，仿如走在上世纪九十年代的故乡西园，只是西园早已被拆，如今代之而起的是林立的高楼，宽阔的马路，富丽堂皇的气象了。行走在澳门半岛的小巷中，又勾起了因拆迁了近二十年而早已淡出记忆的有着深厚历史底蕴的西园，是因为澳门半岛的老房子、老街道、小店铺与当年的西园太像了。澳门老城区的建筑大多已年过百岁，至今居住着当地居民。澳门土地紧张，寸土寸金，一点都不虚，所以，澳门一般居民的住房条件是很差的。

初来澳门，租房时听前任内师介绍她租的房多好多好，竭力劝我们去续租。我先去看了房子，第一印象我就不喜欢：外面明亮的太阳，可一进到那房子，竟然像是黑夜，找不到一丝光线，不开灯的话，就是"暗无天日"。一个楼道挤着四户人家，一边两家，前座的还可以得到一点光线，前座对面也是高楼，要想屋里有阳光，那也是做梦。可我们租的房是后座，尽管有阳台有窗户，却一点也不通风，因为前后左右都紧挨着楼房，密不透风。为省找房的麻烦，加之前任内师赚佣金（我们付佣金给前内师3600澳门元）的迫切，我与一个内师还是在多方人的游说之下把它合租下来了。

没有阳光，没有光线，没有清新的空气，生活在这个永远黑夜沉沉的房间，我们一直就耿耿于怀。在家时住惯了阳光明亮得刺眼的房子，闻着散发太阳味的干净衣服、被子，心里特别舒坦。可在澳门，衣服永远只能阴干，一摸着总是带着潮味，夹着不清爽气息的衣服，别提心里有多窝火，人在不如意中，思乡之情更是强烈。我的同伴好长一段时间在这个闷罐似的房间里无法睡好，甚至严重失眠。我一直以为就我们住的房子这么差，所以，我们在住了一个月后，不惜当初的中介费用，硬是退租了，怀着对阳光的向往，开始了新的找房行动。

　　找了四五家中介，跟着他们看了十几套房子，从一个小区颠到另一个小区，双脚跑得发软，可看的房子基本一个样：黑暗无光，密不透风，破旧不堪，甚至一家比一家差，一经对比，真的是觉得先前租住的房子只是没有光线，没有新鲜空气，但室内装潢和家具都还是非常之好，竟觉得前任内师的话有道理。于是，我与澳门的新同事们说起租房的经历，像祥林嫂般诉说阳光不入澳门房的苦恼，满以为他们会对我有所同情，谁知他们竟很平淡地说："澳门的大多数房子都是这样的，土地少，房子紧挨着，特别是老房子，都是没有阳光，没有光线，我们住的房也是长年没有阳光的。"他们习惯了，而且大家都是如此，自然没有什么太在乎的感觉，真的佩服他们的平和心态！经过多次看房，觉得同事们说的是事实，澳门的老房子确实大都是"暗无天日"的，电梯房、新房情况要好些，但有了阳光，就不是我所能租得起的，一套带家电的两房一厅阳光房，起码得月租过万，而澳门的一室一厅的房是稀有资源，澳门大多数人确实住得辛苦。怪不得很多澳门人为了改善居住环境，到珠海近关处买房，宁可忍受上班的奔波，只为住得舒服，能享受到阳光和清新的空气。

　　我终于租到一套我能接受的价格的房子，而且卧室还有点光线，想有阳光照进来的梦我是不做了，因太不现实。我每天是躲进小屋成一统，不知春夏与秋冬。房间阴冷阴冷的，我穿着厚衣服出门上班，一到太阳下，发现外面是又热又闷，来不及回来换衣服，我就抗日；阴阴的光线，总觉天空有乌云，山雨欲来之势，我总是带把伞，结果走在外面是艳阳高照，我就当作是"晴备雨伞，饱带干粮"。住在澳门，我是典型的蜗居在老鼠洞里，房间里感受不到季节变换，体会不到早晚阴晴变化，除非雨声响起，因为房间永远是那种不见天日的昏暗、迷糊状态。

　　澳门好玩，但住是个大问题，据媒体公布的统计资料，澳门住宿贵在当今排世界第三位。澳门的酒店，一般很难找到四位数以下的房间，要是周末或节假日，酒店房价更是飞涨，平时如果是一千多元一晚的普通房间就会涨到两千多元，而且还得提前预约。内地酒店一般价格固定，可澳门酒店的价格几乎是每天一个价，没有定数，不可捉摸，总之一个字"贵"！家里来人，平时娇生惯养的女儿，在澳门也不得不接受打地铺的待遇，住酒店那个叫我心跳加速的价格，一晚可是我在内地一个月的工资，有地方寄存的我们，谁也不会那么奢侈。因此，我们这些内师基本上每家都有一个打地铺用的厚垫子，亲朋好友来了，都能派上用场。委屈几晚，能节省几个月工资，谁也不会在乎这种在外的寒碜，尽管在家都是住明窗净几的大房的人，入乡随俗，我很惊叹人的适应力之强！

澳门政府有钱，但不轻易拆房，房屋坏了能维修就尽量维修；拆了的老房子，宅基上也不会轻易就建新房。所以，澳门作为旅游城市，不像内地那样一天到晚到处是尘土飞扬大肆搞建筑，澳门没有工业，除了汽车的尾气，空气整体湿润、清洁，一双皮鞋穿一周不擦也未见什么灰尘。要是在内地，人在街上走一圈回来就像米粉肉似的一身灰尘，两个鼻孔则黑得就像是烟窗，天地总是灰蒙蒙的一片，白衬衫一天就变成黑衬衫了。

要是在内地，澳门这些老房子还能存活到上百岁寿命并继续活下去？早就被开发商盯住拆掉了，我们的房屋大多使用寿命二三十年，所以，我们内地人，一辈子能住到好多次新房。作为工薪阶层，我们内地人住得比澳门普通人家确实舒服百倍。

住在澳门，真的好辛苦！

病在澳门

俗话说："千有万有不要有病。"尤其是出门在外，生病简直是一大不幸！刚到澳门不久，也许是水土不服，突然病倒，腰痛得站都站不住，还呕吐不已，到山顶医院急诊。所谓急诊，却在门外痛苦地等待了几个小时，医院的保安和等待看病的几个老人，看我痛得要命的样子，几次上前找医生帮我"开后门"叫医生帮我先看。可医生说："没办法的，等等吧，要按排队顺序叫号的。"后经医生诊断，我是肾绞痛，凡是经历过结石痛的人，就知道到底有多痛苦，连医生都说肾绞痛是"非常辛苦的"（粤语把一切不适都叫作辛苦）。

澳门有两间大医院，一间叫镜湖医院，孙中山曾工作过的医院，属私立；一间叫山顶医院，也叫仁伯爵医院，属公立。据说镜湖医院看病比较贵。澳门所有公费医疗病人都在山顶医院看病，病人多医院资源紧张，要看个病非要预约和排很长时间的队不可，据说一般做个B超要排一两年的队，所以澳门市民中流行着对这两间医院调侃的话"一间谋财，一间害命。"

制度社会处处体现制度，医院看病绝对按照先挂号的先看，据说在澳门就是发生交通事故，断腿断胳膊流血，也要等待，除非有生命危险需紧急抢救可以优先看病，不像内地找个熟医生可以插个队先看，这就是制度社会和人情社会的区别。不过轮到自己看病时，医生、护士那个态度真好，无微不至，看我进门痛得直不起腰，而且呕吐，医生立即叫护士推张病床把我扶到床上，紧接着给我打镇痛、消炎针，要喝水护工会把水端到嘴边给吸管我吸，解手把尿盆放在床上，我很不习惯这种过度的关照。

在澳门看病难，请假也难，在家时实在病了，如果只是三两天的话，可以给单位打个电话，但澳门制度规定要医院出具疾病证明书，并在当天交到单位，在当天把看病的时间补上来。可医院又很费事，在这种矛盾冲突中，加之初来乍到对请假手续不熟悉，尽管痛苦不堪，我还是坚持咬牙上班。自从在山顶打一针点滴后竟发展到不仅疼痛难忍，而且一周没吃任何东西都呕吐不止，隐约记得当时医生就说那药水对胃有刺激，但没想到那么严重，后来才知道是药物过敏。当时的那份痛苦与绝望，才真正领会到"什么东西都是假的，唯有健康是真的"这句话的分量，功名利禄，过眼烟云，确实是生未带来死不可带走的外物，健康地活着才是最珍贵。一周竟瘦了八斤，本来就不富态的我，一下就成枯槁，近一米六的个头，毛重也就八十四斤。每天连水都无法进食，我以为玉帝要招我做神英使者，形销骨立的模样，吓得爱女整夜在我痛苦的呻吟里暗自垂泪。好在当时正逢国庆期间，上一天班又有一天公众假期，想起在山顶看病的艰难，我决定回到珠海自费看病，在那里不用遥遥无期的等待。

　　生平坚强惯了害怕麻烦别人的我，这回实在装不出坚强，去珠海面临过关排队的艰辛，正值旅游高峰期，弄不好过关要排一两个小时的队，我不知自己会不会在过关的等待中晕倒，而且对珠海的医院在哪我也是陌生的，无奈中我于是向慈幼郭老师发了条短信，说我想到珠海看病。其实我是想有个人陪我去，可女儿过关就进不来了（她的签证是三个月一次进入澳门的），但我不好意思开口直说，只说我想到珠海看病。郭老师收到短信立即给我打电话，并叫我在住地先等着。没过几分钟，梁副校长竟开着车到我住地接我，他和郭老师把我送到珠海，郭老师一直陪我到医院。

　　是个肾结石在作怪，在珠海花了上千元人民币的检查费后，医生还是确定不了石头的具体位置，但给我开了几百元的药，吃药后身体一天天好转，走进两个校园每天都有关切的问候，慈幼的梁校长见面就会问："邱老师，怎么样，身体好点么？"训导主任莫老师也知道我病了，每天见面要问我一次，叮嘱我注意身体，问有什么需要帮助的，郭组长更是像个兄长般关怀我。回到岭南上班，我所指导的两位老师总是关切的待在我身边问我怎么样，身体好点没有。图书馆的六十多岁的柯老师，竟说当时知道我病看我脸色差，想在国庆去看望我，却不知我住哪，因他们当时都没有我的电话。生一次病，收获满怀的来自异乡人关怀的感动，在一个经济极繁荣的特区，人性却特醇厚，人情却特美好。作为一个外乡人，在澳门，我却品味到似千年佳酿的人情纯美。

　　因上周星期六上公开课借用了慈幼老师的手表，决定周一上午还是在慈幼上班，好把表还给老师，下午再上岭南去，因这周该到岭南上班。我的到来，按常理对两校初中语文老师是压力和负担，他们的教学方式得发生改变，而且我每天观他们的课、议他们的课，要敦促他们教学改革，谁会喜欢自己的工作负担加重，生活习惯改变呢！可星期一上午我没有按计划到岭南，岭南几个老师却行坐不安起来，几经周折他们终于找到我的电话，焦急地问我怎么没有来，是不是又生病了。听到我安然无恙，电话那头也开心了。下午到岭南，几个老师围过来说上午没见到我，很是为我担心，怕我一个人在住地生病无人知晓。听说了他们对我的担忧，我顿感心里暖洋洋的，眼睛有点湿润模糊。生过一次大病，把我的澳门同事吓着了，从此让他们为我孤单一人在外而费心。尽管距家几千里，人在天涯外，我的网名就叫天涯浪子，可在澳门我孤单却不孤独，因为有澳门善良且善解人意的同事相伴！嗨，莫愁前路无知己，异地他乡情亦浓！

　　后来到山顶医院复查，医生给我安排了一套检查计划，预约了检查和复查的时间，一切按部就班进行，连挂号费都不用自己出，在规定的复查时间，医院会在头一天短信提醒，不是痛得不得了，在山顶接受治疗也还是很不错的。医院看似慢条斯理，可却计划得有条不紊，医务人员整天忙个不停。可毕竟全澳门病人太多，公立医院仅此一家，人力资源和物力资源有限，不这样预约、计划安排病人看病，就会乱套，山顶医院的服务态度确实没得说，是一流的。看到医生和蔼的笑容，听着医护人员亲切的问话，病痛竟消减很多。

　　每天听到救护车鸣叫的声音，其实并不都是突发急病要紧急抢救的那种，很多是因病或腿脚扭伤等不能走路而需要叫救护车的，因为在澳门叫救护车是不需私人交钱的。我们内地不是特危急不会叫救护车，因为救护车一来，你就得交上百元，尽管没多远；要是远，肯定是几百元。我问澳门人为什么救护车不收病人的钱，他们告诉我，救护车是公共资源，就是为百姓服务的。不过，叫救护车可能有时要等很长时间，所以，并非碰到不能走，病人就都叫救护车，也有不少人是自己打车的。

　　在岭南结识了高中语文老师梁生，她是台湾人，嫁到澳门成为移民族，据她自己讲在澳门教书二十多年了，因某种原因离开了原先的学校，也是2011年秋季加盟岭南的。她性格开朗，快人快语，和我是同时进岭南的。发福了的她身体很好，总是很怕热，我穿上毛衣时，她还是件短袖，可有一天说是在外面小店吃碗面条，结果又吐又拉，一下病了。五十多岁的她也还是坚持到校上课，却吃不下东西。但很快不少同事知道她病了，来对她嘘寒问暖、劝医就药的声音不绝于耳，我与她同办公室。中午大家都吃饭去了，我也没在意她。可教务主任心细，（岭南行政班子除了校长，就是一个教务主任，一个总务主任，一个训导主任，四人撑起一片蓝天）下班后她到办公室来看梁生，发现梁生的手袋放在办公室，却未见其人，等一气还未见梁生回来，就打她电话，可打不通，教务主任就赶紧派体育老师一起楼上楼下一间一间去找，她担心梁生在哪个地方晕倒了。在教务主任发动大家找了半天之际，梁生自己回来了，原来她到后面松山上吹风去了，她说觉得发热。看到领导这样有心关心生病的老师，"士为知己者死，女为悦己者容"，生点小病就让领导这样关注，说心里话，工作中能得到这样的关心，我就是做牛做马也甘心！

澳门学校同事之间，领导与下属之间，彼此充溢着人文关怀，同一个学科组的老师之间亲如姐妹，尽管每天工作很繁重，但其乐融融的环境，日子却也溜得快。吃五谷杂粮，生点小病也是人生常事，但人在旅途，疾病中有人惦记你，有个群体关怀你，又是不幸中的万幸。

西洋坟场感悟

　　初到生地，未免怯怯生生，其实在个巴掌大的澳门也有点打不到方向，不敢独自瞎逛。正好星期天无事，有个即将回内地的老乡到银河去看演出，我也就像个尾巴跟着他们跑。看完演出，又到氹仔的一个蒲人聚集地澳门八景之一的"龙环蒲韵"公园看"蒲韵在我心"的演出。看得出，在澳门工作一年，老乡已与澳门结下了不解之缘，再过一天就得长久地离开澳门，心中填满惆怅，恨不得将澳门的一切美景都装入脑海，带回内地，从他们忙碌穿梭于澳门的每一个角落，可以读出他们心中的情结。徐志摩康河重游时，却分明知道即将到来的离别是永远的痛，诗人无限眷恋，竟发自肺腑轻轻喊出"在康河的柔波里，我甘心做一株水草"，可最终却也只好默默挥手作别，"多情自古伤离别"啊，可谁能留住前行的脚步？

　　当老乡和她的同伴在尽情欣赏表演时，我却漫不经心看着天空，无意间看到有一群群白色的鸟在飞，跟着鸟的踪迹突然发现对面有座小山。我在澳门第一次见到山和空的地（因为澳门岛城区都是密密麻麻的房子），突然冒出一个奇怪的想法，澳门人百年之后会把家安在哪呢？这么少的山丘，这么密集的人口！尽管兰亭已矣，梓泽丘墟，可王右军的"死生亦大矣"却响彻耳际。忍不住问老乡，澳门人死后会安葬在哪里，可能老乡从来都没有关心过这个灰色调的问题，一般人是忌讳谈死的，老乡也不例外吧，她对我冷不丁提出如此问题，先是惊讶，继而说不知道。同行的人觉得我的问题唐突而奇怪，在这繁荣富贵的都市里怎么会关心死的问题，大家都懒得理睬我。

　　后来向澳门人打听，才知道澳门有西洋坟场，还有其他的坟场。八月最后一周的星期六，我决定参观西洋坟场。西洋坟场位于澳门西洋坟马路，原称圣味基坟场，辟设于1854年，在澳的葡萄牙人魂归天国，多下葬于此。那天艳阳高照，丝毫没有下雨的兆头，寻觅不到一丝环境的忧伤，走到西洋坟场，看见满园阳光，环境特幽静，在都市中央，却回避了喧嚣，整个墓地非常洁净，一尘不染，长眠在这里的人也会喜欢这种居住环境的。沿着坟地走一圈，空气中孕育着庄严肃穆的气氛，充满着死亡的寂静。有些坟前，摆设着鲜花、祭品；也有的摆着主人生前喜好的物件。最触目的是一座坟前摆着很多玩具，仔细瞧，原来主人是夭折的小孩，墓碑上镶嵌有小孩的照片，照片上的小孩大约四五岁，神采奕奕，天真无瑕，可爱极了。可这么可爱的生命怎么会在含苞未开的时候凋零呢？心里隐隐作痛，充斥着挥之不去的伤感。西坟地的尽头是一座小小的教堂，走进宁静的教堂，心里想着为什么在坟地建教堂呢？也许主可怜这些曾饱受痛苦折磨，过早离开人世的人，要陪伴他们在这安宁的地方，安家落户，要引领这些亡灵去享受天堂的光辉吧！

从西洋坟场回来，一夜未眠，不是想着白天坟地的肃静而产生恐惧，而是由那个阳光灿烂的男孩想起另一个人，我的唯一的兄长。去年的五月十三日，正逢星期天，天气很闷，我心里莫名其妙的烦躁，好像天塌了般绝望，给姐姐打电话没人接听，心里竟莫名恐惧，一种不祥的预感升腾而起，这也许就是心电感应。后来姐姐看到来电显示后打电话给我，说哥哥突然肚子痛得不得了，衣服挨着肚皮都痛，她说这话时还是笑嘻嘻的，也许她以为肚子痛只是小病，没什么可大惊小怪的，听到姐姐不是很在意的话，我也放下心了。

第二天得忙着上班，我无暇打电话过问兄长的病情，我也认为肚子痛肯定好了。可过了几天姐姐打电话给我，话语沉重，说哥哥一直高烧不退，又检查不出原因，肚子和右边肝区痛，转氨酶很高，医生说怕是肝癌，我脑子一嗡，什么主张都没有了。又过了两天，姐姐说医生叫到省肿瘤医院去确诊。我当时想他到九江确诊，毕竟九江有同学做医生，可不知姐姐当时被医生灌了什么迷汤，竟坚持到省肿瘤医院去。哥哥这时把自己完全交给我们了，他不舒服，我们带他到哪治疗他都没意见。当初只是为了确诊是不是肝癌，可省肿瘤医院的那位号称德高望重医术高明的饶医生却一开始坚持让哥哥住院做检查，说得天花乱坠，我们就把哥哥安顿在医院住院，而且来时预先交给司机的几百元返程车费也浪费了。第三天检查结果出来了，可那时哥哥竟不痛了，能吃能睡能走，完全一个好人样，可医生说是肝癌中晚期，用能将稻草说成金条的嘴游说我们让哥哥做介入手术，说什么不做手术可能只有三个月，做了手术就有一年或几年的活期。我们当然希望唯一的兄长，一路走来的伴，多活些日子，我们在对手术一无所知的情况下听从了医生的蛊惑，答应交钱给哥哥做介入。可我们一直将病情和介入手术瞒着病人，当时病房里也有来自全省各地的肝病患者，他们也不痛，只是转氨酶高，我当时根本看不出那几个有说有笑的人是病人，他们到处活动，大碗吃饭，跟健康人没区别。手术前医生压根没有给所有病人的家属说介入的不良反应，在我交了一万多元手术费后，医生给我哥哥打入了介入的药水，从手术室出来，他却再也不能吃不能喝不能走，而且痛苦得要命，病房其他人手术后的状况惊人地相似。更可怕的是，做完手术后医院医生、护士的态度都惊人的冷漠，甚至恶劣，病人术后呕吐强烈，痛苦不堪，家属请医生来瞧一眼医生都不肯，护士态度更是恶劣，没有一句好言语。昂贵的医疗费后连开水供应都不保障。在医院住了上十天后病情竟天天在加重，离家这么久，哥哥特想回到自己的家，我开车把他从医院接出来，路上他一路痛苦得要命，我没法帮他排解，只好不停地讲我们童年欢乐的事，让他转移注意力，这时我猛然醒悟我们都被医生骗了，可能这种治疗加速哥哥的离去，内心深处有说不出的恐惧和无法解脱的罪恶感，觉得是自己害了兄长。

年初我和他一起时还听到他嘹亮的歌声，看到他精力充沛，大步流星地走在路上，可如今，他瘦成皮包骨，高大英俊的他完全被病魔袭倒。我骗他会好的，他竟相信了，他对我说："我现在还不能走，我还有很多事要做。身体不好了，干不动了，我就在家带带小孩。"如今思来，这话仍在耳边响起。可当时我知道他活不长，自从介入后，他的耳朵没有一点血色，完全干枯，像一干枯的深冬的树叶，没有了一丝水分，我常躲在背后哭，每天虔诚祈求一切神明保佑兄长，再给他十年寿命，可我的泪水和虔诚感化不了神灵，哥哥在手术后十几天就去世了，而且其他几个和他前后几天做手术的人也纷纷谢世，这就完全印证了我的想法，医生勾结在一起骗钱，根本没顾病人的生命，身体强壮的哥哥，如果不做介入手术，而是采取保守的中药治疗，肯定现在他在为我能到澳门作指导教师而欣喜不已。

前几年我生病，手术后痛苦不堪以致休克，因大量的瘀血堵在身体内，差点引起器官破裂，当时医生也不以为然，我哀求医生说我身体内堵得慌，闷得痛，这时医生才重新帮我做检查，放出积压在身体内部的大量瘀血，我才不再那么痛。记得当时我痛得大喊大叫时，哥哥一直坐在病床边握着我的手，安慰我，至今还记得他说："妹妹啊，坚强点，你痛我也痛，要是我能帮你痛，我全部当着，不要你痛。"这话尤响在耳际，他坐在我病床边的情景如在眼前，令人不禁痛苦号啕，不能自控！在以后的风雨中，再也没有那双温暖的大手紧紧握着我的小手，给我慰藉给我力量，从此我不再是个健全的人，因为我的手足折断一支，今生从此我永远不再完整！

小时候，他长得阳光可爱，精炼能干，是个标准的帅哥。青黄不接的时候，断炊是小山村的常事，他会带着和他年纪相仿的朋友到山里摘野果，有时用石子对准别人家的梨树上的梨投击，捡着打落下来的一个梨子跑回家给我吃，他比我长几岁，父亲在"文革"中被迫害死后，他就是家里唯一的男丁，他总是呵护着他疼爱的妹妹。那年头我们没有照过相，他小学毕业时学校竟破天荒要照毕业照，他带着两个妹妹一起照相，那是我们生平第一次照相，也是我们苦涩童年中兄妹第一次合影，竟是和大伙一起的毕业照！那时太小，尽管家里常被莫名其妙的人抄家，把我们的东西抢走，尽管在学校常被同学追着骂"反革命崽"，尽管常无缘无故被同学打得喊天叫地，但每次他都会找欺负我的人算账，放学的路上他为帮我讨回公道而和欺负我的同学打斗，回到家他免不了要为打架而挨母亲的棍棒，但那时我却从没有感到过痛苦，一方面也许是我年少无知不懂什么是哀愁吧，但更重要的是有他在，生活多了很多乐趣，童年从不孤单，更不孤独！

兄长他天生就是个活跃分子，而且也是月光下的好歌手。每当夏夜月光的晚上，宁静的乡村里就开始了童话般的夜生活：老幼围坐在门前的晒谷场上，蛙声阵阵，萤火虫一闪一闪发着蓝光，土里的热气夹着泥土、青草的气味散发在夜色微茫的空气里，长辈们有眉飞色舞讲古的（讲古老的神奇故事），也有拉长嗓子唱着山歌的，那山歌悠长的回声在山谷盘旋，夜宿的鸟儿常会扑腾着翅膀时飞离树枝时鸣叫几声。此时兄长他就会带着我们在塘边的柳树上折下柳条编成草帽，摘着柳叶放在嘴里吹出悠扬的歌声，柳叶发出的乐音和着长辈嘴里古老的故事、悠扬的山歌，在夜空中飞扬，清风在柳笛声中飘来，夏夜沁凉沁凉的。我总是自豪有这么个兄长。

在知识越多越反动的年代，学校不读书，都在搞"共产主义"，他进入中学，因着活跃有才艺，进了文体班。从此，他在篮球场上跳跃，在舞台上歌唱，整天和文体打交道，到各处参加比赛，晚上放学后带着一群同学到家里来玩，他总是那么热情洋溢，有他的地方就有歌声和快乐。可因为父亲在"文革"被打成"现行反革命"，家里成分最差，他被剥夺上高中的权利。等他回家务农的第二年，文革宣告结束，搁置十年的高考在中国大陆又开始了，他的同学都纷纷走进大学，他却因出身而被阻在学校的门外，可他天天进进出出都唱着歌，不知是用歌声排解他的烦恼呢，还是他的生命就是歌唱。倒是我一天天长大，后来外出读书并一天天走远，以致后来彻底离开故乡，越走越远。大学毕业分在外地工作，结婚成家，繁忙的工作，捉襟见肘的经济，使得我很少回到故乡。

整日忙忙碌碌的我从没有想起要主动问候一声远在故乡山村身体壮实的他是否过得好。手足分离，有时竟是三年五载不曾相见，我有自己的思想，在时空隔离中淡化了对他的儿时的羡慕和崇拜，也不再想着要跟在他屁股后。总在想，他是我的兄长，就在那儿跑不掉，将来有空了，宽裕了，再去看他也不晚。可谁能料到，强壮有力，乐观豁达的兄长，就这样被折腾死了，漫漫长夜，我常为我的儿时伙伴我的保护神我的手足走了而痛彻心扉，我就像落群的孤雁在长空哀鸣，可哥哥听不到我寻找他的鸣声。看到西坟地那个小孩的笑靥，就想起中年早逝的兄长，由我的无尽的悲伤，也想到那可怜的父母，他们是不是也和我一样在夜深人静的时候以泪洗面，无法自拔呢！

教师是人类灵魂的工程师，言行举止稍有不端，就会戕害孩子心灵，贻害无穷！而医生，掌管着病人的生命，如果为了个人名利，不惜学术造假，对普通百姓的危害是多么严重啊！我不知道西坟地里有没有像我哥那样被害死的人，但我想每一个被某些只为名利不负责任的医生残害死的冤魂，都会到阎王殿上控诉某些医生的缺德！钱钟书说："医生也是屠夫。"虽然世上还有不少好医生，但所有无良医生他们确实就是屠夫！

为了活蹦乱跳的鲜活生命不再被一些无良医生任意宰割，呼吁政府应对医生的过度治疗行为有严格的监管措施，我想起在澳门参加一所教会学校开学典礼时学监说的话，"书不要读太多，读到不留级就行了，关键是你要学会做个好人。"如果我们的教育能把学生成人的教育放在首位，不再极尽功利色彩，不再把"书中自有黄金屋，书中自有千钟粟，书中自有颜如玉"当作读书的目的，而是用知识来净化心灵，用教育来教化社会，从法制层面对知识分子的行为进行监督，也许悲剧的发生概率就小得多。走过西坟地，怅然生命的脆弱，也惊骇监管缺失下有些人的胆大妄为！

暮色苍茫，山野一片寂静，夜虫在唧唧哼哼哀鸣，西风猎猎，松涛阵阵，睡在山冈的人不知是否寂寞孤单！生命轻如游丝，脆若蛋卵，健康活着，每天有同事相伴，有学生相游，有爱人相慰，有孩子相亲，有朋友相惜，世上还有什么值得让我们为之去争去斗去抢的呢？抬眼看看西坟地，看看山丘上，你就能望峰息心了，我们该好好活着，也应让别人好好活着。

别样的开学典礼

刚到澳门就听说了澳门中小学与内地的太多不同，对即将到来的开学典礼就倍觉好奇，他们的开学典礼会不会像我们在内地一样，鸣炮，升旗，各级领导的讲话，学生的发言等等呢？我该穿怎样的服装出席这一重大的活动呢？天天盼着，又有点惶恐，毕竟意味着我就要进入那个陌生的学校正式工作了。

九月一日，阳光特耀眼，清晨就感觉又热又闷，也许这就是澳门天气的特色。头晚定好闹钟，忐忑不安，生怕第一天会迟到。其实闹钟还未闹就醒了，爬起来赶紧翻箱倒柜找合适的衣服，要有领有袖的正装，而且又想尽量不至于古板，还得端庄大方，把衣服抖了一床，左挑右拣，终于穿戴整齐出发了。一路快步流星赶往学校，哪知到校才七点多，而他们是八点上班。等到八点，同学在校操场上排好队，老师则紧挨着走廊的墙一字排开站着，我往队伍中站，可被通知那是小学部开学典礼，中学部要等到十点半，我只好退出来慢慢等。

终于到了中学部开学典礼，班主任和学生站在操场上，这和我们内地班主任要站到学生队伍前面或后面维持秩序是差不多的。但因场地狭小，高中生就站在教室外的走廊上，排着整齐的队伍，学生上身统一穿着短袖白衬衫，下身穿着黑色西裤，脚着圆头黑皮鞋，这可能就是他们的校服，一个个打扮成绅士样。这是一所男校，清一色的男生，但有女教师。天气很热，学生紧紧挨着排着队，却井然有序鸦雀无声，没有哪个在队伍中发号施令管理着。没想到这么多大男生挤在一起竟没有交头接耳的声音，而是个个屏气凝神，显得庄重有加。非班主任老师则规规矩矩挨着二楼自己办公室外的墙根站成整齐的一排，也听不到交头接耳的声音，大家很肃静。典礼宣布开始，整个场地就凝聚着一种庄严肃穆的气氛，因为首先是神父做祷告，神父一张口，一下子就变得空气都凝重了。大家虔诚地跟着念经文，用的是粤语，我根本听不懂，只看到许多老师、学生边念边在胸前划十字架，我想老少都能做到如此肃整，应是宗教信仰对人的沐浴洗涤，让人单纯虔诚吧！在内地，虽然开学典礼这样较重大的活动，也还是有学生在底下嘀嘀咕咕，有老师在底下窃窃私语，政教主任就会杀气腾腾的大声吼叫，要大家肃静。说白了，少了点信仰就少了些畏惧感，少了些秩序感吧。

祷告之后是学监讲话，学监先是欢迎同学、老师返校，接着感谢同学来校学习，寒暄之后进入主题，对同学提出要求和希望。学监讲得慢，我大都能听懂。我感觉最有意思的是，学监反复对同学们强调说："你们不要读太多书，也不要读得太好，只要不留级就行了（在澳门，学生考试成绩不好是要留级的，没后门开），关键是你们要信、望、爱、善，做个善良人。"当学监叫学生不要读太多书时，大家都哄堂大笑起来。在澳门，没有高考，但进哪所大学还是要参加该大学的招生考试的，可以理解为自主招生吧。所以，学监说这番话有特定的背景，但这番话中又透露了中华民族的古老教育信条：欲成才，先成人。在内地，虽然学校也会关注学生做人方面的教育，但更主要的是关注中、高考升学的问题，一个校领导是绝不会在全校学生面前劝他们：书不要读得太多太好，关键是好好做人，一定做个好人。而且开学典礼强调的中心是要学生抓紧时间好好学习，育人功能被升学考试挤到脚底下了，学校、老师、家长、社会评判学生的标准也是唯分数论英雄，成绩好的就是三好学生，成绩不好的就跟好学生搭不上边。内地这种极端功利化的评价标准，全民都一心抓孩子成绩，孩子的德育品行被淡化，其实这是一种极其可怕的教育。怪不得有位台湾主持感慨：今天的教育，是教而不育！

我说别样的开学典礼，并不仅指教会学校把祷告放在第一这一区别上，更重要的是他们的育人方针上。他们把培养学生做个好人，做个有益于家庭、群体、社会的人放在第一位，这种教育理念才是最值得我们学习的。当今流行一句有关才德的有趣的话：有才有德是优等品，无才有德是次品，无才无德是废品，有才无德是危险品。此话非常形象地道出了才德双全的重要性，一个人如果品行残疾，他学得越好，在这个高科技时代，恐怕越是社会的灾难！记得"9·11"事件后，有美国计算机软件高手称他们几人只要几分钟就可以让华尔街的金融系统瘫痪，可是他们并没有这样做，只是表明他们在专业上已经达到的程度而已。但如果不成人的人掌握了这么高深的学问，他用科技手段来犯罪，其后果远比一个普通的能力低的人所犯的罪要大得多，杀伤力要强得多，对社会构成的威胁严重得多，像一个熊猫烧香病毒软件的开发就让很多中小企业瘫痪！教育毕竟不是种庄稼，管了这茬不管下茬，而应是百年之计，不然怎么说"十年树木，百年树人"呢？学校所教的不仅要管他考大学有用，而且还要管他到社会上做人做事有用。据说美国对学校、教师的育人监督是：如果某个人犯罪，要跟踪追究他的中学、大学学校和老师的责任，有点像中国古代的株连罪，但这也体现了教育的责任！

从事教育是有责任的，也是要承担风险的。我们的教师待遇普遍不尽人意，国家在实质上对教师的重视还远远不够，教师的待遇比一个普通的公务员差远了，每次都说教师的工资接近公务员，实际就是不如公务员。而教师的长远责任感也很缺失，这种现状确实令人感到遗憾和忧虑！

第八辑

浔城风物

暮秋残树

　　暮秋时节。梧桐飘落三更雨，桂子凋零半夜风。园子里的幽香还在，小径上却黄叶堆积，满目凄然。白香山的"不堪红叶青苔地，又是凉风暮雨天"，与眼前的景象是最般配不过。

　　清秋易生愁，愁起难拭拂。午间微雨，寒烟薄笼，满怀疲惫，饥肠辘辘，拖着身躯行走在古城小巷，"看著墙西日又沉，步廊回合戟门深"，不觉倍加怅然。初春刚看池塘风荷举，转眼又是黄叶飞，"荷叶生时春恨生，荷叶枯时秋恨成。"仄仄的雨巷里，没有油纸伞，没有青石板，亦没有古风古韵的笙箫响起。小巷两旁的店铺，人声嘈杂，嬉笑叫卖之声此起彼伏。

　　每日经过的墙角处，那里有一颗无名树，曾经一直茂密的叶子，竟然也在一夜风雨中，绿叶被剥落得满地，失去了往日的生机。这是一棵生在石缝里，长在逼仄处，无名无姓的野树。不知是何年而生，不知是何年而长，亦不知是风还是鸟将种子抛撒在这么一个向北的石头罅隙里，高楼、山墙遮蔽着他的天空，巨大的石头挤压着他的躯干。他一出生就几乎被压倒在地。一块巨大的石头，青苔不生，这树却从中钻了出来，先是沿着地面伸出树干，大约一米多，光秃秃没有一片叶子，没有一个分支。等他的躯干绕过逼仄阴暗的角落之后，突然竖起来向着高处迎着阳光生长，竖起来的部分开始长着枝叶，越往上迎着太阳的地方枝叶越繁茂。每经过此地，我必驻足对视他，对他投以至高的敬意。是什么使得他如此倔强？生命的本源？对阳光的渴望？

　　望着一地青叶，满眼残枝，突然纳闷起来：这棵墙角的树，不知经历了几多风霜和坎坷，他都挺过来了，为何在细雨微风中突然变得如此脆弱，憔悴不堪呢？虽是连日阴雨绵绵，但并未经历寒风扫高木的肃杀，怎会枝残叶败一派萎靡之势？为了探个究竟，翻过断墙，直接走到树的跟前，突然发现树的根部遭遇重创，刀砍斧斫的深痕历历在目，枝条被砍树叶被剥更是惨不忍睹。蹲下身仔细瞧，发现旧的刀伤似乎正在慢慢愈合，白色的血液已经停止了流出，只是靠根部的树干上沾满已经干了的白色汁液。不知是谁在这个风雨阴晦的秋日，如此狠心戕害这一棵饱经风霜的树。我用手轻轻摸着他的伤口，满心祈祷他能度过这个劫难，在不远的春天里，重焕生机。

不忍心踩着地上那些还有生命青翠的离开母体的叶子，绕过树，心里默念着翻过断垣。走进雨巷深处，小巷嘈杂的叫卖声中，突然响起嘹亮的歌声，声音太大，不知是谁家店铺音响播放的。往前走，竟发现一个极矮的男人，脸上轮廓不清，上唇遮过下唇，形象甚是可怕。他正一手推着音响，一手握着话筒，与音响里的女声对唱《心雨》，原来是他在歌唱。在这细雨里，"我的思念，是不可触摸的网；我的思念，不再是决堤的海"唱得特别叫人心碎。我默默从他身边经过，过往的人也匆匆而去，没有人给他的盒子里投一枚钱币，他就自顾自地深情高歌。

当歌声再次从百米远的后背传来时，突然被那倔强中透着哀怜和悲吟的声音震撼了，我停住了脚步，回头，看着他，然后转身，一步步往回向他走去，从手袋里掏出一点钱，放在他的盒子里。他向我鞠躬，双手合十。近距离看清了他的脸和个头，顶多一米一二的块头，脸上畸形得严重。就在他向我鞠躬的时候，我站在他的正对面，也向他回礼深深鞠一躬，然后转身，沉重的离去，眼睛酸酸的，心里紧紧的痛。他也是一棵受伤的无名树。

"深知身在情长在，怅望江头江水声。"走在暮秋的雨巷，流光已把红香弃，但雨后的晴秋也应别有一番风味吧？伤痕累累的无名树，渡尽劫波，明春也许照样生机勃勃；身残无助的人，在暮秋的雨中发出生命的呐喊，他用石破天惊之音，叩响生存之门。向阳花木，可早逢春；背阳杂树，自觅雨露。上天如果把种子跌落在北坡石缝里，自己挣扎，也能向高处迎接阳光，拥有自己的春天。

生命要成长，谁能遏制他的生机？

晚风中的浔阳楼

据说自幼有神童之称的中唐著名宰相李德裕，因白居易与自己的政敌牛僧孺交好而深怀成见，以致不读白氏的诗文，怕一读而改变对白氏的成见，以致两位英才终生失之交臂，堂堂大作为的大宰相也因此事而落得有宰相之才无宰相之度的恶名。成见，会蒙蔽我们的眼睛，冤枉、错失许多美好的人、事，我对浔阳楼就有过差点失之交臂的经历。

一

古语有"爱人者，兼其屋上之乌；不爱人者，及其胥余"之说，意思是："如果喜爱那个人，就连带喜爱他屋上那只世人都认为不祥的乌鸦；如果不爱那个人，就连他住处的墙壁也讨厌。"我不喜欢浔阳楼，也可说是恶其余胥的心理作怪吧。

和浔阳楼做邻居，长达二十多年，晚上到江堤上散步，不从她的前门经过，就一定从她的屋后而行，可我却总是对这座名楼敬而远之，熟视无睹，从不动登楼眺远之文心。此等淡漠之情，若非对文物艺术毫无兴趣，就是有某种瓜葛纠缠其中。而我对浔阳楼的无动于衷，恰恰是因此楼的声名大噪，源于宋江酒醉浔阳楼后，在该楼墙壁上所题的一首反诗，或者说自从《水浒传》博得百姓芳心后，浔阳楼也跟着走红了。我对宋氏总有一种莫名的恐惧，跟着宋江一起出名的浔阳楼自然也让我觉得城府深深，阴险其中。

浔阳楼位于江西九江长江之滨，其得名或许与九江古称"浔阳"有关。浔阳楼始建年代虽今无从考证，但至少在中唐时期她就存在，因为唐代江州刺史韦应物曾在诗中提到过她。韦氏在《登郡寄京师诸季及淮南子弟》一诗中说"始罢永阳守，复卧浔阳楼"。后贬官江州的白居易也写过《题浔阳楼》一诗，白氏对以浔阳楼为中心的周边美景大加赞美：可见浔阳楼在唐代就颇有名气。不过，真正使浔阳楼声名鹊起的是《水浒传》这部小说。

其实我对浔阳楼的腹诽，源自于对宋江的不顺眼吧。读《水浒传》，从头到尾就觉得宋江乃人中大奸大滑大伪善之徒，他杀阎婆惜本是为泄戴绿帽的私愤，可他偏说是为顾及兄弟性命，因而在江湖中博得仗义轻色的好名声。杀人偿命，古今皆同，可宋江却能既得到郓城县百姓都替他求情的支持，又得县令也有意放过他不发配他的包涵，可见宋江是个玩得转的人，三教九流都是他的朋友，这种人实在有手腕！这个宋江最叫人捉摸不透的是，县令不判他罪，他却说"法度不可违"，自己要求刺字发配到江州。既然是心甘情愿服罚，却偏又借酒劲在浔阳楼上题《西江月》一诗发泄心中愤懑，说"自幼曾攻经史，长成亦有权谋。恰如猛虎卧荒丘，潜伏爪牙忍受。不幸刺文双颊，那堪配在江州。他年若得报冤仇，血染浔阳江口！心在山东身在吴，飘蓬江海谩嗟吁。他时若遂凌云志，敢笑黄巢不丈夫！"可见其人格分裂。上梁山之前，杀阎婆惜、浔阳楼题反诗，宋江的阴阳怪气就表现得很精彩。招安后，宋江临死前药酒毒死对他忠心耿耿的李逵，杀掉心腹之患，宋江的虚伪、狡诈、城府深到此也演绎得淋漓尽致。原本一座普通酒楼，因这么个人格分裂的人而出名，总让人心生厌恶，躲避三舍，正如浔阳人遇到恶者时所说的经典句子："惹不起躲得起。"我这一躲，就将浔阳楼躲成半老徐娘，她的风韵憔悴在望穿秋水的孤寂中。

二

走近她，是个秋阳将尽的黄昏，远道而来的友人带着孩子想探访浔城的古迹，她说在大洋的彼岸生活得太久，故园的风情总是特别撩拨她的乡心。为尽地主之谊我带她们到家旁的浔阳楼参观。古人登楼或为"欲穷千里目"，或为抒发幽思之情，这楼必是"危楼高百尺"，雄伟壮观。可浔阳楼却并不巍峨，她位居九华门外的长江之滨，背面是浩森的长江，正对面是高耸入云的摩天建筑群，长长的江堤边，就这么一座孤零零的三层小楼，在这些大的景观面前，她多少显得有些孤单，有些落寞。黯淡的外形，矮小的身段，斑驳了的朱红外墙，仿如饱经沧桑的女子，岁月的风霜刻满她的双颊。千多年前，这里是码头，商贾游旅，迁客骚人，莫不在此靠岸，临江而建的浔阳楼，得天时地利之势，四方豪杰云集于此，自是风光无限。开轩面长江，望千帆竞逐；举杯见明月，看云卷云舒。当年坐在浔阳楼上豪饮抑或浅斟，听笙歌闹春，观大江东去，其热闹纷繁景象，令多少游子停下匆匆的脚步！而今的浔阳楼，只是历史的一个符号，不再充当酒楼的角色，加之门外的码头也消逝在江水中，自然远离了喧嚣与繁华。残阳时分，她恰如唐代京都流落在浔阳江头的歌女，门前冷落车马稀，寂寂的伫立在晚风中，我们就是在这样的时分造访她的。

历史上的浔阳楼应是一座具有典型古代楼台建筑风格的楼宇，据说自唐代至清代沿存，且颇具规模。只可惜历经现代战火和运动的洗劫，古老的浔阳楼早已被践踏得香消玉殒，灰飞烟灭。眼前的浔阳楼，是1987年由九江市政府重建的。这是座仿宋建筑，明显打着"清明上河图"中建筑的烙印。仿建的浔阳楼总体占地面积2000平方米，主楼占地300平方米，高21米，外三层内四层。站在江堤上看浔阳楼，九脊层顶，龙檐飞翔，青瓦朱栏，四面回廊，也显得古朴凝重，仿如一座庙宇，抑或座废弃的宫殿。

第一次细观浔阳楼，突然发现她虽经岁月洗净铅华，却不乏庄重典雅的风情。坐北朝南的建筑，玲珑别致，它的南北两面顶檐下各悬挂着由著名书法家赵朴初先生题写的"浔阳楼"流金匾额，夕阳的余晖映照下，这三个金字熠熠生辉。楼层的檐梁是精工雕刻成整齐牙齿型的花边，所有的门的上半部与窗均镂空为方格，古朴中透着大方。南面大门一楼的门楣上悬着"溢浦明珠"的草书匾额，正门两边的抱柱上写着"世间无比酒，天下有名楼"的对联。朱红的木制门窗，装饰着整个外墙，门柱上镶上鎏金字的黑色匾额、楹联。红的背景，黑的配饰，金的点缀，使得整座楼虽沧桑古旧，却典雅富贵。正门两侧坐着两只威武的雄狮，面目活泼而不乏威严。奇怪的是正门紧闭，入口处改在西边。登上几级台阶，在仰视中拾级而上走进西门，门柱楹联直逼游人的眼睛，极有气势："千秋废复兴，喜重临楚尾吴头，呼吸遥通万里；九派分仍合，能一览长江彭蠡，风光岂让三楼。"此联很妙，将浔阳楼的地理位置和自然风光形象概括其中。

穿过一个小院，沿着曲曲的走廊进到一楼，大厅正中悬挂着"逝者如斯"的横匾，这是我国著名书画家王个簃老先生92岁高龄时亲笔手书的，字迹遒劲，酣畅淋漓，足见先生老当益壮。大堂正中陈列着巨幅的108将人物艺术瓷塑，瓷雕两边的墙上是两幅巨大的瓷板画："浔阳楼宋江题反诗"和"梁山泊好汉劫法场"。这厅我就叫水浒厅吧，整个展现的是微缩版的《水浒》。点缀"水浒厅"主题的是大厅的两副对联：一是"此地香飘曲风醇郁传万里；斯楼再造灯火辉煌认九江"；一是"追溯一百零八将传承英雄本色；胜赏一百二十回再铸志士风骨"。将《水浒》的传奇移到浔阳楼，让这座酒楼也增添了点酒劲和武气。

展厅的整个陶瓷艺术品，都是上世纪1987年由中国景德镇艺术瓷厂陶瓷艺术大师集体创作的。据说当时总共制作了三套，而烧制成功仅存两套。原先留存景德镇一套半中的一整套，后由新加坡巨商出资收藏。现存浔阳楼内一整套108将人物艺术瓷雕，是为国内唯一的一套，堪称"孤本"。由于参与制作此套人物艺术瓷雕的部分艺术大师先后离世，这整套艺术品的珍贵和稀罕就不待言说。瓷像人物形象栩栩如生，各具情态，呼之欲出，枕着滔滔长江水，浪花淘尽英雄，令人不禁感慨"逝者如斯"！

登上木制楼阶，到达二楼，这里是忠义堂，也是当年宋江醉酒题反诗处。厢房里设置了八仙桌，桌上赫然放着百多斤重的大酒坛子，墙壁上有"落座三杯豪气在，出门一笑大江横"的条幅，豪气地再现了当年酒楼的情景。欧洲人喜喝红酒，但红酒代表优雅；中国人喝酒，主要是指烈性白酒，那是一种英武与豪气的表现。中国的壮士讲究的是大碗喝酒大块吃肉，风风火火闯九州的壮烈之举！所以，喝酒喝出了文化，甚至牵扯着江山社稷，至今在华夏大地，一切庄严、盛大的主题都被人搬在酒桌上解决，以致民间有"无酒不成席"之说。一楼、二楼表现的都是与《水浒》有关联的文化、历史主题。

三楼是回廊，主要陈列字画。走廊上挂满当地书画艺术名流的字画，如有"江南一枝梅"美称的画家付梅影的各色风姿的梅、当地书法家的墨宝等。

三

最惬意的是登上四楼，"欲穷千里目，更上一层楼"，此话果真不假。整个四楼就是一个轩敞的大厅，这里是一个古朴的茶座，几张乌黑的八仙桌，宽松的摆放在厅中，乌黑笨拙的椅子，椅靠背是镂空的雕花图案，恬静地依着八仙桌，角落里还放着几把小小的精致古朴的藤条椅。我们避开了游人接踵而至的参观时刻，此时四楼显得异常沉寂、空旷。晚钟敲响的时候，慕名而来的外地游客也像鸟儿一样归巢离去了，本地人是不太来这儿玩耍参观的，审美需要距离，太近了太熟了就会忽视其价值，更何况还要二十元钱的门票！就像许多老北京，一辈子活在北京，可到耄耋之年竟还有没进过故宫没到过长城的，或许和兔子不吃窝边草是同一理论吧。大厅的北面，整堵墙都是由雕花木门组成，门外是长廊，廊外是奔流不息的长江。

我和友人将藤椅挪到门外走廊，端个小茶几，叫了一壶庐山云雾茶，慵懒地坐在藤椅里一边喝茶一边赏景。此时红霞满天，旷远的天际有点点白影，那是归巢的水鸟。脚下的江堤上，一拨一拨的人，悠晃悠晃的在散步，江上往来的大轮船偶尔发出一两声长鸣，划破江上的寂静。长江大桥，像一条巨龙，横跨在浩瀚的大江之上，远远望去，最上面有很多黑色的小火柴盒在飞动，中间层时不时有一条长蛇扭动着身躯倏地穿过，那是汽车、火车在奔跑。有了长江大桥，京九线贯通后，陆路的交通迅速发展，水上的交通却不进反退，江面上见不到千帆竞逐的景象，更遗憾的是，很难见到一叶扁舟泛舟江上的情景。

友人讲她打拼的人生，一如槛外长江波澜起伏。最终她的钱袋满了后，她还是决定把家迁往大洋彼岸那个陌生的地方，她说那儿踏实。茶叶在水里时沉时浮，碧绿的云雾在白瓷茶缸中升腾，泛着一丝丝青叶的淡香，茶若浮生！秋风带着凉意，徐徐袭来，落日的余晖撒满一楼。"昔人已乘黄鹤去，此地空余黄鹤楼。"上游的黄鹤楼，曾使烟波江上多少游子柔肠寸断。坐在这暮秋的浔阳楼上，会不会更触动友人的思绪呢？江面像块平静的蓝水晶，当年在这江上操练水军的公瑾，而今安在？浪花淘尽英雄。这江楼上，这秋风里，何人曾也喝着茶，倚栏眺望这秋水与长天一色？人不过是根思想的芦苇。是做蒲公英的种子，随风飘落四海为家呢，还是做那爬地草安守在故园的田野，守住故乡山间的清风，江上的明月？长江不语，只是滔滔向前。

这是一个丛林，动物的游戏规则一直被人效仿着。108将几多是除暴安良的？有杀人的歹徒，有寻衅生事的地痞，当然也有被逼的良民如林冲，历史却把他们统统归为英雄。历史上演了太多重复的故事，占山成功则为王，落草则为寇，无论成败，共性的是都有为王的理想。品着清茶，我就在这江楼上不着边际地乱想，父亲不知登过浔阳楼没有，父亲就是画着画还未真正成为画家就把自己突然画成了"现行反革命"的一介书生。父亲收藏过很多艺术品，全被当时的文革英雄抢走了，连同着性命。成群的大雁从北边的天际飞来，叫声凄厉，黑压压的一片，他们是赶到南国越冬的吧，明年还会回来吗？友人为何要走天涯？

月上西楼，江畔传来悠扬的舞曲，是老年人在跳舞。我们在幽幽的茶香里，缓缓下了江楼。浔阳楼寂寞在滚滚滔滔的长江边，兴衰荣辱，是非成败，她经历了多少人世沧桑，可她心如静水，看千年潮涨潮退云卷云舒，任世界喧嚣嘈杂，依然一副典雅脱俗的厚重之态，默然地屹立在历史的尘烟中。她不需借重谁的名望，也不需依傍谁的肩膀，她就是千年长河中那粒饱经风霜的明珠，无论你喜欢与否，她就在那儿默默地散发着亘古的祥光。你是雍容华贵的大家闺范，洗净铅华，典雅依旧，风韵依旧——晚风中的浔阳楼。

余晖中的锁江楼

余晖恋江时分，江天上下一色都是红霞，正是"一道残阳铺水中，半江瑟瑟半江红"。酷暑难耐，长江堤上，散步吹风的人成群成伙。江边广场上，翩翩起舞的男女，彩扇水袖一挥一抖，凉风习习江楼凄凄。笙歌声里不时夹杂过往船只的汽笛声，放纸鸢的少年在江边仰头追逐飞入云端的彩鸢。行走在浔阳江畔，恍如回到六朝秦淮岸边，甚是热闹繁华。

悠悠漫步，听丝竹绵绵，沐江上清风，观江潮起伏残阳绚烂，满心怡然之际，突然一彪人马在前方拦住我："你好，请问前方那座塔叫什么名字？"浓浓的北方口音，身上背着背包，男女四五人，都是大尺码的块头。知道是外地游客，我告诉他们叫"锁江楼"。"明明是座塔，为什么叫成楼呢？"一年轻人发问。猝不及防，我支吾着："你们到塔下看看说明就清楚了。"此时月出东山，锁江楼不会开放了，估计游人也难以寻找到他们想要的答案。

中国的塔，他们大都住在水边的山上或高地上，起到降妖伏魔的作用。故乡修河边的古塔文峰塔，就坐落在黄庭坚当年读书的书院南山崖上，下面是滚滚滔滔的河水。曾经镇压过白蛇娘娘的雷峰塔，就住在西湖夕阳山的雷锋顶上。锁江楼亦不例外，她位于九江长江南岸天下名楼浔阳楼附近的高地上。此地原为回龙矶，大江奔流至此，突遇江岸突起，跃出江面几十米，造化作祟，本来畅流而东的长江，遇此突兀之地，水流顿时旋转急湍，过往船只常在此遭遇不测，多少家庭因此陷入万劫不复之渊。水险滩急处，据说是有蛟龙在兴风作浪，唯有修建宝塔能将孽龙镇压住。为了消灾免患，永保太平，终于在明万历十三年，九江郡守吴秀等有识之士筹集民间款项，汇集高师名匠，修锁江楼和锁江楼宝塔于石矶上，并铸铁牛四条护卫，牛鬼对蛇神，一物降一物，从此就镇锁蛟龙了。

亦有传说，九江古时有九条江，每条江有一条蛟龙。每当雨季来临，九龙一起作乱，水患无穷，百姓无以聊生。一日有一云游道长驾云飞过，俯瞰九江白波茫茫分九色，黎民在汪洋中哀号，道长法眼看见九龙正在兴风作浪危害人间，他立即将腰间酒葫芦一扔，口念咒语，酒葫芦发出闪闪金光，倏地在一片汪洋中飞蹿，一股股黑风"嗖嗖"钻进宝葫芦，道长把拂帚一挥，口中念念有词，金光四射的宝葫芦"呼"的飞上岸，"哗"的一声巨响，稳稳当当立在回龙矶上，随着炫目的金光闪烁，酒葫芦不断长高长大，化作一座宝塔，将九条蛟龙尽锁塔底。九条江的江水迅速九九归一，合为长江，阴霾的天空立刻清明起来，洪水转眼消退。从此九江太平无事。

锁江楼，最初叫江天锁钥楼，她与文峰塔（即回龙塔）以及四条铁牛等许多附设建筑组成镇压蛟龙的有力团队，在历史的风吹雨打下，她的战友们纷纷殒命，如今只有她孤零零傲然屹立于长江边。虽叫楼，但她实际是座塔，是锁江楼塔的简称。塔高三十五米，共七层，青砖砌身，典雅厚重，六面锥状，顶拱石凿，宛如擎天巨柱镇锁大江，亦如定海神针定住蛟龙。远观，古塔傲然屹立，高耸碧空，气宇轩昂，塔影倒映斜阳中的长江，波光粼粼，摇曳生姿，与邻近的浔阳楼相映成趣。塔的入口有一对联：楼锁江天阔，塔影庐峰高。此联极妙，一石三鸟，将塔的功能、塔与长江之景、塔上观匡庐之状，包容其中。

塔内有盘旋而上的木制楼梯，仅容一人通过。拾级而上，登临顶端，极目骋怀，只见匡庐巍巍高耸，楚天浩浩千里，长江滔滔奔腾。眺望江北，远山人家渺黛如梦；俯瞰江南，古城闾阎扑地若画，甘棠湖恰似镶嵌在城中的一块碧玉。正所谓"望中吴楚穷千里，楼下波涛聚九江"。

浔阳自古为通衢要道，迁客骚人商贾游旅，东来西往南走北去的人，都会云集于此。锁江楼自建立以来，就与长江形成了一道相映成趣的景观。流连于此的诗家纷纷在此留诗刻字，寄怀抒情。从流传下来的诗看，最有名的是清人李尚清，他站在锁江楼前，文思泉涌，光以"锁江楼"为题的诗就有好几首，其中"楚水沄沄渐入吴，层楼重影塔峰孤。凭栏目送时千里，不知长江锁住无？"就将锁江楼的胜景刻画得淋漓尽致。题塔的楹联更是精彩纷呈：百尺楼昌千秋文运，七层塔锁万里长江。百获波光当岸绕，黄梅山色过江来。陶潜县里看花落，庾亮楼中对月明。塔内底层东面墙上，现还保存一块明代碑刻，只因历经风雨，年久沧桑，碑文模糊难辨。

自明至今，锁江楼历经四百多年的风雨沧桑。据说1938年日本人入侵时，乱炮轰击浔阳城，锁江楼身中数炮，塔体两个大窟窿直径达三米多，可她却毫不动摇，至今依然屹立在浔阳江岸，足见明时建筑技艺之高超。

　　而今的锁江楼，青砖散发的古朴愈加典雅，塔身微微倾斜，日夜注视着脚下浩浩森森的江水，犹显得深情款款。在夕阳的余晖中，锁江楼塔全身披着金辉，风情万种。涛声依旧，锁江楼的风采依旧。

浪　井

浪井，又叫瑞井，她有着怎样的祥瑞传说呢？

据说，古人改邑不改井。井，在中国的文化里，也许是一个含义特别丰富的意象。自从人类有了第一口水井，这井就和故土家园有着骨肉相连的关系。于是，离开家乡，就叫作"背井离乡"。身处异乡的游子，思家念亲时，自然是站在他乡的井边，思念着故园的水井。当月亮的清辉洒满井栏时，豪情万丈的李白，睹物思乡，也柔情四溢地沉吟着："床前明月光，疑是地上霜。举头望明月，低头思故乡。"也许正如鲁迅先生所说的"无情未必真豪杰"吧，李白的伟岸，正是缘于他豪情的世界不时有睹物思人的柔情。

井是生命之泉，凡有人处，自然不缺井。于是每一口井，就藏着一部当地的风俗历史，甚至蕴含着神奇的传说。有井处，就有故事。

孔子上青龙山规劝造反的刘夏子不成，暑热难耐时禁止弟子高柴喝刘夏子捧上的清泉，说是："山为盗占，盗山也！盗山之泉，盗泉也！君子不饮盗泉之水！"从此，无辜的山峪泉因孔子而得名盗泉，后世志士以拒饮盗泉的水来保全自己的节操。

无独有偶，广州有口泉，因古时官员轻舟而来满载而归，常会在此井旁歇脚，此井被当地百姓叫作贪泉。后人演绎喝了此泉的水，人会变得贪婪无比。无论盗泉还是贪泉，说的应是一方水土养一方人的理论，也就是今人所说的环境造就人吧。但唯物的人不信这个邪，少年文豪王勃就认为品行乃个人修为之事，他很自信自己是"酌贪泉而倍爽"，不会被污浊的环境同化。

井的得名大多有典故，浪井也不例外。第一次听说"浪井"这个名字，是到匡庐脚下的师专读书时，听同室的浔城本地同学介绍九江风物时说起的。光听一个"浪"字，就让人产生丰富的联想，想到风浪，想到传奇，想到浪漫，甚至想到日本的浪人。总之，都带有一层神秘的色彩。

同学说，之所以叫浪井，是因为井里会发出浪击石鼓的声音。第一次听说天下竟有这样的奇井，立刻引起了我们的猎奇欲。时值深冬，我们几个外地来的同学邀着一起去找浪井。那时的师专处于郊区，步行到四码头足足要一个多钟。四码头是当时九江最繁华的地段，穿过西园嘈杂拥挤的街巷，走走问问，终于发现临近江边的巷角落有一亭子，亭下被围栏围住一口古井，井边竖有一牌：浪井。我们蹲下身，把耳朵贴近井边，安安静静听了半天，也没听到井里发出任何声音，甚是失望。问周边居民为何井里无声无息，不像传说中的井底有风浪鼓动，击鼓振越之声，居民说是日子不对，说雨天才会有。我们将信将疑，只好沮丧返回。

疯传为浔阳十景之一的浪井，难道就是这么点气候？后来读李白的《下寻阳城泛彭蠡寄黄判官》诗，有"浪动灌婴井，寻阳江上风。开帆入天镜，直向彭湖东"的诗句，看来这井真是历史悠久，而且声名显赫。不然诗仙怎么会谈到"浪动灌婴井"呢？而且从李诗中，可以看出浪井在历史上确实是能发出声音的。诗人认为井里有浪声，是源于江上大风，风鼓浪动。是不是意味着，浪井的底部其实是和长江连通着的？

李白是好玩之士。猎奇，是这个热血沸腾的人的特点。他在浔阳江上，还想到浪井之声，原来此井来历非同寻常。浪井原为功勋显著的灌婴在高祖六年（公元前201年）屯兵九江时，率兵挖的一口井，因此被人称为灌婴井。此井泉水滔滔，清幽凛冽，供着整个部队的用水，不溢不枯，而且时时传来浪潮涌动，钟鸣鼓磬之声，在当时即为奇观。历史记载此井之奇："每遇江涛汹涌，人闻井有浪声。"

奇怪的是，灌婴走后，此井却不知何因，在历史的长河中，慢慢湮没。一口名井，为何从市民的眼中消失？从灌婴之后到三国时期，究竟浔阳城发生了怎样的变故？是撤军后，此地无人居住因而浪井被废弃以致湮没？早期的九江城区原址，据说在鹤问湖。历史上是不是曾发生过巨大的毁灭性的地震，将一座古城沉于湖底？今日的九江老城区，在历史上可能就是郊区少人居住之地？

更为奇特的是，湮没几百年的浪井，竟然在孙权派兵挖井时意外挖出，使得浪井重见天日。当三国烽烟四起，群雄竞逐之时，九江竟成了孙权水军常驻之地。小小的浔阳成了军事重镇，孙权带兵驻守九江。部队驻扎下来的第一件事，是要打井取水解决生活问题。孙权令人挖井找水，竟意外挖到灌婴旧井，还挖出石函井铭，文曰："汉六年颍阴侯开。"下有："三百年当塞，塞后不满百年当为应运者所开。"颍阴侯就是灌婴，他挖此井竟然在几百年前就知道三百年后会塞，而且知道塞后不满百年又会被"应运者所开"，是灌婴有先知呢，还是此井有神灵？能征善战勇武的灌婴开凿此井，此井湮没后又一直等着几百年后同为英雄豪杰的孙权来开启，莫不是有神灵指示，世间哪有如此偶合的奇迹？孙权自是大喜，觉得这是上天显示的瑞兆，于是将灌婴井命名为瑞井。

自从瑞井重见天日后，井里涛声不绝。因此，瑞井又被人称作浪井，"浪井涛声"也就成了古时浔阳十景之一。历代文人墨客，途径浔阳，大多会对浪井奇观进行讴歌和探究。据说江西诗派鼻祖黄庭坚就在浪井出过一奇妙上联：风浪井搏风浪风由浪兴。一下难倒了无数九江名士，好像至今无人对出满意的下联。苏辙赴任途中路过浔阳时，专门写有《江州五咏其二·浪井》一诗，"江波浮阵云，岸壁立青铁。胡为井中泉，涌浪时惊发。水性本无定，得止自澄澈。谁为女娲手，补此天地裂。"在苏辙看来，浪井之所以作浪，是因为井底下有泉眼，地下水上冒，井水才有涛声。南宋名臣魏吉甫《早朝》诗中也提到浪井，"国威震叠边陲肃，帝泽汪洋浪井温"，在魏吉甫心里，帝王的恩泽，使得浪井呈现吉祥之音。

明代江州人桑乔，嘉靖壬辰进士，官至监察御史，贬官江州时作有《庐山纪事》，文中记载"嘉靖年间，浔阳北门内有人掘井挖到了泉眼，井水涌现波涛，汹汹有声，且与江涛相应。其势泛溢不可止，此人惧而将井填塞。"挖到泉眼，就可以形成浪声滔滔，这是否可以解释浪井形成的原因？

不知何时起，浪井不再发出浪涌浪奔的声音了。也许人为的建设改变了浪井发声的自然环境？而今的浪井，只是一个符号，井底枯竭，少见有水。商品房的大肆开发，古老的西园早已无影无踪，千年古迹浪井虽在，有井无水，更无从找浪了，至于它曾经涛声的形成，自然无法解释。就如石钟山为何叫钟，至今无人能科学解释一样，也许大自然有时在与人类捉迷藏。

每一口井，是一段人类生息繁衍的历史。浪井，一口不起眼的枯井，竟然蕴藏着如此悠久的历史，如此神奇的传说，如此神秘的风韵，即使千年的涛声不再依旧，站在井前，遥想金戈铁马的古战场，遥听历史的涛声，也会让你领略到浪井的无比厚重。

浪井，一口传奇的井。

烟水亭，历史的风情画卷

　　烟水亭，是一座风景的亭，更是一座历史的亭。她坐落在九江市繁华的闹市中心，位于古老而美丽的甘棠湖中。

　　古时的甘棠湖，连着长江接通鄱湖，水域宽阔，烟波浩渺，一望无际，湖上千帆竞逐。美丽的浔阳城将甘棠湖温情地环抱在怀中，湖水滋润浔城，浔城衬托甘棠，古城与这一汪湖水，互相映衬，相得益彰，共同孕育了一座美丽而神奇的江南小城——九江。"月下飞天镜，云生结海楼"，登高俯瞰，甘棠湖像一块明净剔透的蓝宝石，镶嵌在人烟阜盛的九江市中心，若把甘棠比西子，浓妆淡抹总相宜。

　　甘棠湖北枕浩浩长江，抬头仰对巍巍庐山。翠峰倒映，水波连天。在这如烟似画的湖心著一亭台水榭，亦真亦幻的美景，若隐若现的亭台，水天相连的境界，置身其中，仿佛是蓬莱仙境。以致嘉庆年间九江府官杨曾尉游览烟水亭时情不自禁发出了"公幻邯郸梦，我游烟水亭，谁真谁假；剑拍东林云，鹤飞西江月，亦佛亦仙"的感慨。

　　湖山胜地，有凤来仪。甘棠湖，那惊艳历史的胜地，三国时却是东吴的水上要塞。当年大都督周瑜，在甘棠湖上操练水军，依岛筑台点将，这就是烟水亭的前生。后人有诗为证："湖上水亭幽，忆此间点将登台，才貌出群人有几；眼前山色好，视当日随军顾曲，风流佳话我来迟。"东汉末年，群雄竞逐，柴桑（今九江）为东吴属地，浔阳为富庶险要之所，吴主孙权将行宫建于九江。意气风发的周瑜，带着倾国倾城的新婚妻子小乔驻扎在浔阳古城。当年的甘棠湖上，东吴战舰云集，雄师雾列。东征北战，所向披靡的曹操，在月明星稀之夜，看乌鹊朝南飞去，遥望肥美富饶的江南之地，觊觎着一代天骄的二乔，雄心勃勃的大丞相终于在建安十三年（208年）率领八十多万大军，从许昌出发，浩浩荡荡挥师南下，一路将刘备君臣打得落荒而逃。意踌志满的曹操，企图一举歼灭东吴，夺得美人归，从此铜雀宫里日夜笙箫，长乐未央。

飒爽英姿的周瑜，奉孙权之命，带着甘棠湖上操练过成千上万遍的水军精兵，逆流而上，设陷阱于九江对面的黄冈赤壁，巧借东风，火攻曹军，使得曹阿瞒的千里舳舻，顷刻间灰飞烟灭。一战定乾坤，从此奠定了三国鼎立的局面。那年，周瑜才三十四岁，小乔正是如花似玉的好年华。点将台上，羽扇纶巾的儒将千年不朽；烟水亭前，雄姿英发的都督万古长青。甘棠湖畔，如画的烟柳长堤上，桃面风姿的小乔正含情脉脉地依偎着春风得意的金童子，看湖上风情，心旷神怡。

周瑜是美少年，小乔是国色天香。赤壁一战定天下，周瑜当年的雄威，声震四海。据《三国志·周瑜传》记载："是岁，建安三年也。策亲自迎瑜，授建威中郎将，即与兵二千人，骑五十匹。瑜时年二十四，吴中皆呼为周郎。"作传者有意将历史提前十年，将赤壁周郎缩小十岁，可见后世对周瑜的无限景仰之情。一代文豪苏轼，不惑之年贬官黄州，游赤壁矶时也有意缩短时间的差距，"遥想公瑾当年，小乔初嫁了"，与作传者的感情是一致的。其实，周瑜的三十四岁，仍是极为青涩的年华，却能指挥如此大战，实在是举世无双的英才。自然，因着周瑜而出名的点将台，也成了朝朝代代的历史名胜。于是，后世的精英们纷至沓来。

吕洞宾，做浔阳县令时登上点将台，大笔一挥，在点将台的石碑上写下了大大的"寿"字，笔力雄健，一笔九转，寓意"九转成丹"，以此来祝福浔阳百姓。据说此碑至今供奉在烟水亭内。贬官江州的白居易曾荡舟至此，追慕周郎的伟业，见"影落明湖翠黛光"，流连忘返，赋诗歌咏，筑亭纪念。后人周敦颐，泛舟甘棠湖，见点将台岛状如月，于是在点将台上筑亭，并从白居易的《琵琶行》中取"别时茫茫江浸月"诗句之意，给亭命名为"浸月亭"。真正命名为烟水亭的，是周敦颐的儿子建的亭。周敦颐儿子周寿从湖南道州赶到九江来为父亲守墓，思念父亲，日夜流连于父亲建造的浸月亭，于是紧挨着浸月亭又建一亭台。周寿见甘棠湖上烟笼雾罩，于是给自己建的亭台取名为烟水亭。

浸月亭、烟水亭，在经历了千年风霜后，据说均毁于明嘉靖年间。而今的烟水亭，是经明万历年间九江关督黄腾春在浸月亭旧址修建的，清人又不断加建，形成了一组建筑群。此建筑群分为左、中、右三部分，左为翠照轩、听雨轩、亦亭，右为浸月亭和船厅，中间依次是烟水亭、纯阳殿、五贤阁、观音阁。但人们习惯将它们统称为烟水亭。先前登亭要靠舟楫，1949后，当地政府建有九曲桥，将岸边与湖心的亭子连接起来，方便了游人登亭观赏。

踏上湖上的九曲桥，曲径通幽，步入烟水亭内，古色古香的建筑，花木扶疏的天井，或玲珑或怪异的奇石，精工堆砌的假山，四面湖光山色，让人赏心悦目，流连忘返。当年周瑜的点将台仍在，如今用白石栏杆围着，主亭内有"周瑜战迹陈列馆"，馆的正中是一座高大英武的周瑜塑像，携书挎剑，表情沉静，再现了这位千古无双的儒将的风姿。

从烟水亭向南眺望，远山起伏，山形秀丽，两座青黛的尖峰，直指甘棠湖，那就是庐山北双剑峰。为避开尖峰之刃伤害浔阳百姓，据说当年吕洞宾在点将台两边做了匣子收住剑锋，而今烟水亭的亭子内仍有石凿"藏剑匣"，不过此藏剑匣是明人所凿。亭子内还建有五贤阁，纪念着与九江有着密切关系的五位先贤：田园诗人陶渊明、江州刺史李渤、江州司马白居易、宋、明理学大师周敦颐、王阳明。

湖山胜色引人醉，历代文人骚客途经九江，大多会把烟水亭作为宴游之地。访古探幽，临湖观景，思慕古人，感慨身世，自是感慨良多，或豪情万丈，或沉吟自悼，于是历代的文人墨客给烟水亭留下了大量字字珠玑的楹联匾额，有的叙事绘景，有的写意抒情，情景交融，物我一体，游亭观景，读联思古，雅趣盎然中倍觉烟水亭的历史厚重。

"晚上孤亭，影倒一湖烟水；夜横高枕，声来九派风涛。"烟水亭，倒映一湖烟水，绝代风景；送来九派风涛，无二英豪。"凭栏看真面庐山，顾盼自雄，苍莽乾坤双剑颖；把盏吊小乔夫婿，溯游宛在，迷茫烟水一亭秋。"一座亭台，满城风景，几朝故事，周郎的点将台，一部历史的风情画卷，在华夏的时间长河中余音袅袅。

烟水亭，永远的周郎，永远的风景！

来自漠北的千金

　　千金突然失踪了，我的同事当时像发了疯似的到处寻找，到处张贴千金的照片，赏金由四位数升到五位数，最后还是音信渺茫，我的同事也因悲伤过度差点神经了，好几年她才从那痛苦中走出来。

　　据说千金的故乡在遥远的漠北，俄罗斯的某个都市抑或小镇。他个头不高大，却很精悍，匀称的身材，黑宝石般的眼睛，走起路来非常矫健。虽说名字叫千金，可他不是小姐，却是地道的先生。

　　同事的哥哥是个富商，为了给年迈的父母解闷，据说花了不菲的代价买了千金送给父母做伴。千金外表俊朗，据说是纯种的俄罗斯血统，但却没有俄罗斯的那种北极物种的牛高马大。他因小巧玲珑，活泼可爱，又特有悟性，深得家人的喜爱。

　　第一次见到他，是我们调办公室时恰巧我和他的养妈同一室，他跑到办公室来玩。同事是个对异类极有爱心的人，她拿出香喷喷的火腿肠给千金吃，还一边腻腻地叫着崽崽乖。我们一起围观，男同事们则有点愤愤不平在调侃千金，说他太好色。原因是他对办公室的男同事极为不友善，仗着他妈的庇护，对办公室的爷们吼叫。而对初次见面的女性，他却主动跑过来靠着女性撒娇般磨蹭，一对杏眼含情脉脉地流露着笑意，很有欧洲绅士对待女士的礼仪风度。为了讨好这可爱的家伙，我们也跑到校门口小店买点心给他吃。听同事说，她的公婆整天将千金关在家里，酷爱自由的他，只要一挣脱老人的管束就会撒腿就跑。往往一口气从甘棠公园附近的住地跑到四码头校园来找他妈，期间路程也有五六里吧。听同事说，千金每回都是先上她家所在的二楼推门，如果没有人开门他就会到办公室来找，很是能干。

　　一日下午，千金又跑到办公室来找他妈，他在前面一跳一跃的上楼梯，估计是想到马上可以见到他的温柔甜蜜的养妈很开心，上楼梯时步子很轻快。正好我和一个男同事下课回办公室，跟在千金的后面走，男同事块头高大，中气实足，他故意在千金身后跺脚并"呵，呵"大声吆喝。千金吓得一声不哼拼命往他妈办公室冲，偏不巧他妈不在。那男同事与千金妈不是一个办公室，中间隔了道楼梯。千金看他妈不在立即调头就走，可刚到楼梯口他妈正上楼梯，极温柔地喊了一声"千金你来了？！"千金这时突然冲向刚才吼他的男同事的办公室，对着那个男同事凶巴巴大叫，我们都被他的举动逗得笑翻了，男同事一个劲指着千金说，什么是狗仗人势？你这就狗仗人势！

先前千金来校园都是独来独往，不知什么时候开始，他身边总带着一位脏兮兮块头比他大很多的小姐，千金谈恋爱了。听他妈说那位小姐叫玛丽。玛丽的体型大毛发长，她是学校附近牛肉店老板家的闺女，她整天在那腥臭不堪的牛肉店钻来钻去，加之做小生意的人特别忙碌，店主自己都蓬头垢面，哪会有闲心打理玛丽？玛丽实在太脏，身份也很卑微，千金据说是有俄罗斯贵族血统的，他的气质就很高雅，可是他却一点也不嫌弃出身卑微的玛丽小姐。每次别人给他吃好东西，他都给玛丽先吃。他带着玛丽在冬日的校园操场上跑来跑去，有时会面对面坐在阳光下，互相梳理着对方的毛发。

千金的家人起初好像很反对千金与玛丽谈恋爱，门不当户不对，血统相差太悬殊。无奈没法拆散他们的爱情，同事也就只好接受玛丽，照料千金时也把千金带回的媳妇玛丽梳洗干净。千金与玛丽的爱情在春天里疯长，暮春的黄昏，玛丽要临产了，却爬爬滚滚无法生出他们的孩子，玛丽她爸只好将玛丽送到专门医院，原来玛丽是难产，需动手术。千金竟跟到医院不离不弃，整整一晚守在手术室外，一直到他们的孩子平安出世……

孩子在玛丽和千金的呵护下苗壮成长，玛丽与千金的这宗涉外婚姻算是非常幸福美满，他们的儿子取名为来福，这个混血儿长得特别帅，有他母亲的高大，有他父亲的气质，一家三口常在校园操场上嬉戏，甚是恩爱。

天有不测风云，后来只看到千金带着比他高很多的来福在操场上嬉戏打闹，再没见过玛丽。听同事说，玛丽在外误吃了毒鼠的食物中毒身亡。不知千金是否悲伤，但他对儿子来福的爱的深情常让我们感慨万分。冬日寒冷，太阳一出操场上就暖洋洋的，千金带着来福躺在操场晒太阳，时不时用手爪梳、用舌头舔平来福的毛发，来福会时不时淘气地打着滚，或者跳上千金的背上把千金推倒。父子俩嬉闹的亲热，在太阳的金辉照耀下，格外动人，使得寒冷的冬日好生温情。

也许是北方大原野奔驰惯了的基因在召唤，千金带着来福习惯在野外飞跑。一个冬天，千金与来福父子一起失踪后，我的同事到处张贴启事。后来有知情人士来汇报说，一个阴风惨惨的下午，在三马路附近，来福在马路上奔跑，不幸被疾驰的轿车撞飞，血肉模糊。千金为了救儿子，拼命飞奔过去，不幸被后面的车辆撞上。肇事车辆开走了，千金古铜色的缎子似的毛发全被鲜红的血染红，他艰难地爬行到来福身边，用自己的舌头舔着来福血肉模糊的身体，舔着，舔着，慢慢千金也倒在血泊中……

　　千金只不过是一只形体矮墩的狗，他却上演了一场惊天地泣鬼神的人间至爱亲情，他对玛丽的坚守，对儿子来福的挚爱，那爱情的凄迷，那父子的情深，在自认为高贵的人类面前，他们也堪称经典。

第九辑

浸谈教育

为灵魂摆渡

　　语文，是诗意的自然，我，就是引导学生鉴赏这美妙风景的向导；语文，是多味的人生，我，就是引领学生品味这多彩生活的导师；语文，是温馨的港湾，我，就是照亮学生寻找精神家园的灯塔。当课改的春风吹绿校园的第一株枯树时，语文课堂便从此成了我们师生发现自然奥秘，探求人生真谛，品味多彩生活的舞台。

一

　　三月的校园，花红柳绿，莺歌燕舞，春意热烈。星期二下午第一节是我的语文课，准备学习"观察自然，学习写景"这个知识点，我一进教室，看到暖阳充满一室，学生一个个被春风熏得醉乎乎地趴在桌子上。我灵机一动，"同学们，这节课我们到校园去上作文课！"同学们一听，顿时像打了兴奋剂般，欢呼雀跃地冲出教室。

　　同在一片阳光下，杜鹃花有的开得很灿烂，红得似火；有的却开得稀稀松松，花容黯淡。我叫同学驻足观察："这片杜鹃是同时栽种在这块土地上的，你们看看它们之间有哪些差别呢？想想是什么原因使得它们的发展不同？"学生观察后从树的粗细高矮不同，花的繁茂稀疏有别，花的形状大小有异，花的色泽深浅悬殊，花的神态饱满黯淡显著等方面比较了它们的差异。对产生差异的原因，同学们展开了热烈的讨论，有说品种差异的，有说土质差异的，有说养分差异的，各抒己见，但谁也说服不了谁，我建议同学课余将学校侍弄这些杜鹃的花工找来，同时将生物老师请来，向他们请教，肯定能得到一个满意的答案，同学觉得这是个好办法。

　　一阵风吹来，樱花、桃花纷纷落下，像一只只粉蝶在树间起舞，煞是好看。我赶紧抓住这一契机问："同学们，我们每人用一个比喻句形容一下花落的情景，好吗？"有人说："是彩蝶跳舞！"有人说："像天女散花。"还有人说："是下红色的雪。"……看到花儿飘落在树下，飘落在泥里，飘落在水边，四处安家，我又问学生："这些花瓣四处飘落，我们能用读过的诗句来描述一下吗？"学生开始抢着说，"落红不是无情物，化作春泥更护花"，"零落成泥碾作尘，唯有香如故"，"花自飘零水自流"……面对飞花，我进一步引导："你们说的这些诗句都是别人的感想，此时你们自己有何感想呢？"同学们陷入了沉思，之后有人说："看到落花，想起了母亲，曾经如花般的容颜，在为儿女的操劳中逐渐凋落，把青春化作护春的泥。"也有人说："看到落花，想起春天的短暂，一定要努力把握人生的春天，好好灿烂一回。"

游园后，我布置学生以"我发现＿＿真美"为题，填完整题目，写一篇写景抒情的文章。这次作文交得最快，品质也很高。

看来，再熟悉的校园景观，也需要老师做好向导，学生才知道如何观察，才有可能抓住景物特征，才有可能懂得怎样写景。

二

做语文教师二十年了，教材已是烂熟于心，讲功也早已练得炉火纯青。曾经语文课总是我问生答，我讲生记，课上得井井有条，但总有学生心不在焉。如何把学生的魂都召回教室呢？我终日苦思冥想，到处"寻医问药"，反复研读《新课标》后，终于豁然开朗：甘蔗的美味要学生嚼，文章的韵味要学生品。于是，课堂上我开始尝试让学生来解读文本，没想到不仅学生的魂自己回来了，而且课堂上洋溢着青春的活力。

记得教学《子路、曾皙、冉有、公西华侍坐》一文，我让学生参看注释疏通文意后，欣赏孔子与学生的对话，比较几个学生的回答内容和态度，分析孔子对他们各自不同的评价，最后谈谈自己对孔子的印象。可有学生一上来就批评孔子在本文中表现得不像圣人，理由是：当子路"率尔而对"时，"夫子哂之"，这个"哂"不是赞许的微笑，是带有嘲讽意味的笑，一个老师怎么可以对学生答得不符自己心意就加以嘲笑呢？再说以下几个人的回答一个比一个谦逊，恐怕都是看了孔子嘲笑子路变得谨慎的吧？更可恶的是，孔子认为子路回答得不好，他不直接指出来，却在背后另一个学生面前议论其他学生的不是。历来学者、教参都认为本文反映了孔子循循善诱、平易近人的教学风格，可学生的解读竟颠倒了权威的观点。面对"出格"的见解，我问其他同学是否同意这种看法，并就此展开辩论。

看到他们唇枪舌剑，据理力争，个个摩拳擦掌，跃跃欲试的投入劲，真正感悟到，语文课堂就应是学生活动的舞台，只有给孩子充分展示自我的机会，课堂才会有生气。

三

当世界一片喧嚣，金钱成为评判成功的标杆时，我们的灵魂常在旷野中徘徊，心底时常发出"日暮乡关何处是"的感慨，年轻的躁动的心更是迷惘不已，于是，我引领学生开始寻找家园的漫漫长征。

我们走进《诗经》，徜徉在杨柳依依的古道；我们拜访《论语》，聆听孔子的谆谆教诲；我们探望《孟子》，感受他"乐以天下，忧以天下"的博大胸襟；我们追寻《庄子》，享受物我两忘，梦化彩蝶的逍遥之乐。我们梦回唐诗，领略帝国的诗情与豪气；我们魂游宋词，咀嚼幽怨声里的故国情怀。陪曹雪芹抹着辛酸泪，跟桑迪亚哥出海捕鱼……日子久了，我们的心渐渐沉静下来，身上长出了丰满的羽翼，也生出了丰盈的思想，回家的路也愈来愈清晰。

阅读经典，已成了我们师生课余的一种生活需要，因为那儿可以安歇我们的灵魂。

语文教学，是在为灵魂摆渡，渡过学生，也渡过教师自己。

学校不能办成养鸡场

　　在朋友圈看到一做校长的同学分享了一条旅游资讯，一下吸住了我的眼球。这不是她独自玩乐的照片，是中考结束后，她们学校团委、政教处组织的初三毕业生"盛日寻芳在路上"的研学旅行活动图片。该活动组织学生到修水参观黄庭坚故居，到修水边境的湖南平江石牛寨国家地质公园考察观光。照片中学生们的笑脸都很灿烂，比这六月的阳光还要明亮。实在佩服该校校长的远见卓识。看看学生的旅游感言，就知道这次旅行对他们的影响有多深。"这次旅行，既看到了石牛寨的美丽风光，又感受到黄庭坚故居的人文底蕴，还尝到了修水美食哨子和艾米果，这是我成长中永远难忘的一课。"

　　黄庭坚是几千年才出产一个的鸿儒，他是北宋著名的文学家、书法家、词人、江西诗派的鼻祖。他的故居双井是中国绝无仅有的进士村，光北宋一朝黄氏一族就产了48位进士。

　　石牛寨据说很多石头形似姿态各异的牛，当年李自成兵败退避于此，而今开发为著名的国家地质公园。这些人文蕴藉深厚，自然风景绝胜的地方，可是九江学子有多少了解自己身边的辉煌历史的？这么一所普普通通的中学，能够利用暑假花两三天时间带领学生去感受本土名人的文化生活，聆听历史的足音，实在是一项壮举。

　　我为何会对带学生开启文化探索之旅这么高度评价呢？有感于现实的逼仄。目前不少小学因怕学生出事，竟规定课间学生不得出教室。中学虽不会有此极端校规，但有几家学校会带学生出门考察的？带学生出门风险大，就是哪个激情的老师想带学生去感受一下家门口的地方文化，领略一下校门外的风景名胜，也会马上被校长叫停。校长的乌纱帽比学生感受文化、风景重要。校方的担忧当然能理解，但因噎废食的做法对学生的发展有好处吗？

　　据说养鸡场为了鸡长得快，把鸡关在一格格的小铁笼里，除了吃食的时候开灯，其他时间一律是暗无天日。鸡就只好把它那点本来就很低的智商自动降到零，傻傻的吃饱在黑暗中发呆，长肉，然后被宰。听说有的鸡会在那种环境发怒不想活了，自己撞死。

现在很多学校，其实与养鸡场没多大区别。学生一清早到校坐在教室学习，一直坐到夜深，晚自习结束后筋疲力尽回到寝室睡觉。他们过着与世隔绝的生活，唯一的理想就是考上理想的大学。大学之后呢？升官发财。连鸡都不想活的生活方式，可是我们的活蹦乱跳的有思想有智慧的学生，所有的青春时光却被拘于一室之内，重复着机械化的做题生活。两耳不闻窗外事，一心只为升学忙。生活贫乏，思想苍白，过着鸡一般的生活实在是可怜可悲。

读万卷书，还得行万里路，人才有见识。人有了见识，做事才有眼光。为什么德国在青岛建的地下排水系统，百年不朽？人们夸赞"德国造"值得信赖，普通人买车一般首选德系车，开着安全。德国人不仅是严谨出名，而且他们的眼界宽广，设计、制造的产品，会有前瞻性。我们总在责问泱泱大国为何难出大师，养鸡场里能养出斗鸡么？养鸡场式的封闭教育，置瞬息万变的世界不理，闭门造车造就的所谓人才，能有大眼界大胸怀么？

静若处子动若脱兔，让学生既能安静于一室研学苦读，破万卷书；又能给他们走出校门探究实践的机会，感受天地之造化，领悟人文山水之灵气，在美的熏陶中，在寻找的过程中，消化书中所得，学生的未来才会阳光灿烂。

阿Q走出未庄，进城后看到葱切成段，板凳叫条凳，有了这种城里人的视野后，再回未庄，他的自信心都强了很多。陈焕生花五元钱住一晚县政府招待所，还体验了县委书记的吉普车，他尽管为五元钱肉痛肉痛的，但是转念一想他觉得值。为什么？村里就他有过这种体验和见识。陈焕生的想法是对的，连公社农机员也对他肃然起敬了。虽然这两个农民的见识有点可笑，有点让人觉得蒙了一层灰色，但确实因为见识让他们思考问题的方式发生了变化。

山里的放牛娃，你问他的理想，他回答你放牛赚很多钱。赚钱干吗？娶老婆，生孩子。之后呢？孩子放牛，赚钱、娶老婆。周而复始着祖祖辈辈的简单生活。从不想山那边有什么。教育承担的使命是启蒙。是引导学生开启一扇未开的窗，去寻找新生活，去体验人生的乐趣。如果我们的教育就是考大学，一代代都因袭着这种生活，人生还有什么乐趣可言？考上大学呢？许多学生厌学轻生，不能说与我们的养鸡式教育一点干系都没有。

　　"胸怀祖国，放眼世界"、"培养具有中国灵魂，世界眼光的人才"，这是很多学校喜欢挂的标语。从早到晚将学生整天关在教室，不准看课外书，不准上网，不准看电视，只能看着课本和试卷，这样的教育理念能培养出世界眼光的人才，简直是在意淫。养鸡场里是飞不出凤凰的！

　　不能读万卷书，就行万里路吧，外面的世界那么美，为何要整天禁锢在尺寸之地呢？

慢火熬炼的优秀

一罐汤汁醇厚的老汤，需要数小时的文火慢炖；一群品学兼优的学生，需要数年的浸染培育。在学生的心田播下一颗希望的种子，只要遵循生长的规律浇了水，施了肥，就且静心等候那一树花开。

一

两千多年前，斜阳穿过古老的槐树叶，播下一地金钱斑。树下，庭院里一位红颜皓首的老者，正在让围坐在他身旁的门徒"各言其志"。这一幕总在我的眼前浮现，于是，我也依葫芦画瓢，在班会课上让我的学生们说说自己的理想。有个学生说："我想上上海交大，因为我想做一个卡车司机。"听了虽然有点忍俊不禁，我还是赞扬他说："读了上海交大然后来做一个卡车司机，小张同学一定会是中国最优秀的卡车司机！"

这是一个由40个中考落榜生（没有一人达到普通高中录取线）组成的班集体。套用托翁的句式说一句话："优秀的学生都是相似的，落后的学生各有各的缺点。"中考总分790分，这个班绝大部分人的中考分数在380分以下，其中不乏200多分的人。唯一一个上400分的也就415分。他们的共性是：学文化没劲头，做坏事有主意。要想让这些先天不足的种子发芽、开花，甚至结果，唯有悉心培育，耐心静候。

说是上语文课，其实就是带他们从书中找乐子，否则，没三分钟就会睡倒一片。我在讲"正衬、反衬"这两个概念时，先设计了第一个乐子："今天我想和翔同学在讲台上合个影，翔如果你愿意的话，请上台。"翔是班上最高的男生，一米八几的个头。我呢，不到一米六。当我们俩往讲台上一站，他们顿时高呼："老师，你也太袖珍了吧？"我示意同学安静后，趁机问："老师与翔站一起时，你们有什么发现？"他们异口同声回答："翔显得特别高，老师则显得特别矮。"
"对，这正因为有矮个子老师的衬托，所以就突出了翔的高大。当然，如果翔把自己的高大修炼成日后的伟大，那就不得了了。（大家哄笑）同学们，一高一矮，两个相反的事物放在一起对比，就会将彼此衬托得更突出，这就是我们通常所说的反衬。"接着我依照预先设计的第二个乐子，讲了《登徒子好色赋》的故事。我先讲故事，然后让同学们来讨论。登徒子的老婆缺牙塌面、秃顶驼背，奇丑无比；登徒子不仅娶了她，还与她生了一堆孩子。而宋玉，倾国倾城的美女趴在他家墙头向他示好三年都不理睬。宋玉这么写，有什么用意呢？同学们纷纷抢答："突出登徒子的好色，宋玉的品行好。""这里用的是反衬，以登徒子来反衬宋玉。"我又问："宋玉那个邻家之女是天下最美的人，她对宋玉示好，这样写的目的又是什么？"有同学起来说："这是用美女来正面衬托宋玉的品质好。"经过这许多周折后，我出示正衬、反衬的概念，让他们齐读概念，然后我将课内外的正衬、反衬的诗句、语段在投影上展示出来，分别让学生先找出哪些是正衬哪些是反衬，并分析这样写的好处。最后老师还给了他们一个"金规则"：在古诗词中，出现声音，往往就是以动衬静（反衬）的写法。

学生进校时素质太差，每堂课我都是带着学生在语文中找乐子，细火慢熬，让语文的情愫慢慢浸染学生，学生竟然也慢慢能沉下来学习了，语文能力也在悄然提高。高一期末考试，我这个全校最差的班，语文平均分竟然比学校最好的班多出5分多。这奇迹就是细火慢熬出来的。

二

什么是废物？是东西放错了地方。落榜班的孩子们虽然学习上矮人一大截，如果将他们放在正确的地方，也许他们就是人才。于是，语文课上我得拿着放大镜来找他们的优点，以期引领他们找到合适的位置。

讲古诗词时，我让学生根据自己的喜好，从朗读、吟唱、改编、绘画等任务中选一个来做。比如教学李煜的《虞美人》时，先让学生反复朗读几遍，然后根据自己的特长和理解，在课堂上展示才艺。有的学生选择给大家朗读，有的选择吟唱，有的选择将词改编成故事或散文，有的则是给词配插图。就是在这样的学习活动中，我发现不少"笨"学生的才华：个子高挑长相清秀的吴某莉同学普通话特别标准，音质很美；清纯可爱的张某婷同学、叛逆疯癫的张某萌同学画的画富有意境；淘气且有点懒惰的彭某斯、喜欢搞怪的高某猛、娇滴滴的吴某雯简直是歌唱的天才，他们将《虞美人》唱得感天动地。那一刻，我兴奋得声高八度，夸张地对他们高呼："同学们，你们有出路了！你们竟然这么多才多艺，那就好好发挥你们的特长，去考艺术院校，肯定是一个不错的出路。"

如果参加普通高考，凭他们的文化成绩顶多考个专科。如果引导孩子们发挥自己的特长，则可能会有不可预约的精彩。于是，利用课间我一个个帮他们分析各自的特长，并建议他们在学习文化课的同时，利用课余时间去拜师学艺，争取走艺术之路。像吴某莉，我建议她学播音主持，张某婷、何某霞、张某萌学美术，鼓励彭某斯去学音乐。找到了方向后，孩子们的业余忙于各自的专业学习，班上的违纪事件就少有发生了。

三年后的高考，这个中考皆为落榜生的40个人的班级，竟然全部考取大学，语文高考平均分超出江西省平均分六七分。为此，我们学校还从九江市高招办抱回了一块高考金牌。更可喜的是，在我们的慢火熬炼下，这些学生如今都已走向社会，在各自的领域成为了佼佼者。吴某莉，是湖北省电视台知名的节目主持人。何某霞从上海一个二本院校毕业后考取美国一所大学的全额奖学金读硕士，因学业优秀留美工作，并获得绿卡。学酒店管理的周某成，成为一家五星级酒店的业务经理。张某婷、张某萌硕士毕业后大学任教……

如果没有慢火熬老汤的耐性，将这些放错位置的孩子引领到正确的位置上，哪会有他们如今光彩夺目的人生呢？

三

俗话说："人不可貌相，海水不可斗量。"一切皆有可能，只要你学会静待花开。

2014年我校高一共招收10个班，学校按成绩分成一到十班，我被安排在扫尾班十班教语文。一日黄昏，有几个学生来找我："老师，你写个请假条吧。"我笑着说："我又不请假，我写什么请假条！"学生急了："是我们要请假去街上买班级劳动工具。我们不知道请假条怎么写！"经调查，发现不会写请假条、申请书、书信的人占百分之九十以上。也难怪，这个班里，中考三四百分的人是主力军，何止是语文差，各科都差。入校第一次考试，就有不少人某些科目的考分还没有自己的岁数大。

我没有点铁成金之术，但我深知无论是学生还是老师，优秀是读出来的，因为巧妇难为无米之炊。要改变学生心底枯竭、笔底枯燥的现状，我想唯有引导他们多读书。于是，我心中萌生了一项全员阅读计划。成立班级图书角，我自费为班级订了《创新作文》《最文摘》《读者》三种杂志；还把家里的一些经典名著搬到班级图书角；同时鼓励同学将自家的课外读物，放到班级图书角与同学分享。我还买了一本《应用文写作》的书放在班级书柜，要求凡是要请假、要入团、要加入校园活动组织的同学，必须先写好相应的公文。如果不会写，可以到班级书柜找《应用文写作》做参考，而且必须格式正确、用语简明，得到我的认可，才能得到批准。光凭班级图书角，资源还远远不够；我大胆决定，每周二下午第一节语文课，作为固定阅读课，到学校图书馆去读书，这在我校是没有先例的。我请求图书馆馆长给我班这个特权，回报是，阅读结束后，学生负责打扫图书馆的卫生，并将书整理归类放好。每当学生来阅读之前，管理员按要求挑选好几百本文质兼美的书和精美的杂志摆放在桌上。学生带着摘抄本到阅览室根据自己的喜好挑选阅读，并做好摘记，每周我要检查摘抄本。

安静的阅读，文化的浸染，学生写作水平在悄然提升，言行举止也慢慢优雅了。2015年3月，十班的余某成同学参加中国中学生作文大赛时，脱颖而出，获得江西赛区全国一等奖，并进入在上海举行的复赛；而整个江西赛区，获得复赛资格的学生仅有三人。此次比赛有多少高起点的参赛选手啊！余某成作为一个普通班的学生，在和强手较量中能脱颖而出，这不能不归结于阅读的功劳。高一第二学期末九江市统考，这个入校成绩垫底的十班，大部分同学语文成绩在100以上。

阅读，让孩子们在不经意间优秀起来了。

萤火虫在树叶丛中闪光，使得繁星都惊异。当时代的快车不肯停下脚步时，老师您可得慢下来等等学生。因为，您是学生精神生活的引领者，您的耐心静候，会成就一树树花开！

好学生是夸出来的

　　曾读过个故事，有个美国的植物学家，他在自己的庭院栽了一棵小树，每天清晨出门，植物学家会亲昵地摸摸树的身体，对它说："你长得真可爱。"每天下班回来，他又会对着小树温情地说："可爱的，我回来啦。"小树在温馨的话语中长得葱绿青翠，生机勃勃。

　　后来植物学家结婚了，新婚燕尔，每天早晚空闲时光都陪伴在娇妻身旁，从而疏忽了院中那一树的翠绿，每次都是从树旁漠然而过。直到有一天妻子得了一种莫名的病，四处求医查不出究竟，植物学家回到家中，猛然发现院中曾经青翠欲滴、已长成参天耸立的那颗大树，变得枝枯叶黄，病态恹恹。后经多方调查研究发现，原来是这棵树散发出一种对妻子有害的气体，于是植物学家幡然醒悟，是自己对树的疏忽、漠视，导致树木生长失去动力，从而发出一种报复气体。

　　于是，植物学家对树木道歉，恢复从前对树的夸赞和关注，很快妻子的病不治而愈，树也恢复了生机……这个案例，总让我震惊，连我们认为无知无觉的树木，生长过程都需要主人的夸赞和关注，更何况我们面对的是有思想有智慧的学生呢！要想每个学生长成参天大树，更是离不开教育者的真诚的赞美，因为，好孩子就是夸出来的。

　　记得有一年高考过后的谢师宴上，有个家长很认真地对我说："邱老师，三年前的第一次家长会上，您说徐某佐同学会很有出息的。这次高考，他果真考得非常好，进了重点大学，您当初是怎么知道他一定会有出息的？"其实我压根不记得曾在家长会上说过这样的话，当家长充满好奇提出这个问题时，倒是让我回想起刚进高一时的徐某佐同学的情形。他瘦瘦的，相貌不是很出众，但眼睛很亮，很好动，一副调皮捣蛋的样子。他的各科成绩都很差，几个字写得歪东倒西软弱无力，根本不像个高中生的字。由于成绩差，上课又很爱讲话，班主任让他单独坐最后一排。

　　我上语文课时，同学听得津津有味，可他几次找他前排的同学讲话，同学不理他，他还要搬人家的肩膀。尽管开学只有个把月，总听到老师们批评埋怨徐同学学习差不守纪的声音。面对此情景，我强压着怒火，悄悄走到他身边，轻轻拍拍他的肩膀，暗示他上课不要讲话。下课后我找他单独谈话，"你的样子很精灵，从你的眼睛中看出你是个聪明的人，虽然你基础差了点，说明是你以前学习习惯不够好，如果现在开始你每堂课都认真学习，坚持三年，你一定比别人学得更好。再说，你长得男子汉味十足（其实当时他还是个瘦猴型），如果一个男孩养成话多的习惯，别人就会说你像个老婆婆，那就有损你的光辉形象。男人吗，还是深沉点好！当然，上课积极发言，把你的见解表达出来，就让人感到你是个有思想的真男子汉。我非常看好你，我看人从来没有走眼过！"听了我的话，徐同学两眼放光，半信半疑地问我："老师，真的？"我十分肯定地告诉他："真的！你一定行！我教书多年，聪明有出息的学生我一眼就能看出来，只要你上课认真听讲，不懂就问，坚持下去，一定行！"

以后的课堂上，徐同学认真多了，尽管有时控制不住要找别人讲话，我只要一盯着他看，他就会立即停止。上课他开始举手发言，我只要一看到他举手，就赶紧点他起来，尽管他常回答得有点莫名其妙，我还是鼓励、表扬他。一到下课，他就会找我问问题，问的都是些在大多数同学看来很简单的问题，我总是耐心讲解给他听，到他听懂为止。毕竟是高中生，有思想了，他有次问我："老师，我基础这么差，你说我能赶上去吗？能成为你所说的有出息的人吗？"看到他不自信的样子，我坚决地对他说："一定能行的，高中才开始呢，用三年时间你不仅能赶上去，而且还会比别人出色！"有同学对他总问我一些"低级"的语文问题加以嘲笑，我于是在课堂上当全班同学面表扬徐同学："徐同学是问我问题最多的人，三年之后，他定会是进步最大的人，定会考到理想的大学，你们就等着瞧吧！"

从此以后，其它老师对他的看法也有了改变，我私下请班主任把他的座位调到一个学习好的同学边上，好让那个同学帮帮他。第一学期末，他的成绩、操行都大有进步，在家长会上，我特别表扬了他的好问上进，可能就是这时我对家长们说过徐同学会有出息的话。总之，家长会之后，徐同学学得更有劲了，这个曾经全班倒数几名的同学，后来竟跃居年级前几名，高考考上了内地一所著名的财经大学。曾经的所谓"双差生"（学习差、纪律差）如今已成为南京某著名国企的财务主管，还真的是有出息了！

2011年8月，又是一年高考结束大学录取开始的时候，有个学生拿到大学录取通知书后给我发了一条短信："老师，您知道吗，您是第一个也是唯一一个在家长会上当着全班家长的面表扬过我的人，您的赏识是我学习的动力，无论我多大多远多久，永远不会忘记您，永远不会……"读完短信，我眼睛湿润了，回想三年前，我班这些来自各个县里的学生，他们一脸稚嫩，还带着几分胆怯，从迈入我们这所市属学校学习的那天起，充满憧憬和幻想；也有人夹杂着因学习成绩差而产生的焦虑与不安，因某些功课考试不理想甚至对自己信心产生动摇，期盼地向我寻找药方。于是，黄昏的校园里我就陪着她们聊天，作文里就成了学生对我说悄悄话的平台。我也知道高中的有些功课对基础差的同学而言要学好很难，但我还是一味地鼓励甚至像谎话般地让他们相信：你坚持下来，一定不会差的，现在差点，随着后面知识的学习，对前面的知识回头一看就简单了。再说，高三复习时又会对以前的知识来个循环，你就是不能放松，坚持住就一定会学好的。

语文课堂我总是旁征博引，来激发他们学语文的兴趣，又常留一手，要他们自己找资料来论证并做交流。学生的作文中只要有一句精彩的话，我就让他们自己抄好贴在后墙上展览，让他们每个人都有表现的机会，来增添他们写作的信心。说实在话，高一时，满后墙的学生作品，但特别出色的却是少之又少，可家长会时，我叫家长散会后在教室后墙上找自己孩子的作品，而且我会宣传学生写得好，有真情，有哲理，家长听了很自豪。家长会上我从不泛泛而谈，而是对每个学生进行点评，挖掘他们的优点，放大他们的闪光点，把学生在做人方面和学习方面结合起来谈。当然也不回避缺点，但我会用积极的语言说到学生的缺点，比如"他只要更努力点，更细致点，心态平和点，以后会更有出息"。开完家长会，学生总是对我更感激，因为我发现了他们自己都未意识到的优点，而且学语文也更加努力。

高考成绩出来后，我班成绩在全校遥遥领先，大部分同学的语文成绩超过一百分，我为我教的语文没有拖学生高考的后腿并且做了点贡献大大松了一口气！

给我发那条有趣的短信的，是清秀美丽人如其名的姜清秀同学。她曾多次找我说数学学不好的苦恼，隔行如隔山，但我还是安慰她，"从基础抓起，把基础题做好，能做到的绝不丢分，只要你坚持下去，高考一定会好的！"没想到她真的高考数学考了105分，连她的数学老师都惊呼是奇迹。假如当初她苦闷彷徨时，我不鼓励她，不时常提醒她"坚持"，不及时欣赏她每个细小的进步，很难想象她最后的高考成绩，也很难想象她的心态是否和现在这样平和。

　　教师很卑微，可对学生的成长起着举足轻重的作用，教师对学生由衷的赞美，竟能成就他们精彩的人生！

　　每一个孩子都是一棵幼苗，在对未成年人的教育中，如果我们的教师和家长，都能用放大镜去寻找孩子的优点，用鼓励赞美去激励孩子，那么每颗幼苗都有长成参天大树的可能！因为，真诚的赞美，能让枯树回春，能让浪子回头，能让顽童积极进取！请记住：好孩子是夸出来的！

把春天握在手里

丢掉旧日历有点惆怅，日子就这么划过于心不甘，但无济于事，头一昂，还是不想站在过去的门槛上逗留。岁月的追赶，我就是留在2016，我的伙伴们都到了2017的门里，我不想孤孤单单独自待在逝去的光阴里。

进入新年，阳光特别灿烂，满世界是晴明温暖的样子，我以为春天已经来临。于是穿着耀眼的大红衫，蹬着轻便的短靴，跳跃着哼着歌下楼，我要沐浴在阳光中。院子里草色还是青的，不知是昨夜春天悄悄来临，还是小草玩得开心忘记了冬季的枯萎，仍开心地绿着。夕阳、冷风、衰草、飘零的落叶，哀鸣的候鸟，这是冬季的写意。可是2017的开头，应是寒冬肆虐的开始，却有点春意袭袭，是物随心转？

小时的冬天，总是灰色的阴天多，冷风嗖嗖，我们一块地一块地寻找地菜和野蒜，也寻找可以供猪吃的草。如果在地里挖出了一个漂亮的石子，或者几个算珠子，那是再令人惊喜不过的事，我们就有了冬日里的玩具。把算珠用绳子穿起来，在地上划八个格子，一边四格，实际是两个摞起来的田字，每个格子代表一间房。把算珠丢在格子房间里，单脚跳进格子里，然后跳着将它推到一个个格子，赢的人占房多。我们是一群小朋友在玩着游戏的，干完家里的活就可以玩，要是雨天雪天，就可以专心玩，真是惬意。

太阳肆意照进阳台，阿邦一个人蹲在阳台上拍着图片玩，"叮叮当当"的，我捂在沙发上的被子里午休，邻居叫我看阳台，感慨："你看那个人，一个人在那里边说边玩，真可怜，玩的伴都没有。"邻居说这话时，眼睛里满是柔光，很是怜爱的样子。阿邦乐此不疲一个人玩着，好像很起劲，邻居喊他上兴趣班，他磨磨蹭蹭半天未离开玩具，极不情愿。再过几个小时我得上晚自习去，这是新年的第一天，元旦的日子。我不记得小时候的元旦是怎样过的，但我记得的是小时候在家里几乎不学习。回望高中时代，我犹记得晚自习根本没老师来看管我们，每天下午早早放学，我的数学老师和语文老师还有班主任地理老师，他们常会一起去小酒店喝酒。他们三个都是外表风神俊朗的人，笑起来很明净，至今还记得数学老师眼睛笑眯眯的样子，班主任还会笑出酒窝，语文老师总喜欢穿着一件褐色的西装。

那时代，穷也有乐趣，老师们可以呼朋引伴一起喝喝酒吃吃饭。当时我们纯属无聊之辈，看看书，看累了就会偷偷到老师的住处周围去溜达，去窥视他们在家是一幅怎样的情景，有时会成群结队去闲逛。路过河边是可以闻到水草的青味的，月亮映在水里，青山摇曳在波纹中，笑声激荡在夜空里。那时的同学，没几个不是爱玩的，虽然而今霜染双鬓了，但不少人早年就功成名就了。

晚自习，我在教室里行走一圈，突然看到平日极刻苦的胡同学头上灰白一片，仔细凑近看，他已是白发满天了，他的成绩还是不很理想，我鼻子好酸，强作镇静。这是新年的第一天，白天我已经哭过了，我不想在晚上又流泪。中午穿过菜场回家，心情和晴空一样亮堂，突然听到有个声音叫我，看不清来自哪里，左顾右盼之际，是一个老朋友。半年还是一年未见，总之有些日子，突然发现她脸色苍白，精神不佳，知道是生了很久的病，很是难受，想起她曾经走路飞快的样子，那种活力四射历历在目，我不禁泪流满面。最叫人难受的是，看见熟悉的人痛苦，我却无能为力，多么希望每个生命都能朝气蓬勃。

阿邦抓分夺秒要玩，就是没玩够。早上的闹钟催我上班，我却总是异常艰难爬起来，眼睛却张不开。我常让自己迟钝，却没法回避一些现实。今天的孩子从小到大就过得累，读书读得白发苍苍还不见好成绩；教书的教得疾病缠身，甚至年纪轻轻就提前回归大地，夕阳未下山三五同事一路说笑到酒馆吃喝小聚的生活，更是不敢奢望。到底是谁逼得大大小小的人都越活越累呢？

2017，我只想把春天捂在手里，每天我挥一挥手，撒一地鲜花，送一空春风，还有阳光，还有雨露，还有千秋架，还有绿草地，阿邦等儿童，可以在春光里踢球，打滚，玩耍，追逐。我把围巾甩一甩，蓝天白云的天空，清风缕缕，我的那个生病的并不年老的同事，她在春天里生机勃勃。

春天捂在我的拳头里，我伸手向天空大地猛撒，春天拥抱着我的亲人，我的孩子，我的熟识不熟识的朋友，每个人健康平安，幸福快乐永远！

在这灰蒙蒙劳累不堪的世界里，我祈求我的亲人我的朋友我的熟识不熟识的人手里都捂着生命的春天，在每个季节里都生机盎然，在每个年轮里都顶天立地。

访澳，自我成长的日子

有人说：人生的道路虽然漫长，但紧要处常常只有几步，特别是当人年轻的时候。关键的一步迈对了，人生可能会风生水起，别样精彩。人生很奇妙，有时一个偶然的机缘，可能成全你，让你彻底改变自己，甚至改变你的人生。

出门就是外交家

早晨，红日初升，我在生命的第一缕阳光初上山冈时，别无选择第一步就走上了教师的岗位，因为大学我上的是师范类院校，学的是中文专业，在包分配的年代，"自主择业"这个名词还未诞生，大多数人和我一样只好将命运交给上帝。我从入校的第一天起，就注定了我的人生之路将定格在教育这条单行线上。为了谋生，我被选择做了一名中学老师。和各行各业的无数人一样，每天紧张的劳作，换取微薄的口粮，清晨迎着朝阳奔向公交车站，一路颠簸赶往学校上早读，每周十六节课，备课、改作业、考试、处理学生问题，回到家筋疲力尽，忙完家务就只想一头栽在床上睡到大天明。日复一日，年复一年，拿着自己都能背熟的教材，重复着昨天的故事，也不管手里捏着的这张旧船票，能否登上学生的客船。课堂上我行我素故步自封地占据着一个个四十五分钟，直到粉笔染白了双鬓，褪色了青春，最后下课，告老，回家，这或许是大多数老师的共性。

农民的生活，大多是面朝黄土背朝天起早贪黑在田里度过；教师的日常状态就是凭三寸不烂之舌，在讲台上口沫飞溅，声嘶力竭，唠叨不休度过。平日里除了看到学生点分数，领了点口粮，忙忙碌碌为哪般，自己做了什么，教育有多大收效，忙碌混乱的教学生活中我很少思考。小时候老师喋喋不休炒着现饭，不管我们高兴不高兴一个个上场对稚嫩的我们轮番轰炸，还美其名曰"我是为了你们好"；长大后当我踏上了讲台，我也很快成了老师。二十岁初上讲台的新教师对着五十岁的老教师说：看到今天的你，就看到了明天的我。陈陈相因，一个模板，似乎就成了教师的宿命。这就是我，走上讲台二十多年的生活写照。

如果不是一个偶然的机缘，也许直到退休走下讲台，我还是这样浑浑噩噩过着。自从我挪动双脚，走出围墙之外，天地从此变得开阔起来。

2011年5月的一个下午，初夏的天气风轻气爽，栀子花已在校园肆意绽放，喜欢在夏季抛头露面一争芳菲的各种花儿，朵朵像舞台上浓妆艳抹的女人，一阵南风吹来，凉爽中夹杂着浓郁的花香味，让人迷醉不已。刚从作文堆里抬头想歇息片刻，电话铃响起，看来电显示，是上司打来的电话，她问我："有件非常重要的事与你商量一下，现在有个指标到澳门去推进教学改革，要求挺高的，看了文件要求，我们学校就你符合条件，但是高中全省只一个指标，竞争很激烈，你有没有兴趣？如果有，就好好准备一下材料，先填表，按要求提交相关证书原件材料，参加竞争接受考核选拔。"之后领导将澳门的薪酬待遇也一一告诉了我。　面对突如其来的大事，我既兴奋又有点犹豫，很少离家的我突然要到境外独自面对世界，有点胆怯。

对澳门的了解，是在电视剧中知悉一点皮毛。电视中描绘的她是个赌城，黑社会活动猖獗，投机的人就会到澳门赌博以期发横财。街头巷尾上演追追杀杀的功夫片是常事。如今要到这么一个凶险之地去，心里很胆怯，但是又想试试自己的实力。于是经过一周的材料准备，一个多月的评比、考核，我竟然在众多的竞争对手中顺利通过了市教育局、省教育厅和教育部的三级选拔、考核。

2011年8月13日，我怀着忐忑不安的心情背着大行囊南下到珠海接受教育部的行前培训，15日澳方余博士到珠海接我们这些来自全国各地的中小学幼儿园优秀教师一行十七人过关，正式踏上澳门的工作之旅。

踏进澳门，蓝天白云分明，天空格外清晰，秋阳特别灿烂，一扫围墙内头顶上空的灰蒙蒙。小小的岛城，特别宁静，街市一切井然有序，豪华的赌场比比皆是，市民特别温和友善，不是亲历，很难想象以赌为产业的澳门竟然与先前电视剧中宣传的模样大相径庭。电视中太多的虚构和折损，现实的澳门却是有君子之风的莲花宝地。俗话说得好：百闻不如一见。

曾经我一直是站在讲台上给学生授课，每天昏天黑地忙忙碌碌上课、备课、改作业，打交道的都是学生。教学跟着感觉走，跟着经验走，教学是否符合教育规律，是否符合学生成长需求，基本无暇思考和反思；自己工作中哪些做得好哪些做得不够，也未来得及总结。来到澳门后，我的角色发生了惊天的逆转，我的身份变成了澳门教育暨青年局的公务员，从事的工作是指导、督促老师课堂教学改革，每天打交道的是一个个和我曾经身份一样的一线教师。我所指导的两所学校分别是当地的名校，一所是生源好得出名的教会学校，一所是生源差得出名的世俗学校。但共同点是，两校的老师素质都很高，他们有的是台湾大学毕业的高材生，有的是香港、澳门大学毕业的，有的有海外留学背景。总之，都是高学历、见过大世面的人。这两所中学都是第一次接受内师（内地教师）驻校指导教学改革。我的工作相当于内地的教研员，每周组织不同年级的老师集体备课，每天到课堂听他们授课，课后讨论并写出评课意见。我的介入，两校老师的工作方式全发生了改变，他们曾经是"我的课堂我做主"，我的出现，他们的教学工作再也没有了曾经的自在，所以抵制学校的改革行为也是意料之中的。有的老师从未上过公开课，从未让学生以外的人进过他的课堂，我的"入侵"迫使他（她）每天在一个陌生人面前"接受监督"授课，迫使他每天得精心备课，增添的不只是精力投入，还有心里的紧张和不自在，自由自在惯了的老师们就迅速抱团集体软抵制内师进课堂。

澳门中小学没有评职称一说，政府不允许校际间评比，百分之九十五的学校是私立，学校有充分的自主自治权，所有学校都没有年度考核、评先评优之说，老师的薪酬基本是按工作量、职务、校龄分配，没有职称这种人为的拉开工价的做法。所以，老师之间也没什么竞争，大家尽力了，领导也不会找他们的麻烦。他们没有升学的压力，因为中学不会组织学生参加高考，高考是各大学自主招生，学生自主报考。澳门也没有就业压力，不能教书或者不想教书的话，还可以到赌场随意找个事做，至少每月也有二三万澳门币。和我一起到澳门驻校改革的一位内师，把内地行政领导的命令作风带到他所驻的学校，有的老师教了十多年书，因为受不了他的压力，选择辞职到赌场上班。澳门老师工作不只是谋生，更看重的是工作环境和工作心情。学校上班不会像赌场样要上晚班，朝九晚五的生活很有规律；学校是无烟区，不像赌场要饱受赌客的烟熏。所以，尽管有些学校上班的工资比赌场工资低，但是显得体面舒适，学校还是很多人择业的理想目标。

能否破除与老师之间的隔膜，走进他们的心里，是工作成败的关键。做好老师的工作，让他们放下思想包袱，感受到我确实是来帮助他们业务上成长而不是来找他们的碴的人，是我前期工作的重心。要揽瓷器活，就得有金刚钻。一方面我亲自在全澳上示范课和做讲座，让老师们来评我的课。同时深入到所驻学校的课堂开设公开课，让他们的老师坐在台下做评委，以拉近和老师的距离。另一方面，与一个个老师私下反复谈心沟通，充分让他们理解我的诚意和我工作的职责，与他们交朋友。精诚所至金石为开，经过半个月的努力，身先士卒，终于赢得了他们的芳心，我可以端个板凳悄悄地坐在后排听他们讲课，每周一次的教研活动时，我们会为了某篇课文的备课展开热烈的讨论。我轮流在两个学校跑，有时会好几天蹲在一所学校，另一所学校就会有老师打电话问我什么时候过来。有趣的是，当初驻校第一次见面会时，我讲了我的工作安排，教会学校的一个女老师当即吓哭了，我当时惶恐不已。听科组长说该老师从不接受学校任何人进入她的课堂，曾经学校安排听她的课她在讲台上语无伦次抖得厉害。可是这么个胆小的老师通过几个月的交往，只要我几天不到校她就会打电话催我回来。在我的鼓励与指导下，她竟勇敢地参加全澳优质课大赛，而且获得了全澳唯一的甲等奖，亦是她学校第一次参赛获奖。大赛那天，她要我坐在现场听课，说看到我在心里踏实。

随着时间的推移，同事们私下聚餐会喊上我；我有时有个头痛脑热的，他们会特别着急，嘘寒问暖，主动送我上医院。不知道从哪天起，我竟悄悄融入到他们中，许多人与我成了亲密的朋友，离澳四年多，我的澳门朋友们还会经常在微信中问候我。2012年9月我回到内地，同年圣诞节，我所指导的教会学校的领导、老师们因对我这个内师的思念，竟然全校浩浩荡荡冒着风雪严寒来九江交流和看我。真诚的友谊之树，在彼此的浇灌之下长成参天大树。

以前在内地，主要与学生打交道，人际关系单纯，自己也像个大孩子，外交是个空白。到澳门工作，在不同文化背景下，要和方方面面的人打交道，只有将问题处理得圆融，自己才能立稳脚跟。以前身份简单，到澳门后变得复杂起来，站在教青局角度，我是教育部派来的内地优秀教师；进到学校，我是内地政府和澳门政府联合派来的指导教学改革的专家。我既要与教青局的领导、同仁打交道，又要与学校的各级领导、老师们打交道，我还要和中联办以及澳门当地政府部门发生关系。在这种特殊环境中，我也变成了一个外交家，在人际交往中迅速成长起来。

且做且思成能手

俗话说：树挪死，人挪活。人挪动一下脚步，变换的可能不只是空间，而是扩展了你的视野和见识。到澳门我有深切体会。

在内地上班最缺的是时间，正常上班日子是早上有早读，晚上有自习，周末还要无休止补课，基本没有自己的私人时间，缺睡眠缺思考，每天筋疲力尽回到家什么也不想干，阅读自然也荒废在忙碌的荒原。由于缺少充电，整天像牛一样忙碌，思想却像鱼一样贫乏。来澳工作最爽的事是工作时间固定，每天七小时十二分，没有早晚班，我有大量的时间整理自己的思路和学习充电。

更可喜的是，澳门最大的图书馆——河东图书馆就在我住地上面的岗顶，相距不到200米，各种好书应有尽有，图书馆环境异常优雅安静，设施很先进，真是个好读书的地方。教青局的图书馆也是藏书异常丰富，上班期间随时可借阅。我所驻的两所学校，在澳门都属于场地比较大的学校，教会学校的隔壁是葡国总督府今天的特区政府所在地，学校有很大的图书馆，馆长是中文科组长，业余他是一个刻苦勤奋的书法家、国画家，我们亲如手足，到图书馆看书还能经常得到他推荐的好书。另一所世俗学校在松山脚下，图书管理员是上海人，出到围墙外，她觉得我是内地老乡，对我很是亲密，我需要什么书，给她书单，她会送到我的办公室。这段时间，我像牛吃草般啃了许多书，把过往许多年的欠账稍微还上了一点，减轻了精神上的亏欠，将灵魂安歇在书香里，心里觉得特别安详。

每天要听课、评课、指导老师，原有的知识许多像陈年老水，必须倒掉，补充活水迫在眉睫。余博士平日笑着聊侃说，你们都是以专家的身份来澳的，不是专家的装也得装得像一个专家。装，我自然不会。于是唯有恶补教育学、心理学、教材教法的知识。现学现卖，效果也是不错的。在指导老师的过程中，自己的教学能力也得到了很大的提高，用教学相长来形容再恰当不过。

过着一人饱全家饱的日子，没什么杂事干扰，每天晚饭后除了去听免费的大型音乐会，基本就躲在阁楼里读书、思考、写作。每天我至少要坐在教室听二节课，有时觉得四十分钟真是漫长，枯燥的讲解，乏味的分析，可是教师在台上却浑然不知台下学生的困乏与思想跑马，自我陶醉于没有共鸣的演说中。我就想，凡事得有趣才吸引人，才会让人愿意听下去。于是我花了很长时间思索、寻找如何让课堂尽量有趣的方法，尝试在导入上有趣，讲授过程中有趣，教学内容选取做到有趣，组织学生课堂活动的有趣。然后指导老师按此思路去研究教材与教法，课堂上学生的精神面貌果然发生了很大变化，学生活跃了很多，对答的妙语也多起来了。教学不光是追求个"趣"字，"趣"是促使教学目的得到更好的落实。课堂教学关键还要讲究"度"（宽度、深度、高度）与"法"（对学生进行学法指导）。在跟踪听课和指导老师备课时，我又根据学情指导老师在教学设计和教学实施的过程中，落实好"度"与"法"的问题。后来我将这段思考与实践写成了教学论文《课堂教学的趣、度、法》发表在全国中文核心期刊《中学语文教学参考》上。

去澳门前，我在期刊上零星发过一些教学论文，一年顶多发几篇文章，教学中很多做法无暇总结，在澳门我可以慢慢梳理，并将教学中的得失尽量用文字记载下来，以分享给更多的人。这期间，是我业余创作的最高峰，我每月至少有一二篇文章发表，同时我还写了一本二十多万字的《教育随感录》，其中的文章大部分都在省级以上期刊发表。因为一直对古诗词有着浓厚的兴趣，我还编著了一本几十万字的《走进经典古诗词》，集原文、注音、注释、翻译、精彩的解读于一体，由澳门课程学会全资出版，发到各校做辅助教材使用。写着写着，思维的水管被打开，竟然能文思泉涌。记得胡绳先生说过："一事不做，凭空设想，那是'空想'。不动脑筋，埋头苦干，那是'死做'。无论什么事情，工作也好，学习也好，'空想'和'死做'都不会得到进步。想和做是分不开的，一定要联结起来。"在澳门我有明显的八小时内外之分，能从容思考做过的和想做的事，还能将它们形诸文字。有闲且有钱的日子，实在是工作、研究的最佳期，亦是人生最好的境界。

有了澳门的视觉，回来后虽然工作又恢复了从前的忙碌与枯燥，但读书、写作的习惯却深深根植于我日常艰苦的生活中，尽管每天耽误了我本就不多的休息和睡眠时间，我仍会从忙乱中挤出睡眠的时间每天坚持读几篇文章，每天写点文字，一个月至少读一本著作。一年下来在大小刊物上至少发表了十多篇文章，其中不乏全国核心期刊。对教育有了思考，自然更理解学生，更关注学生的身心发展需求，教学就会主动贴着地面行走，力求每堂课都能与学生产生共鸣。不知不觉间，在别人眼里我也成了教学、教研的能手。

人生匆匆，俯仰一世。澳门之行，可谓是我人生关键的一步。我稍微挪动了一下脚步，不仅开阔了眼界，更是锻炼了能力，锤炼了心性，成熟了心智，成全了学生，也成全了自己。人的一生，关键处往往只有一两步，在我并不青涩的时候，抓住了赴澳工作的机遇，让生命的图纸上增添了一道美丽的风景。可以说，访澳的日子，是我成长的最佳期。

后 记

　　那年早春，当第一只山鹰从我家屋脊上飞过时，山村里来了位算命先生。母亲很担心幼弱的我，于是请盲先生为我卜算未来。盲先生对我的生辰八字琢磨半天后，丢出一组禅语："一身骨肉最清高，早入黉门姓氏标。待到年将三十六，脱去蓝衫换紫袍。"母亲看后满心喜悦，觉得冥顽懵懂的我，还是有灵光闪现、一鸣而起的时候的。人生最大的幸福，不是你已经得到了多少功名利禄，而是你活着的每一天都觉得有希望。母亲的喜悦，是她在早春时节，就预卜到希望。

　　蓝衫是古代学生装的标志，"青青子衿"指的就是周代的学生服。紫色，在古代经典文学里，历来是高贵的象征。紫袍是官袍，唐代至少三品以上官员才有资格穿紫袍。尽管今生我穿红袍的机会都不具备，更别说到紫袍的境界。但做一介平民，细腻地品味生活，我也感到怡然自得，就像嚼着青橄榄，嘴里、咽喉总回味着淡淡的甜味。

　　在澳门做督学期间，一日午休时，台湾来的同事梁生心血来潮要帮我看手相，当我伸出右手后，她兴奋地告诉我："你是幸运的人，生命中总有贵人。"在我付出一元钱给她后，我一直紧紧地握着拳头，紧紧地捂住上天赐予我的幸运。是的，我是幸运的，尽管成长路上风雨交加，但我的每一个站台上都有人为我点灯照明，每个行程都有人为我呐喊助阵，真感叹自己的幸运，更感激那些帮助我的人的无私之心！

　　我的《坐花轿的女儿几时回》得以面世，从孕育到分娩，有太多人我要感激。首先我要感激善良而智慧的父母，他们给了我聪慧的头脑，敏捷的思维，不俗的容颜，善良纯正的品质和充满诗意的情怀，特别是母亲让我的童年浸泡在诗情无限的山歌中，锤炼了我的语言，打开了我想象的大门，为我的写作奠下了坚实的基础，让我在人生的路上走得从容自信。

　　我的求学路上，每个阶段的老师都对我有父母般的慈爱，朋友般的亲和。为我熬药的潘乐轩老师，为我织毛衣的孙健玲老师，为我晒被子的晏艳华老师，为我奔走求职的罗龙炎老师……他们在每一个重要的阶段为我引航。

同窗情长，亲如手足，如果不是大学同学黎兄为我牵线搭桥，提供种种便利，在散文这种纯文学市场销行寥落的时代，是很难出版得如此顺利的。可以说，是他给我提供了将这些粗浅文字结集出版的机会。

作为一名业余作者，出书真不是件容易事。犹如开门七件事，柴米油盐酱醋茶般，要出版自然得按市场规则来。当出版社要求作者回购一部分书时，我又纠结、彷徨起来，一堆书如何处理呢？当我把所有的顾虑以一篇《圆梦，需要您助一臂之力》发到同学群、朋友群时，兄弟姐妹们纷纷慷慨解囊相助，特别是高中同窗志成兄立即给予鼎力赞助。建军兄从我做公众平台起就一直默默地支持我，闺蜜陈教授还在朋友圈为南山呼喊，芬在义乌助力。同学、网友（认识的，不认识的；见过面的，不曾谋面的），不少人为我摇旗呐喊：南山松，加油！祝你圆梦成功！这真诚的友谊，浓浓的情意，令南山松终生难忘。

特别令我感动的是当代著名作家野莽先生。他是一个著作等身的人，许多作品被翻译成英、法、德、俄等多种文字。我在弋阳读书论坛与他相识，当我提出请他为我的集子作序时，他竟能俯下身子从百忙中抽时间把我的20多万字的稿子读完，为我写下了两千多字的序，序文有中肯的评价，真诚的激励，热情的指导，殷切的期望，让我备受鼓舞。

还要感谢的是我景仰的良师益友知名传记作家、诗人胡帆先生。他为瞿秋白、许德珩、王选、邓稼先、蔡公时、陈寅恪等著名人物写的传记，曾被各大媒体转载，在九三界别他的文学才华是响当当的。可他对我的小才一直非常赞赏，对我的平台上的文章几乎每篇都认真阅读，并进行点评鼓励。他是个热情友善的人，工作中努力奖掖后进，逢人说项，很有唐时国子祭酒杨敬之之风。

亲人的帮助自不必说，邦恩常站在我身后看我码字，一发现有他读不通的地方即喊出来要我改正。思睿陪伴我度过许多美好时光。老虎兄常在风雨交加的夜晚把我从郊野单位接回。作为兄长，给我提供了许多的后勤保障。养父身体不好，但耄耋之年还为我烧饭吃，让我从灶上解脱下来，使我才得以有时间码字。邻居不多言语，但总是默默为我助力。还有那个刚强慈善的姐，把她对我的所有柔情深爱全揉进臊子、艾米果、菊花茶中，一年到头源源不断的美食无偿供应给我，让我在清苦中感受到生活的清欢。

　　南山之幸运，是无论身处何方，无论天气如何，在最需要的时候，总有一大帮亲人、师长、同学、朋友，一呼而应，鼎力相助。

　　南山的一点点成绩其实是凝聚着一大帮人的智慧和力量，滴水之恩当涌泉相报，可大恩无以报，谨祝好人一生平安！

2017年3月12日于浔城豆阁